MINERVA
はじめて学ぶ
保育

名須川知子/大方美香
|監修|

保育の計画と評価

卜田真一郎
|編著|

ミネルヴァ書房

監修者のことば

　本シリーズは、保育者を志す人たちが保育を学ぶときにはじめて手に取ること を想定したテキストになります。保育や幼児教育、その関連領域に関わる新進気 鋭の研究者や実践者の参画を得て、このテキストはつくられました。

　2015年に「子ども・子育て支援新制度」がスタートし、2018年には新しい「保 育所保育指針」「幼稚園教育要領」「幼保連携型認定こども園教育・保育要領」が 施行されました。新「保育所保育指針」においては0〜2歳児の保育の充実や、 保育所における幼児教育の重要性が提示され、新「幼稚園教育要領」では、3 歳児からの教育の充実、新「幼保連携型認定こども園教育・保育要領」では、0 歳児からの3つの視点と、3歳児からの5つの領域の連続性が示されています。 また、新指針・要領共通で、小学校からの学びの基盤としての「幼児期の終わり までに育ってほしい姿」が10項目の形で提示されました。

　つまり、これから保育者を目指す人たちは、今後は保育所・幼稚園・認定こど も園が共通の枠組みで、高い専門性をもって、子どもの健やかな育ちや豊かな学 びを支えていく時代となる、ということを理解しておかなくてはなりません。

　また、新指針・要領においては、保育における全体的な計画の作成や評価のあ り方、また、小学校への接続についても充実を図る必要性が示されました。保育 者は、乳幼児の自発的な遊びのなかでの学びをとらえ、一人ひとりの子どもの成 長発達に合わせて、小学校へつなぎ支えていく役割であることが、ますます求め られています。

　保育をめぐる現在の動向は日々変化しており、まさに激動の時期といえます。 最新の動向を常に学ぼうという姿勢が、これからの保育者にはますます必要とな るでしょう。そこで本シリーズでは、保育者が知っておくべき最新の動向につい ては豊富に、これから学ぼうとする人にもわかりやすく解説しています。一方で、 昔から変わらず重要とされている基礎的な事項についても押さえられるように配 慮してあります。また、テキストを読んだあとで、さらに学習を進めたい人のた めの参考図書も掲載しています。

　みなさんが卒業し、実際に保育者になってからも、迷いがあったときや学びの 振り返りとして、このテキストを手元において読まれることを期待しています。

2018年4月

名須川知子

大方　美香

はじめに

　「かわいい子どもと毎日触れ合える保育の仕事って楽しそう」と保育者養成校に入学したＡさんは、はじめての実習で思い描いていた保育者の仕事内容と、現実とのギャップにショックを受けます。園の先生方は驚くほど忙しそうで、仕事の内容も、子どもと遊ぶだけではなく、生活の援助・保育環境の整備・クラスだよりの作成など多岐にわたっていること、しかも毎日、計画や記録を書いていることを知り、戸惑いを隠せませんでした。

　さらに、部分実習の保育案を作成して、担任の先生に提出すると、「なぜ、この手遊びをするの？」「何をねらいとして、この絵本を選んだの？」と矢継ぎ早に聞かれ、答えに窮してしまいました。「学校で習った手遊びだから、自分が好きな絵本だからではだめなのだろうか」とすっかり自信をなくしてしまったＡさんは、実習の帰り道、「私には保育の仕事は向いていないに違いない。実習が終わったら学校の先生に『もう保育者にはなりません』と伝えよう」と決意したのでした。

　保育の仕事の専門性が社会全体に十分に理解されているとは言い難い現状では、こうした実習生Ａさんの戸惑いは無理もないことです。また、計画を立てることの難しさは現場で活躍中の保育者も日々感じていることです。本書は、Ａさんのような思いをもった人にこそ読んでもらい、計画を立てることに自信をもってもらえるように、という願いをもって執筆しました。

　保育という営みは、園生活をとおして一人ひとりの子どもの豊かな育ちを実現するための営みです。そして、この営みの根幹に「計画」と「評価」があります。よりよい計画と評価は、よりよい実践につながり、子どもたちの豊かな育ちと幸せにつながっていきます。本書を通じて、なぜ計画や評価が必要なのか、計画を立てるにあたって保育者が考えるべきことは何かを、具体的に学んでいきましょう。そして、一人でも多くの読者が、保育の計画を立てることの面白さと喜びに出会い、見通しと自信がもてることを願っています。

　本書の執筆にあたり、ご協力いただきました皆さん、貴重な保育の計画を提供してくださった皆さんに感謝します。

2021 年 7 月

卜田真一郎

第3章　保育の計画の作成と展開

第4章　保育所・幼稚園・認定こども園における保育の評価

「指定保育士養成施設の指定及び運営の基準について」（平成15年12月9日付け雇児発第
1209001号、最新改正子発0427号第3号）において3つの目標が明示されている。①保育の
内容の充実と質の向上に資する保育の計画及び評価について理解する。②全体的な計画と
指導計画の作成について、その意義と方法を理解する。③子どもの理解に基づく保育の過
程（計画・実践・記録・省察・評価・改善）について、その全体構造を捉え、理解する。
本書も、これらの目標を達成するように、内容を考えている。

●教職課程コアカリキュラムへの対応●

また、本書は2017（平成29）年11月17日に発表された教職課程コアカリキュラムにも準拠
している。

第1章

保育の計画と評価の基本

保育は計画的に実践されるものであり、実践の後には評価を行うことが必須であるといわれます。なぜ計画や評価が重要なのでしょうか。第1章の4つのレッスンを通して、保育の計画の基本的な考え方と意義、計画の種類、指針や要領における位置づけについて学びましょう。

乳幼児期における保育の基本と計画

このレッスンでは、乳幼児にとって保育の場とはどのような場なのかを考えたうえで、保育という営みの基本は何か、保育者の役割は何か、といった保育実践の土台となる理念について考えていきましょう。そのうえで、保育という営みの基本を実現するために保育の計画が必要であることを確認していきましょう。

1. 保育所・幼稚園・認定こども園とは子どもにとってどのような場所なのか

1 3つのタイプの保育の場

現在、日本における保育の場は、大きく分けて次の3つのタイプがあります（図表1-1）。図表1-1で明らかなように、保育の場のタイプが異なれば、その機能も異なります。しかしながら、どの施設も「保育を行う場」であることは共通しています。

◆ 補足

幼稚園の目的
幼稚園は「学校教育法」で定められた「学校」だが、「学校教育法」第22条で示されているように、その目的は「幼児を保育」することである。

図表1-1 日本における保育の場

	保育所	幼稚園	認定こども園
施設の特徴	「児童福祉法」第39条の規定に基づき、保育を必要とする子どもの保育を行い、その健全な心身の発達を図ることを目的とする児童福祉施設。	義務教育及びその後の教育の基礎を培うものとして、幼児を保育し、幼児の健やかな成長のために適当な環境を与えて、その心身の発達を助長することを目的とする「学校教育法」第1条に定められた学校。	教育・保育を一体的に行う施設で、いわば幼稚園と保育所の両方の機能を併せ持っている施設。幼保連携型・幼稚園型・保育所型・地方裁量型の4つのタイプがある。
対象児	保育を必要とする0～5歳児	3～5歳児	0歳～就学前または満3歳～就学前
管轄省庁	厚生労働省	文部科学省	内閣府
保育内容の基準	「保育所保育指針」	「幼稚園教育要領」	「幼保連携型認定こども園教育・保育要領」
保育時間	1日につき8時間を原則とし、その地方における乳児または幼児の保護者の労働時間その他家庭の状況等を考慮して保育所の長がこれを定める。	4時間を標準とする。	1号認定（幼稚園に該当する子ども）は4時間を標準、2号認定（3～5歳の保育所に該当する子ども）と3号認定（0～2歳の子ども）は8時間を原則とする。
保育にあたる者	保育士	幼稚園教諭	保育教諭（幼稚園教諭免許状と保育士資格の双方を所持していることが原則）

2　子どもにとって保育所・幼稚園・認定こども園はどのような場所か

では、保育所・幼稚園・認定こども園の保育の場は、子どもにとってどのような場所なのでしょうか。

たとえば、次のようなキーワードが考えられます。

---

①安心して過ごせる生活の場
②さまざまな人と出会い、ともに暮らす場
③さまざまな活動（遊びや生活など）ができる場
④人として育っていく場

それでは、一つずつ上記の内容について考えてみましょう。

①安心して過ごせる生活の場

保育の場は、子どもにとって「安心して過ごせる生活の場」です。数時間おきにミルクを飲む、給食を食べる、排泄をする、快適な空間で安心して眠るなど、保育の場で子どもたちは食事、排泄、睡眠といった生理的欲求を満たしています。

保育の場は、一人ひとりの子どもの欲求が満たされ生命が守られる場所、快適かつ健康で安全に過ごすことができる場所であり、子ども一人ひとりの「生きること」が保障された場所であるといえます。

「安心して過ごせる生活の場」とは、一人ひとりの子どものありのままが受け止められ、安心して自分でいられる「居場所」でもあります。不安なときや眠いときに保育者に抱っこされて落ち着いて過ごす、友だちとけんかをして悲しい気持ちのときに、その気持ちに寄り添ってくれる人がいる、できなかった鉄棒ができるようになった喜びを受け止めてくれる人がいるなど、保育所・幼稚園・認定こども園は、一人ひとりの子どもがあるがままの姿を受け止められる「居場所」であるといえます。

②さまざまな人と出会い、ともに暮らす場

保育の場は、さまざまな人と出会い、ともに暮らす場です。近年、子どもを取り巻く地域社会の状況は大きく変化し、子どもが日常生活のなかで関わる人は限られた人だけになる傾向があります。以前は地域のなかで当たり前のようにあった、幼児から小学校高学年までの異年齢で構成された遊び集団はあまりみられなくなりました。地域社会のなかでのさまざまな大人との関わりも少なくなってきました。子どもたちの「さまざまな人と出会い、ともに暮らす」経験を保障することは、きわめて難しくなってきています。

　しかし保育所・幼稚園・認定こども園での生活のなかでは、子どもたちは同年齢や異年齢の子どもたちや保育者、園で働く人、友だちの保護者、地域の人々など、さまざまな人と出会うことができます。人と出会い、ともに暮らす場として、保育の場は、地域社会や家庭とは異なる人との出会いがある場だといえます。

③さまざまな活動ができる場

　保育の場では、子どもたちがさまざまな活動に取り組んでいます。保育の現場で行われる活動は実に多様です。

　保育の場では、さまざまな遊びが行われています。鉄棒にぶら下がる、鬼ごっこや集団ゲームなどの身体を動かす遊び、ごっこ遊び、積み木やブロックを使った遊び、泥団子づくりなど、多種多様な遊びが展開されています。こうした遊びのなかには、家庭や地域ではなかなか行えない遊びや、大型積み木や砂場での遊びなど保育の場であるからこそできる遊びもたくさんあります。

　また、さまざまな表現活動も行われています。歌をうたう、楽器を演奏する、絵を描く、おもちゃや飾りをつくる、劇遊びをする、リトミックなどの身体表現活動をするなど、保育の場はさまざまな表現活動で溢れています。さらに、保育の場では自然に触れる活動も行われています。種まきや苗植えをして花や野菜を育てる、落ち葉を集める、園庭に実っている柿を収穫するといった植物に関わる体験、カタツムリやカエルやウサギやニワトリやハムスターやヤギなどの生き物に触れる活動も展開されており、ときにはその生死に立ち会うこともあります。

　散歩を通じて社会のなかのさまざまな仕事をしている人に出会ったり、交通ルールを守った安全な歩き方を体験したりするなど、社会生活に関わる活動も行われています。また、たくさんの絵本・紙芝居・物語と出会う場所でもあります。さまざまな記号や文字に出会い、その役割や便利さに気づくこともあります。集団生活のなかでは、当番活動など、クラスのみんなのために仕事をする経験も重ねていきます。動物の餌当番、掃除当番、給食の準備のお手伝いの当番など、さまざまな当番活動を経験していきます。

④人として育っていく場

　保育の場は、上記の①～③であげたような場のなかで、「人として育っていく」ところです。

　安心して生活をするなかで、子どもたちは自分が大切に守られている存在であるという感覚、価値のある存在であるという感覚、いわゆる「自尊感情」の基礎が育まれていきます。また、保育所や認定こども園

では、生理的欲求を保育者に満たしてもらうなかで、しだいに自分自身で生きていくために必要な食事・排泄・睡眠を行えるようになっていきます。また、さまざまな人との出会いのなかで豊かなコミュニケーションの力を育み、自分を大切にできる気持ちや相手の思いを尊重する気持ちを育んでいきます。さらに、さまざまな活動を経験するなかで、子どもたちは発達に必要な経験を積み重ねていきます。

　保育所・幼稚園・認定こども園は、何か「特別なこと」をする場所ではありません。乳幼児期にふさわしい「当たり前」の子どもらしい生活を行うなかで、子どもたちは発達に必要な経験を積み重ね、「人として」育っていくのです。

　哲学者でありエッセイストであるロバート・フルガムは、その著書のなかで次のように述べています[1]。

> 　人間、どう生きるか、どのようにふるまい、どんな気持で日々を送ればいいか、本当に知っていなくてはならないことを、わたしは全部残らず幼稚園で教わった。人生の知恵は大学院という山のてっぺんにあるのではなく、日曜学校の砂場に埋まっていたのである。

▶ **出典**

†1　ロバート・フルガム／池央耿訳『人生に必要な知恵はすべて幼稚園の砂場で学んだ』河出書房新社、2016年、24頁

　フルガムは「人間として知っていなくてはならないことはすべて、このなかに何らかの形で触れてある」と述べています。ここに示されているように、保育の場は、子どもたちにとっての学びの宝庫なのです。

　子どもたちは「いま、この瞬間」を懸命に生きています。そして、いまを懸命に生きることで、将来につながるさまざまな力を育んでいるのです。たとえば、「保育所保育指針」第1章では、保育所保育の目的を「現在を最も良く生き、望ましい未来をつくり出す力の基礎を培う[2]」ことであると述べています。保育の場が子どもにとってどのような場であるのかを考えるときに、この言葉を念頭に置く必要があります。

▶ **出典**

†2　「保育所保育指針」第1章1（2）「保育の目標」ア

2.　保育とはどのような営みなのか：保育の基本原理

　前節を踏まえ、「保育」とはどのような営みなのかを、保育所を中心として考えてみましょう。

1 ▶ 子どもの最善の利益

「保育所保育指針」では、「保育所の役割」について次のように記述されています。

「保育所は、児童福祉法（昭和22年法律第164号）第39条の規定に基づき、保育を必要とする子どもの保育を行い、その健全な心身の発達を図ることを目的とする児童福祉施設であり、入所する子どもの最善の利益を考慮し、その福祉を積極的に増進することに最もふさわしい生活の場でなければならない[†3]」。

この文章におけるキーワードの一つは、「子どもの最善の利益」です。では、「子どもの最善の利益」とは何でしょうか。

「子どもの最善の利益」は、1989年に国連で採択され、日本も1994年に批准した「児童の権利に関する条約」（以下、「子どもの権利条約」とする）の第3条に記載された考え方です。

▶ 出典

†3 「保育所保育指針」第 1 章 1（1）「保育所の役割」ア

第3条
1. 児童に関するすべての措置をとるに当たっては、公的若しくは私的な社会福祉施設、裁判所、行政当局又は立法機関のいずれによって行われるものであっても、児童の最善の利益が主として考慮されるものとする。
2. 締約国は、児童の父母、法定保護者又は児童について法的に責任を有する他の者の権利及び義務を考慮に入れて、児童の福祉に必要な保護及び養護を確保することを約束し、このため、すべての適当な立法上及び行政上の措置をとる。
3. 締約国は、児童の養護又は保護のための施設、役務の提供及び設備が、特に安全及び健康の分野に関し並びにこれらの職員の数及び適格性並びに適正な監督に関し権限のある当局の設定した基準に適合することを確保する。

「子どもの権利条約」の内容を当事者である子どもたちに紹介する取り組みをしている日本ユニセフのホームページ[†4]によれば、この第3条は「子どもに関係のあることを行うときには、子どもにもっともよいことは何かを第一に考えなければなりません」と説明されています。

では、子どもにとって「もっともよいこと」とは何でしょうか。その答えは一様ではありませんし、子どもが置かれた状況によっても変化するものです。そのため、子どもに関わるすべての大人は、何が子どもにとって「もっともよいこと」なのかを考え続けていく必要がありま

▶ 出典

†4 日本ユニセフホームページ
https://www.unicef.or.jp/kodomo/kenri/syo1 - 8.html（2021年 3 月19日確認）

す。しかし、その基本には、一人ひとりの子どもが自己の権利をもつ一人のヒトとして尊重されること、一人ひとりの子どもの心身ともに健やかな成長と発達が保障されることを念頭に置く必要があります。たとえば、「子どもの発達のため」と称して**体罰**を伴う「指導」をすることは、「一人ひとりの子どもが自己の権利をもつ一人のヒトとして尊重されること」にはなりません。子どもの権利が尊重されるか否かは、大人の子ども観・保育観・教育観に左右されるものであることを念頭に置きながら、保育の場が「子どもにとって最もふさわしい生活の場」となるようにすることが保育者には求められています。

2 養護および教育を一体的に行うこと

「保育」という営みを考えたとき、「養護および教育を一体的に行う」という点は重要な特性となります。「保育所保育指針」においては、「保育所は、その目的を達成するために、保育に関する専門性を有する職員が、家庭との緊密な連携の下に、子どもの状況や発達過程を踏まえ、保育所における環境を通して、養護及び教育を一体的に行うことを特性としている[5]」と記されています。

養護とは、「子どもの生命の保持及び情緒の安定を図るために保育士等が行う援助や関わり」と定義され、先にみた「安心して過ごせる生活の場」としての保育所等ということと深く関連しています。食べる・眠る・排泄するなどの生理的欲求が満たされることや、自分の存在が受け止められるなか、安定した情緒で安心して過ごすことは人として生きていくうえでの根幹となりますが、「養護」とは、こうした人として生きていくうえでの根幹に対する保育者の関わりであるともいえます。では、「養護および教育を一体的に行う」とはどのようなことなのでしょうか。

乳児期は、生理的欲求をすべて大人に依存する形で満たしている時期です。そこから徐々に子どもたちは、生理的欲求や衣食住に関わる生活を自分自身で行えるようになっていく（自立していく）のですが、そうした自立は、保育者の養護的側面を重視した関わり（子どもにとっては「してもらう」ことで欲求を満たす）をとおして、物事への関心を高めたり、やり方を理解したり、してもらうことによる心地よさを感じる（教育的側面）なかで行われていきます。また、子どもたちが安心できる居場所が保障され、安定した情緒で過ごす（養護的側面）なかで、しだいに周囲の環境に関心をもち、主体的に関わり、発達に必要な経験を重ねていきます（教育的側面）。

「保育所保育指針」では、保育の目標の一つ目として「十分に養護の

◆ 補足
体罰の禁止
2019年6月に、親権者による体罰禁止が明記された「児童虐待の防止等に関する法律」と「児童福祉法」の改正案が成立した。親は児童のしつけに際して体罰を加えてはならないこととされ、児童福祉施設の施設長らによる体罰も法律で禁止された。

▶ 出典
[5] 「保育所保育指針」第1章1（1）「保育所の役割」イ

▶出典
†6　「保育所保育指針」
第1章1（2）「保育の目標」
ア（ア）

▶出典
†7　「保育所保育指針」
第1章1（3）「保育の方
法」ア

†8　「保育所保育指針」
第1章1（3）「保育の方
法」イ

▶出典
†9　「保育所保育指針」
第1章1（3）「保育の方法」
エ

行き届いた環境の下に、くつろいだ雰囲気の中で子どもの様々な欲求を満たし、生命の保持及び情緒の安定を図ること†6」が示されていますが、生命が保持され情緒が安定することが、子どもたちの育っていこうとする力の土台を形成していることを意識することは重要です。

そのためにも、「一人一人の子どもの状況や家庭及び地域社会での生活の実態を把握するとともに、子どもが安心感と信頼感をもって活動できるよう、子どもの主体としての思いや願いを受け止めること†7」や「子どもの生活のリズムを大切にし、健康、安全で情緒の安定した生活ができる環境や、自己を十分に発揮できる環境を整えること†8」といった保育の方法が重要になります。

3　さまざまな人とともに暮らすなかで豊かな関係力を育てる

先に、保育の場は「さまざまな人と出会い、ともに暮らす場」であると述べました。人間は社会のなかで生きている存在です。保育の場においてさまざまな人と出会い、ともに暮らすなかで、子どもたちは豊かな関係力を育んでいきます。人と関わる力は、具体的な人との関わり方（社会的スキル）、相手を理解し尊重する心（他者理解）、その中核となる自己意識や自尊感情の育ちなどさまざまな側面があります。「保育所保育指針」では、「保育の方法」として「子ども相互の関係づくりや互いに尊重する心を大切にし、集団における活動を効果あるものにするよう援助すること†9」と述べられています。

3歳未満児の場合、入園当初は友だちの存在をあまり認識していません。しかし、園生活のなかでだんだんと友だちの存在を気にしていくようになり、友だちが泣いていたら一緒につられて泣いたり、泣いている友だちがいたら顔をのぞき込んだり、ティッシュペーパーで涙を拭いたり、頭をなでてなぐさめるような行動をとるようになります。自分が使っていたおもちゃを突然取られたり、自分が使いたいおもちゃを取ったら相手が怒ったりする反応に出会うなかで、「自分が使いたいおもちゃは友だちも使いたいと思っている」ということにも気づきます。こうした経験のなかで、子どもたちは自分以外の他者の存在を知り、さまざまな人がともに暮らしていることに気づいていきます。また、保育者とともに過ごすなかで、うれしいときに一緒に喜んでくれる人、悲しいときに一緒に悲しみ慰めてくれる人が、保護者や家族以外にもいることに気づいていきます。自分の思いが受け止められる経験を重ねていくなかで、しだいに「自分は思いを受け止められる価値のある存在である」という感覚を確かなものにしていきます。同時に、受け止めてくれる人

がたくさんいることを実感し、世のなかに対する信頼感をもつようになります。

　3歳以上児になると、自分の思いを出し合い、ぶつかったりけんかをしたりということを繰り返しながら、しだいにお互いが納得できるような遊び方を協力して見つけ出せるようになります。また、友だちと喜びや悲しみや怒りを共有することをとおして、仲間とともにいる意義や喜びを実感していきます。そのなかで自分の思いを表現する力、相手の思いを受け止める力など、豊かなコミュニケーションの力も育まれていきます。また、さまざまな違いがある人と出会うなかで、一人ひとりが異なる個性をもった存在であることに気づいていきます。保育という営みは、こうした人との関わりの力を豊かに育むものであるといえます。

4　さまざまな活動の喜びに出会い、発達に必要な経験を重ねる

　保育所等にはさまざまな方針の園があり、それぞれの保育目標・教育目標に基づいた多様な保育実践が展開されています。しかしながら、さまざまな実践の違いはあるものの、「活動をとおして発達に必要な経験を重ねる」という基本原理は、どの園にも共通したものであるといえます。先に、保育の場は「さまざまな活動ができる場」であると指摘しましたが、保育の場において子どもたちが遊びや表現活動などのさまざまな活動に取り組むのは、その活動をとおして「発達に必要な経験」を積み重ねているからにほかなりません。たとえば「保育所保育指針」では、「子どもが自発的・意欲的に関われるような環境を構成し、子どもの主体的な活動や子ども相互の関わりを大切にすること。特に、乳幼児期にふさわしい体験が得られるように、生活や遊びを通して総合的に保育すること[10]」を示しており、「幼稚園教育要領」では、「幼児の自発的な活動としての遊びは、心身の調和のとれた発達の基礎を培う重要な学習であることを考慮して、遊びを通しての指導を中心として第2章に示すねらいが総合的に達成されるようにすること[11]」と示していますが、子どもたちは**遊びや生活をとおしてさまざまなことを学んでいる**のです。

　ここで重要なのは、「子どもが自発的・意欲的に関われるような環境を構成」するという点です。このことは単に、遊ぶための場所やものを保育者が準備することが大切であることを意味しているのではありません。子ども自身が「自発的・意欲的に」環境に関わることで遊びを生み出していくこと、子どもが主体的に活動を生み出していくことにこそ意味があるという保育の考え方がここには示されているのです。

　こうした自発的な活動が学びに果たす役割については、教育学や心理

▶出典
†10 「保育所保育指針」
第1章1（3）「保育の方法」
オ

†11 「幼稚園教育要領」
第1章第1「幼稚園教育の基本」2

参照
遊びや生活のなかの学び
→レッスン5

人物

ジャン・ピアジェ
（Piaget, J.）
1896〜1980年
スイスの心理学者。子ども
と大人の思考構造の違いを
研究し、子どもには独自の
世界観があること、行動を
生じさせる精神構造（シェ
マ）の変換という視点から
子どもの発達をとらえた。

学の知見からも示されています。たとえば、スイスの心理学者である**ピアジェ***は自身の認知発達理論のなかで、「刺激（客体）は主体（子ども）が働きかけることによってはじめて刺激になり得る」「自発的な活動によってのみ、子どもは徐々に知的操作や論理的構造によって特徴づけられる論理的思考をつくり上げる」と述べています。このことを、子どもがダンゴムシ（という刺激・客体）について認識するプロセスを例に考えてみましょう。ダンゴムシ集めに夢中になり、ダンゴムシについてたくさんの知っていることを教えてくれる子どもは、「ダンゴムシについて誰かが教え込んだから」そのような姿をみせるのではありません。主体である子ども自らが客体であるダンゴムシに興味や関心をもち、ダンゴムシを探し、ダンゴムシにふれた結果として、ダンゴムシについての豊かな知識を獲得するのです。ピアジェの指摘のように、子ども自らが環境に関わろうとすることが子どもの学びの前提になります。だからこそ、「子どもが自発的・意欲的に関われるような環境を構成」することが大切になるのです。

5　一人ひとりの発達の特性に応じた関わりを行うこと

　子どもは一人ひとり異なる個性や特性をもった存在です。子どもの発達には一定の道筋がありますが、その発達の道筋のどこにいるのかについては、同じ年齢であっても一人ひとり大きく異なります。遊び一つをとってみても、同じ遊びをしている子どもが皆同じ面白さを感じているとは限りません。わかること、できること、得意なこと、苦手なことなど、あらゆる面において子どもは一人ひとり個性的な存在です。そして、一人ひとりが個性的な存在であるからこそ、保育者の関わりも一人ひとりに対して異なるものになるのは当然のことといえます。「保育所保育指針」では「子どもの発達について理解し、一人一人の発達過程に応じて保育すること。その際、子どもの個人差に十分配慮すること[12]」と述べています。一般的な発達の道筋を理解したうえで、一人ひとりの発達過程に応じた個別の関わりを行うことが保育の営みであるといえます。

出典

[12] 「保育所保育指針」
第 1 章 1（3）「保育の方法」
ウ

6　家庭と連携し、保護者の子育てを支える

　保育実践は、子どもと保育者の関係性のなかだけで行われる営みではありません。子どもの家庭との連携のうえで行われるものです。「保育所保育指針」では、保育所の役割として「入所する子どもを保育するとともに、家庭や地域の様々な社会資源との連携を図りながら、入所する子どもの保護者に対する支援及び地域の子育て家庭に対する支援等を行

う[13]」ことをあげています。そして、保育の方法として「一人一人の保護者の状況やその意向を理解、受容し、それぞれの親子関係や家庭生活等に配慮しながら、様々な機会をとらえ、適切に援助すること[14]」が求められています。

▶出典
[13] 「保育所保育指針」第1章1（1）「保育所の役割」ウ

[14] 「保育所保育指針」第1章1（3）「保育の方法」カ

3.　保育者の役割と保育の計画

　保育という営みは、「保育に関する専門性を有する職員[15]」によって行われるものです。しかし、保育者の専門性は社会のなかで正確に理解されているのでしょうか。保育の仕事は「子どものお世話をするだけの誰にでもできる仕事」「子育て経験があれば、誰でも保育者の仕事はできる」といった誤解はいまだに根強く残っています。

▶出典
[15] 「保育所保育指針」第1章1（1）「保育所の役割」イ

　しかし、「保育という営み」を行うために、保育者には多岐にわたる役割を果たすことが求められていますし、その役割を果たすためには高度な専門性が求められることに皆さんは気づいていると思います。

　2017年に改定（訂）された「保育所保育指針」「幼稚園教育要領」「幼保連携型認定こども園教育・保育要領」では、質の高い保育の実現のために、保育者の資質・専門性の向上が求められています。そうした保育者の資質・専門性の一つに、「子どもたちの姿に対する評価に基づいて適切な保育の計画を立てること」があります。計画を立てることで保育の場がもっているさまざまな機能が生かされ、子どもたちの豊かな育ちを実現することが可能になるのです。

　本書では、保育者に求められる資質・専門性のうち、保育の計画と評価に焦点をあて、学んでいきます。子どもにとって「最もよいこと」を実現できるような保育の計画と評価を行える力量を育むことを目指し、学びを深めていきましょう。

演 習 課 題

①保育の場で行われている活動をグループで出し合ってみましょう。

②保育の場ではどのような人との関わりが経験できるでしょうか。グループで出し合ってみましょう。

③保育の場における保育者が果たしている役割について具体的に出し合ってみましょう。

なぜ保育に計画が必要なのか

保育実践は、計画を立てて行われる営みです。このレッスンでは、なぜ、保育に計画が必要なのかについて考えます。そのうえで、保育の計画と実践における「計画→実践→反省・評価」の循環構造についての理解を深めていきましょう。

1. 保育において計画を立てる意義

1 ▶ 教科目「保育の計画と評価」の意義

　この本の読者の多くは、保育者養成校における「保育の計画と評価」など、「計画」や「評価」という単語が入った授業のテキストとして、本書を読んでいるのではないかと思います。では、「保育の計画と評価」（あるいはその科目に類する科目）とはいったい何を学ぶ授業なのかという点から考えていきましょう。

　授業の名前から想像して「これって指導計画をつくらされる授業なのでは……」と暗澹（あんたん）たる気持ちになり、これから先の文章の読む気をなくした人もいるかもしれません。確かに授業内容は、「保育の計画について学び、自分自身で指導計画を作成する力量を深める」また、「計画に生かすための評価のあり方について学び、意味のある保育の記録の書き方を身につける」というものです。

　これを聞いて、「うわ、もうやる気なくした、最悪……」と思った人もいることでしょう。実際、指導計画をつくるのが苦手な保育者養成校の学生はたくさんいますし、現場の保育者のなかにも指導計画を書くことが苦手という人は結構います。また、「そもそも、なんで指導計画なんて書かないといけないの？」という疑問をもったり、「できることなら指導計画を考えなくていい職場に行きたい」と希望する人がいることも事実です。さらに、指導計画作成を「なんだかよくわからないけれど、やらないといけない面倒な業務」と考える保育関係者もそれなりにいます。

　保育記録についても同様です。「実習記録ができあがったら朝だった……」「実習記録さえなければ実習は楽しいのに」と、実習期間中に記入する実習記録が負担になっている学生はたくさんいます。保育現場で

も、記録は「書かなくてはいけないものだから仕方なく書いている」保育者もいますし、そもそもなんのために記録を書いているのかを意識しておらず、惰性で毎日同じようなことを書いているという場合も見受けられます。

　しかし、筆者自身は、幼稚園教諭として勤務していたとき、指導計画をつくること、特に年間指導計画や月の指導計画といった長期の指導計画をつくることは、とても楽しい作業だと感じていました。日々の保育の記録についても同様です。それは別に、筆者がマニアックな人間だからというわけではありません。筆者が指導計画をつくることを「楽しい」と感じていたのは、指導計画を書く時間が「この子どもたちと、どのような楽しく豊かな日々をつくっていこうか」「こんな仲間関係になってほしい」といった夢を描ける時間だったからです。

　正直なところ、「この欄はこういう書き方をしなければならない」とか「文章の語尾は『〜させる』でなくて『〜するように促す』でないといけない」といった、実習や授業で指導計画を作成する際にやたらと指導される「指導計画作成上の作法」は、それほど重要なことではありません（当然ですが、その作法を一応は身につけておく必要はあります。しかし、少なくともそれが一番大事なことではありません）。

　指導計画を作成するにあたって一番大切なことは、「こういう面白さを子どもたちと共有したい」「こんな学びを実現してほしい」「こんなふうに育ってほしい」という思いが根底にあることであり、それを実現する手立てを具体的に見通すことなのです。それが頭のなかできっちりと描けていれば、「紙に書く指導案」というものは、極論すれば、別に書かなくてもよいのです（ただ現実の保育現場においては、役所からの監査や第三者評価で指導が入ったりするため、指導計画はきちんと書く必要があります）。

　保育の計画を立てるという営みは、「目の前にいる子どもたちとの豊かな生活や学びの展開についての夢を組み立てる」営みです。難しいけれど、そのなかには楽しさがあります。皆さんの保育者養成校の先生たちは、授業をとおして皆さんが保育の計画を立てる楽しさに少しでも近づくことを目指しているのだということを知っておきましょう。

2 ▶ 保育を「意識化」することの意味

　いま、保育の現場では、2017年3月に改定（訂）（2018年4月より施行）された「保育所保育指針」「幼稚園教育要領」「幼保連携型認定こども園教育・保育要領」に沿った保育が展開されています。指針や要領の

内容についてはレッスン 4 でくわしく学びますが、指針や要領が改定（訂）される際には、その時代の社会の状況や保育・教育に対する最新の知見を取り入れながら、国としての保育・教育の考え方、また立場や方法なども改定（訂）されます。

　2017年の指針・要領の改定（訂）にあたっては、政府の諮問機関である**教育再生実行会議**[*]から、「幼児期の教育は、その後の生活や学習の基礎を確固たるものとし、生涯にわたる学びと資質・能力の向上に大きく寄与するものであり、言葉の習得や心身の発達の早期化、小学校教育との接続等を踏まえ、幼児教育の機会均等と水準の維持向上を図ることが重要」だという考えから、「幼児教育の質の向上のため、国は、幼稚園教育要領について、子供の言葉の習得など発達の早期化等を踏まえ、小学校教育との接続を意識した見直しを行う。保育所、認定こども園においても教育の質の向上の観点から見直しを図る」という提言が出され、小学校低学年の学習内容である文字の読み書きや算数の足し算引き算を保育内容に取り込むことも含めた検討を行うように、中央教育審議会に諮問し、制度設計が行われることとなりました（『毎日新聞』2014年 7 月12日付）。この記事を多くの保育・幼児教育の関係者は驚きをもって読みました。それは、環境を通して行う保育の考え方、遊びを中心とした総合的な指導の考え方が大きく変化する可能性のある提言だったからです。

　結果的には、2017年の指針・要領の改定（訂）では、子どもたちが環境に主体的に関わって遊びに取り組むことをとおしてさまざまな学びを重ねていくという、保育実践の基本原理については変更されませんでした。ただし、指針・要領そのものは、保育・教育の目標の構造を中心に大きな改定（訂）が行われました。

　この議論の経緯で重要なのは、「幼児教育の質の向上」とは何か、という問いです。教育再生実行会議からは、「質の向上＝小学校教育の学習内容のより早い段階からの実施」とも読み取れる提言が行われています。文字の読み書きや算数の足し算引き算についての学習を幼児期から始めるべきかどうかという議論は必要ですが、「読み書きや算数といった学習をより早く取り入れることが質の高い保育」とも読み取れる議論の展開に違和感を抱いた保育関係者は多くいました。保育における質の向上に関わる議論は、保育の基本原理に基づいた観点から行われる必要があります。特に、遊びを中心とした保育における質の向上とは何かという問いに答える必要があると考えられます。

　教育再生実行会議は、自治体の長・研究者・企業の関係者・教育関係

✳ 用語解説

教育再生実行会議
「21世紀の日本にふさわしい教育体制を構築し、教育の再生を実行に移していくため、内閣の最重要課題の 1 つとして教育改革を推進する必要がある」ことを根拠に、2013年 1 月に発足した第 2 次安倍内閣における教育提言を行う私的諮問機関。

者・作家など、多様な専門性をもったメンバーで構成されていますが、残念ながらこの提言を出した当時は保育・幼児教育の直接的な専門性をもったメンバーの参加はありませんでした。教育再生実行会議の提言は、「遊びをとおして発達に必要な経験を積み重ねる」という保育業界における「常識」は業界内でのローカルなものにすぎず、他の学校教育の関係者や市民・行政関係者にとっては自明のことではなかったことを示しているといえます。一方で、保育・幼児教育の関係者が、遊びをとおしての保育の意味を十分に発信できていなかった可能性を示しているともいえます。

　確かに「遊びが学びである」ことは、保育・幼児教育の関係者でなければなかなか理解しがたい面があり、「何かができるようになる」というわかりやすい成果をあげることこそが「質の高い保育」だと考える傾向が出てくるのもわかります。そのため、**「何かを教えてくれる」保育所・幼稚園・認定こども園**に入園希望者が集中したり、テレビなどを通じて紹介される「○○式の幼児教育」が注目され、賞賛されるようなことが起こります。

　しかし、保育・幼児教育は、本来「人として子どもたちが生きていくための土台」を育むための営みであり、わかりやすい結果で測れるようなものではありません。保育・幼児教育の成果についての根拠を明らかにする努力は必要ですが、少なくとも「○○ができた」というようなことだけで測れるようなものではないのです。「遊びは学びである」ことがなかなか理解されない状況があるなかで、保育者には「遊びを中心とした保育」の意義を発信することが求められています。そして、それ以上に、保育者自身が「遊びをとおして子どもに何を育てようとするのか」を意識して実践することが重要になります。

　2017年の指針・要領改定（訂）のキーワードは「意識化」であると筆者は考えています。保育の目標の構造が整理され、「知識及び技能の基礎」「思考力、判断力、表現力等の基礎」「学びに向かう力、人間性等」という3つの資質・能力や「幼児期の終わりまでに育ってほしい姿」が整理されたことは、保育者が何を子どもたちに育てたいのかを意識して保育することにつながるとともに、そのための方法はどうあるべきかを考えることにもつながります。

　レッスン1でふれたように、改定（訂）された指針・要領では、質の高い保育の実現が求められており、そのために、保育者の資質・専門性の向上が目指されています。これまでも多くの保育の現場では、豊かな遊びや生活が展開されてきました。しかし、「子どもたちに何を育てよ

うとしているのか」という実践のねらいや、「なぜ、この遊びを取り上げているのか」という活動選択の根拠、「なぜ、このような環境構成をするのか」「なぜこのような言葉かけをするのか」という保育者の関わりの意味などを保育者自身が意識化できていたかと問われると、残念ながら不十分な面もあったのではないでしょうか。せっかく園で豊かな生活が展開されているのにもかかわらず、それを生かし切れていないのではもったいないことです。

　現行の指針・要領では、何か特別に新しいことを始めることは要求していません。これまで積み上げられてきた実践の意味を深くとらえ、実践のねらい、活動選択の根拠、保育者の関わりの意味などを意識して保育すること（このことを本書では保育を「意識化する」ということとする）が求められているのです。

▌3 ▶ 計画を立てること、保育を振り返ることを通じて保育を意識化する

①保育を振り返り、計画を立てるという営み

　保育者は、保育実践に先立って保育の計画を立てます。そして、保育実践が終われば、保育の記録等を書くことを通じて保育を振り返る（反省・評価を行う）機会をもちます。各年度のスタートの時期には1年間を見通した計画を、各月の終わりごろには今月の子どもの様子を振り返りながら次の月の計画を、週の終わりごろには今週の子どもの様子を振り返りながら来週の計画を、1日の保育が終わったら今日の子どもの姿を振り返りながら明日の保育の計画を作成します。そして、1年間の保育が終わったら、1年間の保育を振り返ります。

　「保育を振り返り、計画を立てる」という営みは、「計画を立てて、実践して、評価したら終わり」という直線的な営みではありません。循環構造のなかで「計画→実践→反省・評価→計画→実践→反省・評価→計画→実践→反省・評価……」と繰り返されていくものです。「子どもの現実から保育は始まる」という言葉が示すように、「反省・評価」でとらえた子どもたちの姿が次の計画のための根拠であり、「計画→実践→反省・評価（子どもの姿の理解)」が循環構造になっていることで、目の前の子どもたちに合った保育実践、一人ひとりの子どもの発達の特性に応じた保育実践が可能になるのです。

　計画を立てる営み、保育を振り返る営みは、先に述べた「保育を意識化する」ためにきわめて重要な機会となります。

②保育者の経験する3回の実践

　保育者は、同じ実践を3回経験します。このことについてみていきましょう。

　1回目は、計画を立てる段階での経験です。昨日・先週・先月の子どもたちの姿の理解をもとに、子どもたちにどのように育ってほしいのか、そのためにどのような活動を想定するのか、どのような環境構成を行うのか、保育者はどのように関わるのかをシミュレーションしていきます。保育者の頭のなかでは、実際に子どもたちが活動する様子、環境構成の様子、保育者自身の関わりの様子が映像としてイメージされていきます。そのなかで、子どもたちにとってどのような育ちが大切なのか、想定される活動にはどのような面白さ・楽しさ・喜びがあり、どのような経験ができる遊びなのか、どのような環境構成をすれば子どもたちがより主体的に活動できるのか、子どもたちの活動を豊かにする言葉かけはどうあるべきか、子どもたちが自信をもてる言葉かけはどのようなものなのかなど、保育という営みに込められた意味を意識化していきます。

　2回目は、実際の保育実践の段階での経験です。事前に想定した計画どおりに進む場合、進まない場合などさまざまですが、実践の最中は、保育者は心も体もフル回転になります。一つひとつの出来事の意味をゆっくりと考え、意識化する時間はほとんどありません。一心不乱に子どもに向き合いながら、予想外の展開になった場合は、その場で考え、判断し、柔軟に計画を修正しながら実践を進めていきます。

　3回目は、保育が終わったあとの振り返り（反省・評価）の段階です。今日1日の保育、今週の保育、今月の保育、この1年の保育を、片づけや掃除をしながら、記録を書きながら、また同僚と話し合いながら振り返っていきます。実際の保育の場面の映像を思い起こしながら、子どもたちに何が育ったか、○○ちゃんと△△ちゃんの仲間関係はどのように変わってきたのか、保育室の環境構成は子どもたちの遊びへの興味や関心を呼び起こすものだったのか、あのときの保育者自身の言葉かけはどうだったのかなど、自身の保育を意識化することをとおして、評価を行っていきます。

　「2回目（実践）にしっかりと取り組めば、1回目（計画）や3回目（反省・評価）は不要では」という考えが浮かぶかもしれません。しかし、実践の最中は、先述したように保育者は心も体もフル回転になり、一つひとつの出来事の意味をゆっくりと考え、意識化する時間はほとんどありません。だからこそ、実践の前と後に計画と反省・評価を行うことで保育を意識化することが大切になるのです。

2.　保育の計画の種類と意識化すべき点

　保育の計画にはさまざまな種類があります。計画の種類と意義については レッスン 3 で、それぞれのタイプの計画の作成原理については、レッスン 5 ～ 8 で具体的に学びますが、ここでは、さまざまな保育の計画の種類について概観するとともに、それぞれのタイプの計画が、何を意識化するためにつくられているのかについて整理してみましょう。

1　指導計画作成の原則的流れと立場

　図表 2 - 1 は指導計画の原則的な流れと立場を図式化したものです。「指導計画作成の原則的な流れ」とは、すべての保育現場で行われている保育・教育の計画と実践の流れを示しています。先の「計画→実践→反省・評価」の循環構造に照らし合わせて考えれば、「全体的な計画・教育課程」「長期指導計画」「短期指導計画」「計画の修正」が「計画」に、「保育の実践」が「実践」に、「反省・評価」「子どもの実態把握」が「反省・評価」にあたります。長期指導計画や短期指導計画として作成される計画は園によって若干の違いはありますが、基本的な計画の流れは、どの園においても共通です。

図表 2-1　指導計画作成の原則的な流れと立場

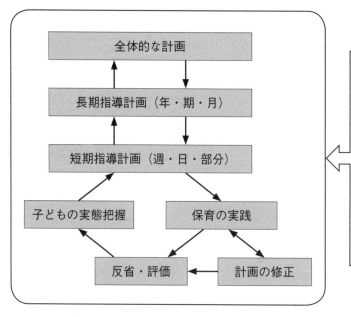

＊すべての保育現場で行われている計画と実践の流れ

「指導計画作成の立場」とは、計画や実践を方向づける「保育理念」を表しています。たとえば、皆さんが幼児期に通っていた保育所・幼稚園でどのような生活をしていたのかを話し合ってみると、驚くほど異なった経験をしていることに気づくはずです。「ずっと好きな遊びをしていた」「毎日泥団子づくりをしていた」という人もいれば、「園にヤギや犬がいて、動物との関わりが日常だった」「園庭に実のなる木がいっぱいあって、食べ放題だった」という人もいると思います。また、「英語の先生が来て、英会話のレッスンがあった」「毎日、ひらがなのプリントを何枚も書いていた」「茶道の時間があった」「鼓笛隊の練習が毎日あった」という人や、「体操教室があって、10段くらいの跳び箱を跳んでいた」「パソコンでお絵かきをしていた」という人もいるかもしれません。

　これは、各園がどのような子どもを育てようとしているのか、そのためにどのような保育内容を設定しているのかという「保育理念」の違いによって生み出されてきます。こうした保育理念の違いは、発達に対する考え方（発達観）、子どもに対する考え方（子ども観）、保育・教育に対する考え方（保育観・教育観）などによって方向づけられます。そして、その方針の違いは、保育の計画・実践のあり方、子ども理解のポイントなどに大きな影響を与えています。こうした「指導計画作成の立場」は、各園の保育・教育の方針だけにとどまるものではありません。「保育所保育指針」や「幼稚園教育要領」も、柔軟性をもたせながらですが、一定の保育理念を表していますし、**指針・要領の改定（訂）によって、保育理念そのものが変更される**こともあります。

　この「指導計画作成の原則的な流れ」と「指導計画作成の立場」の両面を意識することで、各園の保育の計画と実践を理解することができます。また、「計画→実践→反省・評価」の各段階で意識化すべき点も明確になります。

2　指導計画作成の各段階で何を意識化するか

　では、指導計画作成の原則的な流れの各段階で、何を意識化するのかについて考えてみましょう。それぞれの計画の詳細と作成原理については、レッスン3以降で学びます。

①全体的な計画

　全体的な計画は、園の保育の基本方針を示した計画です。この計画で意識化すべきことは次の2点です。

　一つは、「自分たちで考え、行動できる子どもを育てるために、豊か

◆補足

指針・要領の改定（訂）と保育理念の変更

たとえば、1989年の幼稚園教育要領の改訂、1990年の保育所保育指針の改定では、活動は子どもが環境に関わって生み出すものという考え方が前面に押し出され、それまでの指針・要領以上に、子どもの主体性を重視した保育理念への転換が行われている。

な保育環境のなかで主体的な遊びを大切にする」「子どもたちがさまざまな人とともに生きる力を育むために、異年齢でのクラス編成の保育を実施する」「人への感謝の気持ちをもった子どもを育てるために、あいさつやしつけを大切にする」といった、各園の保育の目標と基本方針です。園の職員全員が、全体的な計画に書かれた内容を共通理解することが重要になります。

　もう一つは、入園から修了までの子どもたちの育ちの大きな見通しです。各年齢でどのような育ちを積み重ねて就学を迎えるのか、子どもの育ちの見通しを明らかにすることが重要になります。なお、幼稚園や幼保連携型認定こども園では、全体的な計画のなかに「教育課程」が位置づけられます（詳細はレッスン 3 を参照）。

②長期指導計画

　長期の指導計画は、「年間指導計画」「期の指導計画」「月の指導計画」などがありますが、全体的な計画・教育課程に比べ、より具体化された計画、子どもの実態を踏まえた計画になります。

　「年間指導計画」で意識化すべき点は、「この 1 年間の保育の道筋」です。年間指導計画は、クラスあるいは各年齢（複数クラスがある場合）を単位に作成されます。「この 1 年間で子どもたちをどのように育てたいか（年間のねらい）」「1 年間の各時期に育てたい姿は何か（各期のねらい）」といった実践のねらいを意識化し、「そのためにどのような保育の内容を設定するのか」「保育者のどのような関わりを大切にするのか」の概略を考えることで、子どもの育ちの大きな流れを意識化するために作成されます。

　たとえば、5 歳児クラスでは、「自分と仲間を大切にし、協同できる仲間関係を育む」ことが年間の目標だとしたら、それに対し仲間と協同することが大切になる活動を中核に据えていきます。そのうえで、秋ごろの「自分の思いを表現するとともに、仲間の思いも受けとめながら、協同で遊びを進める」というねらいに対して、保育の内容として「共通のイメージをもち、アイデアを出し合いながら遊ぶ」ことができる遊びを設定するといった、大きな方向づけを行うことになります。

　「期の指導計画」「月の指導計画」は、各クラスあるいは各年齢の「今期」「今月」の生活を見通すものですが、年間指導計画よりも意識化すべき点が具体的になります。前の期・月の子どもたちの姿を踏まえながら、各期・月の「ねらい」を設定し、予想される活動を具体的に見通していきます。さらに、それぞれの活動に対する保育者の関わりの基本方針を意識化していきます。

◆ 補足
異年齢混合クラスの指導計画
異年齢混合クラスの場合は、クラスあるいは「乳児」「幼児」といった大きなくくりを単位に作成される。

　前述の5歳児クラスの秋ごろの保育を例に考えれば、「自分の思いを表現するとともに、仲間の思いも受けとめながら、協同で遊びを進める」というねらいに対して、年間指導計画では「共通のイメージをもち、アイデアを出し合いながら遊ぶ」という保育内容の方向づけがなされていました。また、期や月の指導計画では、「砂場での山づくりや川づくりに、お互いのアイデアを出し合いながら取り組む」「園全体を使った遊園地ごっこの準備をアイデアを出し合いながら進める」「チーム対抗のしっぽ取り鬼ごっこで、グループで作戦を考えることを大切にしながら取り組む」など、具体的な活動内容と経験を明らかにしていきます。同時に、その遊びのなかで保育者はどのように関わり、どのような環境構成をするのかについての大まかな方針を意識化していきます。

③短期指導計画

　短期の指導計画は、1週間・1日・1日のある時間、といった短いスパンを対象とした、より具体的かつ幼児の実態を踏まえた計画になります。

　短期指導計画では、長期指導計画で意識化した保育のねらい・活動の方向性・保育者の関わりについての見通しをもとに、より具体的に子どもの活動、保育者の関わり、環境構成を意識化していきます。子どもの活動については、時間の流れを意識しながら、どのように活動が生み出され展開していくのか、保育者の関わりについては、「子どもの何に働きかけるのか」「どのように働きかけるのか」を意識化しながら、保育者の具体的な動きや言葉かけを明らかにしていきます。環境構成については、準備物の具体的な数や空間配置など、映像として描けるレベルの具体化をしていきます。

　つまり、短期指導計画では、「砂場での山づくりや川づくりで、どこにどのくらいの数のスコップを置き、水を入れるホースはどのタイミングで出し、子どもたちのアイデアをどのようにつなぐのか」「遊園地ごっこのなかの『お化け屋敷』のお化けづくりをするために、何時から、どこで、どのような投げかけによって話し合いをし、そのときに保育者はどのように子どもたちの意見を引き出すのか」「チーム対抗のしっぽ取り鬼ごっこで、自信がもてない子が自信をもって取り組めるようにするために、グループで作戦を考える時間をゲームの前後に取り、まずは子どもたちが考えた作戦を引き出しながら、保育者は、はさみうち作戦に気づけるように、話し合いの後半で声をかける」といったレベルで意識化した、ねらい・子どもの活動・保育者の動きや言葉かけ・環境構成を明らかにしていきます。

このように、立てられる計画の種別によって、意識化される内容のレベルが異なります。レッスン 3 以降で、より詳細に、こうした計画の種別ごとの作成原理について学んでいきましょう。

④保育実践と計画の修正

保育の実践は、短期指導計画作成の際に意識化されたことを念頭に実施されます。前述のように、実践の最中にゆっくり立ち止まって考えながら進めることはなかなか難しいものです。だからこそ、全体的な計画と長期指導計画で確認された大きな方針に基づいて具体化された短期指導計画で、子どもの活動に同行するための保育者の関わりのあり方を意識化しておくことが大切になります。

しかし、保育は計画どおりに展開するわけではありません。実際に保育をするなかで、計画した内容や関わりを修正する必要が生じます。子どもたちの活動や反応は保育者の予想をしばしば超えてきますし、予定外のことも頻繁に起こります。そうしたとき、保育者の計画どおりの展開になるように子どもたちを動かそうとするのではなく、臨機応変に計画を修正していき、計画を子どもたちに合わせることが求められます。そうした一瞬一瞬の判断のためにも、事前に見通しをもち、保育を意識化しておくことは重要です。見通しがあるからこそ、修正にも対応できるのです。

⑤反省・評価と子どもの実態把握

保育が終わったあとの振り返り（反省・評価）では、「子どもたちはどのように生活していたか」を振り返ることを通じて、「保育の計画は妥当だったか」「保育者の関わりは妥当だったか」について検討していきます。同時に、子どもたち一人ひとりの実態の把握、クラス集団の実態の把握を行っていきます。「子どもの現実から保育は始まる」といわれます。ここで把握した子どもの実態が、次の保育の計画を立てる根拠となります。そのために、どのような視点から子どもの姿をとらえるのかが重要になります。この点についても、レッスン 3 以降で学んでいきましょう。

レッスン 2 では、保育の計画を立てる意義を「意識化」というキーワードから考えてきました。日々のルーティンワークとして指導計画をなんとなく作成し、なんとなく記録をつける状態が続くと、「何のために指導計画を作成するのか」「何のために保育記録を書くのか」という基本を忘れ、「とりあえず書かないといけないらしいから書く」という状態に陥る危険があります。指導計画作成の意義を十分に理解したうえ

で、以降の学習を進めていきましょう。

習 課 題

①保育の計画を立てることに「どのような楽しさを見出せるか」を考え、
　できるだけたくさん書き出してみましょう。

②なぜ保育実践は「遊び」を大切にするのか、保護者に説明することを
　想定して、皆さん自身の言葉でどう伝えるのか考えてみましょう。

③自分自身が通っていた保育の場での経験を思い出し、どのような生活
　を送っていたのかを整理してみましょう。

保育における計画の種類と意義

このレッスンでは、保育における計画の種類と意義について学びます。全体的な計画とは何か、また、長期と短期の指導計画について「保育所保育指針」における考え方を中心に理解を深めます。具体的に指導計画にはどのような種類があるのか、それらの指導計画どうしがどのように関連していて、保育実践にどうつながっていくのかを考えてみましょう。

1.　全体的な計画

■1　全体的な計画の中身

　「保育所保育指針」には、全体的な計画の作成について、「保育所は、1の（2）に示した保育の目標を達成するために、各保育所の保育の方針や目標に基づき、子どもの発達過程を踏まえて、保育の内容が組織的・計画的に構成され、保育所の生活の全体を通して、総合的に展開されるよう、全体的な計画を作成しなければならない[†1]」と明示されています。

　保育所保育での「全体的な計画」は、「児童福祉法」および関係法令、「保育所保育指針」「児童の権利に関する条約（子どもの権利条約）」などをもとに、各保育所の保育の方針を踏まえ、入所から就学に至る在籍期間の全体にわたって保育の目標を達成するために、どのような道筋をたどり養護と教育が一体となった保育を進めていくのかを示すものです。

　全体的な計画における保育のねらいと内容は、「保育所保育指針」第1章2および4の「育みたい資質・能力」「幼児期の終わりまでに育ってほしい姿」や、第2章に示されている「ねらい及び内容」に基づき、乳幼児期の発達過程に沿ってそれぞれの時期の生活や遊びのなかで子どもは主にどのような体験をしていくのか、またどのような援助が必要となるのかを明らかにすることを目的として構成されます。これらは、保育時間や在籍期間の長短にかかわりなく在籍しているすべての子どもを対象とし、保育所等における生活の全体をとおして総合的に展開されるものと定められています。

　この全体的な計画に基づいて、そのときどきの実際の子どもの発達や生活の状況に応じた具体的な指導計画やその他の計画を作成していきます。すなわち、全体的な計画は、子どもの最善の利益の保障を第一義と

▶**出典**
†1 「保育所保育指針」第1章3（1）「全体的な計画の作成」ア
なお、「保育所保育指針」第1章3（1）「全体的な計画の作成」イには、「全体的な計画は、子どもや家庭の状況、地域の実態、保育時間などを考慮し、子どもの育ちに関する長期的見通しをもって適切に作成されなければならない」とある。

図表 3-1 「全体的な計画」の中身

園種の別	全体的な計画の構成	「その他の計画」の扱いなど
保育所	保育所保育の全体像を包括的に示すもの。保育目標や子どもの発達の流れを示している	・その他の計画は含まない ・指導計画は含まない
幼稚園	「全体的な計画」は、「教育課程」＋「その他の計画」である	・その他の計画を含む ・指導計画は含まない ・預かり保育の計画を含む
幼保連携型認定こども園	「全体的な計画」は、「教育課程」＋「その他の計画」である	・その他の計画を含む ・指導計画は含まない ・保育利用時間の別で異なる計画が作成される

する保育所保育の根幹を示すものであり、指導計画やその他の計画の上位に位置づけられています。

　この「**全体的な計画**」は、保育所だけでなく、幼稚園、認定こども園いずれの園でも作成されます。「保育所保育指針」では、「全体的な計画」とは、各園の保育目標（目指している子ども像）、子どもの発達のとらえ方を記載しているものを指しています。指導計画（年間計画、月案、週案、日案等）やその他の計画（保健計画、食育計画等）は含まれません。

　一方、「幼稚園教育要領」「幼保連携型認定こども園教育・保育要領」の規定によると、「全体的な計画」は「**教育課程**」とその他の計画（預かり保育、保健、安全、食育等）を指しています。指導計画（年間計画、月案、週案、日案等）は含まれていません（図表 3-1）。

　以上のように、保育所と、幼稚園、認定こども園では、同じ「全体的な計画」という用語を使っていますが、その中身に違いがあります。しかし、「育みたい資質・能力」「幼児期の終わりまでに育ってほしい姿」保育内容（5 領域）の「ねらい及び内容」の表現を用いたり関連させたりして、全体的な計画を作成していくことは共通しています。

2　「保育所保育指針」における保育の目標と指導計画の基本的考え方

　「全体的な計画」のもとに、「指導計画」を中心とした各種の計画が位置づけられます。「指導計画」は、「全体的な計画」にある各園の保育方針や保育目標に沿ってより実践に近い形で示し、より具体的な構成内容になっていきます。指導計画については後ほど説明します。

　また、「全体的な計画」をもとにして行う保育を「評価」する際には、

田 補足

保育所における「全体的な計画」
保育所での「全体的な計画」は、「保育所保育指針」の 2017 年改定前は「保育課程」という名称であった。全体的な計画の作成にあたっては、さまざまな記録や資料等を生かしながら作成するものであるが、過去（改定前）の資料を参考にする際には留意して区別する必要がある。

教育課程
教育課程という用語は、法令上、学校の位置づけにある「幼稚園」と「認定こども園」で使われる。

生活や遊び・活動のなかでどのような子どもの育ちがあるのかをとらえて評価していきますが、これは保育所、幼稚園を問わず就学前の保育施設として、保育の方法と関連して重要な視点です。さらに、全体的な計画、指導計画ともに、園全体でのPDCA（計画・実施・評価・改善）による定期的な評価ができる体制を整え、保育の改善を図りつづけることが義務づけられています。このように指導計画と保育実践、保育の評価は関連しています。

3　その他の計画

　保育所保育では、「全体的な計画」は、これに基づいて作成される指導計画、保健計画、食育計画等を通じて、各保育所が創意工夫して保育できるように作成されます。日々の保育に直接関わるさまざまな具体的な計画がありますが、保健計画、食育計画等は、指導計画とは区別されており、「その他の計画」に位置します。

①保健計画

　子どもの生命と安全を守り、発達の著しい時期にいる乳幼児の健やかな心身の成長のための目標と計画を作成します。園内で行う各種健康診断、発達測定、また専門職間と家庭との連携によって行う健康に関わる事項など、具体的な内容や事項が記載されます。保健・安全の関連において、地震や火事などの避難訓練や諸活動について、また、食と健康という関連において、具体的な記載事項や書式は、管轄自治体や各園によって多様な形があります。

②食育計画

　「保育所保育指針」では、「乳幼児期にふさわしい食生活が展開され、適切な援助が行われるよう、食事の提供を含む食育計画を全体的な計画に基づいて作成し、その評価及び改善に努めること[2]」と食育計画の重要性を示しています。**食育**とは何か特別な行事や活動をすることだけでなく、保育所で行われている毎日の保育のすべてが食育とつながるものです。したがって、各園の保育目標に準じて食育の目標を設定し、子どもの発達に応じた食育の内容を計画的かつ継続的に、園の状況に応じて柔軟に展開することが求められています。

　社会福祉法人全国社会福祉協議会全国保育士会の「子どもの育ちを支える食——保育所等における食育の『言語化』」（2020年）には、食育の「保育所保育指針における位置づけ」「食の循環・環境の位置づけ」「保護者や地域の関係者との連携・協働」について、保育所での実践・取り組みとして、食育計画は各園の全体的な計画を基本とし、各年齢や

▶ 出典
†2　「保育所保育指針」第3章2（1）「保育所の特性を生かした食育」ウ

◆ 補足
保育所における食育
「食育基本法」（2005年）の推進以前から、保育所における食育は養護と教育の両面において重要とされており、厚生労働省より「楽しく食べる子どもに――保育所における食育に関する指針」（2004年）が通知されている。また、「保育所における食事の提供ガイドライン」（2012年）では、保育に関わる専門職全員が子どもの育ちを支えるためにどのように援助するのかを理解し、日常的に連携して進めるものとしている。

クラス別に食育を実践する際の目標や内容を、指導計画に含めて立案することと示しています。

4 生活全体の計画を作成するという考え方

「幼稚園教育要領」では、預かり保育など教育課程に係る教育時間の終了後に行う教育活動などについては、幼児の生活全体を見通しをもって把握し、幼稚園等におけるカリキュラム・マネジメントを充実する観点から、教育課程や預かり保育を含め、登園から降園までの幼児の生活全体をとらえた「全体的な計画」の作成が位置づけられています。

預かり保育は、幼稚園の機能や役割として重視されるようになっています。また、幼稚園では、2歳児保育（満3歳児入園）が可能となっており、保育所や認定こども園と同様に、入園から卒園までの長期間にわたって長時間の保育を提供することから、子どもの生活全体をとらえて計画を作成しようという考え方が根本にあります。園と家庭での生活全体、園生活のなかでも教育時間を担当する保育者と、預かり保育を担当する保育者の連携の視点を明確にすることが望まれます。

たとえば幼保連携型認定こども園では、通っている子どもによって園での生活時間にかなりの違いがあります。**保育が必要である子どもとして入園した場合は、最大11時間になります。**一方、幼稚園児として通う子どもの場合は、4時間程度の教育標準時間で利用する形となります。

このような保育利用の状況を踏まえて、保育所、幼稚園、認定こども園のいずれにおいても、子どもが園にいる時間だけでなく、24時間の生活全体を見渡したうえで子どもを理解し、計画を立てて保育実践をすることが求められているともいえます。

5 長期の指導計画と短期の指導計画を作成すること

「保育所保育指針」には、「保育所は、全体的な計画に基づき、具体的な保育が適切に展開されるよう、子どもの生活や発達を見通した長期的な指導計画と、それに関連しながら、より具体的な子どもの日々の生活に即した短期的な指導計画を作成しなければならない[3]」とあります。これを根拠として、保育所では、長期の指導計画（年間指導計画、月案等）と短期の指導計画（週案、日案等）のさまざまな指導計画を立案し、これをもとに保育を進めます。

さらに「保育所保育指針」では、「指導計画の作成に当たっては、第2章及びその他の関連する章に示された事項のほか、子ども一人一人の発達過程や状況を十分に踏まえるとともに、次の事項に留意しなければ

［＋］補足

保育の必要量

「子ども・子育て支援新制度」により施設利用（入所園）を希望する場合は「保育の必要の認定」が行われる。主にフルタイムの就労を想定した「保育標準時間」（最長11時間）と、主にパートタイムの就労を想定した「保育短時間」（最長8時間）の大きく2区分が設定されており、保育を必要とする事由や保護者の状況に応じて、利用可能な時間帯（保育必要量）が自治体によって指定される。

［▶］出典

[3]「保育所保育指針」第1章3（2）「指導計画の作成」ア

▶**出典**
†4　「保育所保育指針」
第1章3（2）「指導計画
の作成」イ

ならない†4」と述べ、「保育所保育指針」を踏まえて作成された各園の保育の目標・保育方針が指導計画に反映され具体的な実践につなげていくこと、地域の実情と現在の保育の諸課題を考慮した実践のための具体的な計画を作成することを重視しています。

2.　長期指導計画

　指導計画は、どのような目標をもち、どのように指導していくのかという長期的な見通しをもって立てる長期の指導計画と、それに関連しながら目の前にいる子どもの生活の姿をとらえて作成する短期の指導計画の2つに大別することができます。

　長期の指導計画は、1年間や1か月の期間について示し、短期の指導計画は、1週間や1日の単位で計画し作成されます。

　いずれの指導計画も、子どもが「体験すること（＝活動の内容）」と「活動を通して育てたい力（＝内容を達成するためのねらい）」「活動をするために何を用意するのか（＝環境の構成）」などを、長期・短期のそれぞれの指導計画で示す時期に即して、具体的に示していきます。

　長期指導計画は、「全体的な計画」を前提にして立てられるものです。各園の保育で培ってきた実践の反省・評価を生かし、年、月といった長期にわたる子どもの姿・生活を見通しながら、「どの時期に、どのような活動を行っていくのがよいか」という、その時期における保育を明確にするためにつくられます。そして、季節の移り変わりや行事などと子どもの発達や生活との兼ね合いを考慮して作成され、保育実践が行われます。

1　年間指導計画（年間計画）

　長期指導計画のなかでも、1年間の指導計画は「年間指導計画」または「年間計画」と呼ばれ、年度の始まりの4月から翌年3月までの1年間の生活を見通して立てる指導案のことです。多くは学年・クラスの編成別で作成されます。

　子どもの発達の過程や節目となる時期を「期」ととらえ、その期ごとの発達の姿を表していきます。期ごと（期別）の発達の姿や、各園の保育目標や教育目標には抽象的な表現が多くなるため、年間の指導計画では、その学年やその1年間の指導はどこに重点を置くのか、どのような方法で指導や援助をするのかを保育者が明確にしておくことが大切です。

1年間の流れに沿って大事にしたいことを示し、明確なねらいをもつことできるのが、年間指導計画のよさです。

2 ▶ 年間を通じてどのような経験や育ちを見通したいのか

　保育者がどのような保育を実現させたいかによって、年間指導計画に時期の区分（期別）を設定する方法もあります。1年間の時期の区分（期別）をどのような視点にするかは、例として3つの考え方があります。

　①季節での視点
　②仲間関係や人間関係の育ちの視点
　③もの（環境）と関わる育ちの視点

　①「季節での視点」は、地域の気候や自然との関わりなど、その季節ならではの遊びや活動、地域文化や園やクラス独自の行事などを中心に据えて、年間の生活に流れをつくることができます。

　②「仲間関係や人間関係の育ちの視点」から期別を検討するには、1年間を通して「子どもの仲間関係・集団づくりをどのように段階的に見通していくのか」を考えていきます。1年間を「仲間関係や人との関わりの育ちの視点」から区切る考え方は、幼児期以降の遊びを中心とした保育、遊びの協同性をみる点で重要です。

　このような期の区分の考え方を前提にして、「ねらい」を明確にし、具体的な遊びや活動を選定し、さらに具体的な手順を踏んで作成していきます。

3 ▶ 月案

　1か月ごとの計画は、「月案」として各クラスあるいは年齢・発達過程の区分などの単位で作成されます。月案は、年間の指導計画をより具体化するために、ひと月の生活の見通しを立てる指導案です。行事の実施に向けての遊びや活動の流れ、季節や自然との関わりなどで予想される子どもの成長の姿、そして生活の変化などを考慮しながら作成されます。

　地域の特徴や季節の違いが色濃く現れるのが月案です。園がある地域の文化や自然環境、慣れ親しんでいる伝統や風習、行事など生活のしかたを軸にして作成することで、魅力のある指導計画になります。

　0歳児、1歳児、2歳児の乳児保育では、個人別指導計画を月案の単位で作成することが多くあります。個々の子どもの誕生月によって低月齢・高月齢といった発達の区分や育児担当制をとっているなど、保育

の実際により作成書式の細かい点が園によって異なりますが、基本的には幼児クラスと同様に、その月の生活の見通しを立てるために遊びや生活の流れが示されます。

　乳児期の発達の特徴は、生活と遊びが一体となっていて切り分けにくいということです。生活習慣を身につけるための世話や目にみえる発達を手助けするやり方を示すだけでなく、生活と遊びをとおして継続的に経験することをどのような発達につなげていくのか、どのような能力を獲得する見通しなのかという教育の側面での視点も明確にして、保育のねらいと内容を示すことが必要です。

3. 短期指導計画

　短期の指導計画には、「週案」「日案」などがあります。月案をさらに実践に近い形で具体的に示したもので、週案や日案をみれば、明日やその日の保育がイメージできるというものです。

　実際の遊びや活動は、子どもの興味・関心によって想定外の展開になることがあります。たとえば、生活や遊びへの取り組み方が友だちや保育者との関わり方で異なってきたり、天気や気温といった自然現象の変化の影響によって修正を求められることがあります。また、指導計画はあくまでも「案」ですから、計画を立てることや計画通りに保育を進めることにとらわれて、子どもの姿や生活の実態とかけ離れた保育をしてしまっては、子どもの成長や発達を促す援助をすることはできません。想定外を柔軟に受けとめながら実践することを念頭に置き、十分に検討し計画を立てていきます。

1　週案

　週案は、月案を実施するために、1 週間を見通して活動を具体化して立てていく指導案のことを指します。その週における継続性を考えた活動の展開を検討して作成されます。私たちの日常生活は、1 週間という流れでとらえられていますので、子どもの生活の単位としても、1 週間の生活を継続的な視点をもって構成していきます。

　幼稚園は、曜日によって保育時間が異なる場合もあり、遊びや活動を設定するときに見通しを立てるために必要です。保育所の場合も、1 週間かけてじっくり取り組む遊びや活動を見通すことや、子ども自身が自分で選択できる遊び、取り組む日や時間も自分で選択できるようにする

ためには、週案を工夫して作成したいものです。

　また、週案に記載する「保育環境の構成」は、日々の保育実践に適した修正をしつつ、翌日、翌々日の保育で必要な具体的な準備物や教材等を記しておくことによって、保育者にとって実際の保育の準備がしやすくなり、見通しをもつことができます。

　保育の「ねらい」あるいは目標を達成するために、どのような環境を整えて教材や活動を準備するのか決まった方法はありません。保育者が発想を豊かにして、いまある環境を整え、手に入る教材の利用方法や活動のしかた、遊びや活動を展開するための援助など、いろいろと工夫をすることが基本です。

2 日案・週日案

①日案

　日案は、その日の保育をどのように展開していくのか、1日の子どもの生活時間（保育時間）を見通して細かく立てる指導案のことを指します。

　指導計画の作成形式は、定型のものがあるわけではありません。実際の保育と直結するものなので、保育の数だけ多様な形があるといえます。園内や同じ法人・自治体内で共通様式にしているところもありますが、基本的には保育者の責任と工夫において作成されます。つまり、保育者にとって保育の考え方や指導や援助の方法を明確にすること、そして日案をもとに実践し、その後、自分の保育が子どもと自分との関わりにおいてどのようなものだったのか、指導と援助の足跡を残すことに意義があります。

　さらに、保育実践を繰り返すことにより、「子どもの姿」「環境の構成」「援助で配慮すること」などをスムーズに考えることができ、実際の保育を細やかに行うことができれば、週案と日案を一緒にした「週日案」を作成することも可能です。

②日案と日課

　保育所では、乳幼児の1日24時間の生活のうち、保育所で生活する時間帯について、登所（登園）から降所（降園）までの生活を「1日の生活の流れ」として、時間の流れに沿って表にしています。これを日課（日課表）、またはデイリープログラムなどと呼びます。

　0歳児から6歳児までと保育期間が長期にわたる保育所では、子どもの生活の流れは発達によって著しく変化するため、個々の発達に応じそれぞれに適した生活リズムをもって過ごすことを目的として、日課を

活用しています。

　具体的な項目は、登所（登園）時の活動、午前の主な遊びや活動、授乳や間食（おやつ）、給食、排泄・清潔活動、午睡などの活動から降所（降園）までの生活の流れ、それに即して「保育者の援助と配慮」「環境構成」等があります。そして、これらすべてを記載しているものを日課と指すことが多いのです。一方、時間の流れに沿って大まかな生活の流れのみを示しているものを日課として扱い、生活の流れ以外の項目を記載するものを「日案」とみなし、明確に区別したとらえ方もあるなど、日案の各項目をどこまで詳細に示すかは各園によって異なります。

　1 日のおおまかな流れは、日によって大きく異ならないため、基本的な「保育者の援助と配慮」も予め日課に示しておき、日ごとで異なってくる「主な遊びや活動」の時間帯については**部分指導案**を作成しておくなど、部分指導案と日課を併用することで、1 日の指導案（日案）とみなして活用する場合もあります。このように保育実践での効果的な運用を考えた日案の位置づけや具体的な運用方法が各園で工夫されています。

③長時間保育における日課の検討

　近年、保育所や認定こども園では長時間保育が主となり、幼稚園でも預かり保育等によって子どもが園で過ごす時間が長くなっています。子どもの生活を見通しをもって把握することが大切であり、登園から降園までを子どもの生活全体と考え、計画することが求められています。

　日課は園で決められているため、変えてはいけないものと思われがちです。確かに 1 日の流れは決まっていますが、具体的な内容を計画して実践するのは保育者ですから、1 日の生活の流れのなかに子どもの多様な活動が調和的に組み込まれるように検討すること（活動を選ぶこと）、日課にどのように流れをつけるのか（**保育形態を選ぶこと**）は、保育を実践するうえで重要なことです。

　長時間の保育においては、自由な遊びの時間を日課のどこに位置づけるのか、また、午睡後や夕方の時間にどのような発展的な遊びや活動を取り入れていくのかなど、課題や工夫しなければならないことがいろいろあります。また、同じ活動（遊び）をするとしても、効果的な保育形態があることを理解しておく必要があります。

4.　個別の支援計画

　「保育所保育指針」では、指導計画の作成上で特に留意すべき事項と

✚補足

部分指導案

部分指導案や個別の活動案では、保育者が行う段取りや手順を中心に考えるのではなく、子どもが主体的に活動するためには、どのような保育者の援助が必要かということを中心に考える。

✚補足

保育形態

保育形態には、大きく分けて以下の 3 つの観点がある。①クラス編成について、②子ども集団の構成のしかた（個別活動、グループ活動、クラス活動、園全体の活動など）、③保育活動での子どもの主導度（自由保育、自由あそび、一斉活動の別）。

して、「障害のある子どもの保育については、一人一人の子どもの発達過程や障害の状態を把握し、適切な環境の下で、障害のある子どもが他の子どもとの生活を通して共に成長できるよう、指導計画の中に位置付けること。また、子どもの状況に応じた保育を実施する観点から、家庭や関係機関と連携した支援のための計画を個別に作成するなど適切な対応を図ること[5]」と示されています。

「幼稚園教育要領」でも同様に「**個別の指導計画**」と「**個別の（教育）支援計画**」を障害のある子どもに作成し、支援に活用することを明示しています。これは、障害のある子どもたちは、地域社会で生活するなかで支援を必要とする場面が多いため、個々のニーズに適した支援ができるようにするとともに、その子の生涯を視野に入れ、将来的に社会参加し自立することができるように、関係機関が連携して継続的な支援をしていくために不可欠なものです。

こうした「個別の指導計画」と「個別の（教育）支援計画」は、クラスの日案・週案などと並行して作成されるものです。具体的に記述すべき項目や内容は定められていませんが、実際の支援に必要である個別児童の「一人ひとりの状況とニーズ」「支援の目標」「支援の内容」「家族や保護者の状況」「支援を受けている専門機関」などが記載されます。

▶**出典**
[5]「保育所保育指針」第1章3（2）「指導計画の作成」キ

✚**補足**
個別の支援計画
「個別の支援計画」の作成は障害者基本計画で定められている。特別支援教育では、発達障害を含めた障害のある子どもを対象に適切な支援を行うことを明記し、その支援の柱に「個別の支援計画」を位置づけているため、「保育所保育指針」や「幼稚園教育要領」にも反映されている。

```
演 習 課 題
```

①図表3-2（次頁）をみて、乳児期と幼児期以降ではどのような違いがあるのか、生活と遊びの日課を比較してみましょう。生活面での中心、遊びや活動の中心にはどのような日課があり、どの時間帯で行っているのでしょうか。

②生活の流れで、活発な活動や動きがあるものはどれでしょうか。また、落ち着いて行うものと活発な活動を、1日のうちでどのように組み合わせたら活動に流れができるのか考えてみましょう。

③演習課題①②を参考にして日案を立ててみましょう。

図表 3-2 保育所・認定こども園での 1 日の生活

区分	日課												
	7:30　8:00	9:00	10:00	11:00	12:00	13:00	14:00	15:00	16:00	17:00	18:00	19:00
乳児	開園　順次登園	おやつ	朝の集い	散歩・遊びなど　離乳食		昼寝		おやつ	お帰りの集い	自由遊び	異年齢児交流　順次降園	閉園
幼児	開園　順次登園	(個別の課題活動)	朝の集い	造形・散歩など　(共通の課題活動)	昼食	昼寝		おやつ	お帰りの集い	自由遊び	異年齢児交流　順次降園	閉園

出典：幼保連携型認定こども園 かなおか保育園「園のしおり」

レッスン**4**

「指針」「要領」「教育・保育要領」とは何か

このレッスンでは、「保育所保育指針」「幼稚園教育要領」「幼保連携型認定こども園教育・保育要領」について学びます。指針、要領、教育・保育要領の概要を理解し、指導計画の編成に関わることについて、どのように示されているかを確認します。「資質・能力」や「幼児期の終わりまでに育ってほしい姿」と幼児教育・保育の「ねらい」「内容」との関連を考えてみましょう。

1. 保育実践の根拠となるガイドラインとしての指針、要領、教育・保育要領

1 指針、要領、教育・保育要領の改定（訂）の背景

　近年、忍耐力や自己制御、自尊心といった社会情動的スキルや**非認知的能力**[＊]を幼児期に身につけることが、大人になってからの生活に大きな差を生じさせるという研究成果をはじめ、幼児期に身につけた語彙数や多様な運動経験などがのちになっての学力や運動能力に大きな影響を与えるという調査結果が報告され、国際的に注目されています。このような報告により、乳幼児期の保育・教育が重要であることが広く社会的に知られるようになりました。

　わが国においては、2015年度から子ども・子育て支援新制度が実施されており、幼稚園等を通じてすべての子どもが健やかに成長するよう、質の高い幼児教育を提供することが一層求められるようになりました。そのため、さまざまな研究成果や調査結果を踏まえて、幼稚園のみならず、保育所、認定こども園を含めたすべての施設の質の向上を図ることが課題となっています。

　一方、社会の情勢として核家族化がさらに進んでいることや、地域のつながりが希薄化していることは、子育て世帯における子育ての負担や孤立感の高まりや児童虐待相談件数の増加にも影響しているといわれています。また、共働き家庭が増えたことによる0〜2歳児を中心とした保育所利用児童数の増加やきょうだいの数の減少など、子育て家庭や子どもの育ちをめぐる環境は大きく変化しています。

　このような子どもや子育て家庭の置かれた状況や地域の実情をみて、国や地域をあげての子ども・子育てへの支援が強化されるようになりました。そこで、乳幼児期の保育・教育、地域の子ども・子育て支援を総合的に推進するという点が、「保育所保育指針」「幼稚園教育要領」「幼

✳ 用語解説

非認知的能力
認知能力（数量化できる、いわゆる学力のこと）に対して、非認知的能力とは、認知能力以外のもの、安定して自分を発揮する力や、がんばる力、気持ちを調整する力、他者との関係を築く力などのこと。乳幼児期から育まれるものである。

保連携型認定こども園教育・保育要領」（以下、「指針、要領、教育・保育要領」とする）改定（訂）のポイントとして盛り込まれています。

2　指針、要領、教育・保育要領の同時改定（訂）と育みたい資質・能力

　指針、要領、教育・保育要領は、各施設での保育実践の根拠となるガイドラインとして、それぞれの管轄省庁により告示されています。2017年には、指針、要領、教育・保育要領が同時に改定（訂）され、保育所、幼稚園、認定こども園などの施設で行われる幼児教育は、皆同じ質であると位置づけられました。このような法的な整理がされたことによって、子どもたちがどの幼児教育施設に通っていても、同じ質の保育を受けられることが保障されることとなりました。

　なお、この指針、要領、教育・保育要領の改定（訂）は、2018年の小学校、中学校の「学習指導要領」の改訂や、2019年の高等学校の「学習指導要領」の改訂と関連しており、日本の教育の大改革といえる流れに含まれています。この大改革では、「社会に開かれた教育課程」を目指しており、未来を生きる子どもたちの将来を見据えたとき、教育課程は刻々と変化する日本社会や世界の情勢をも視野にいれた、幅広いものでなくてはならないという考え方が根底にあります。

　小学校以上の学校教育では、小学校から高等学校まで一貫して「知識・技能」「思考力・判断力・表現力等」「学びに向かう力・人間性等」という3つの資質・能力を一体的に育むものとして示しています。

　以上のような学校教育につながる乳幼児期の保育・教育においては、「知識及び技能の基礎」「思考力、判断力、表現力等の基礎」「学びに向かう力、人間性等」の3つの柱から構成される資質・能力を一体的に育むように努めることが示されています。この資質・能力の3つの柱によって、保育所、幼稚園、認定こども園と小学校、さらには中学校、高等学校までを、一つのつながりで見通すことができるようになりました。

参照
幼児期の教育の特質
→レッスン 1

　そして、「幼稚園教育要領」では、**幼児期の教育の特質**を踏まえてねらいや内容を領域別に示していますが、これら資質・能力の3つの柱に沿って内容が整理されています（図表4-1）。また、幼児期の教育をとおして資質・能力が育まれている幼児の具体的な姿を、幼児期の終わりまでに育ってほしい姿として示しており、これは「幼保連携型認定こども園教育・保育要領」においても同じように扱われています。また「保育所保育指針」第1章4では（1）「育みたい資質・能力」、（2）「幼児期の終わりまでに育ってほしい姿」が示されています。このこと

図表4-1 幼児教育において育みたい資質・能力の整理

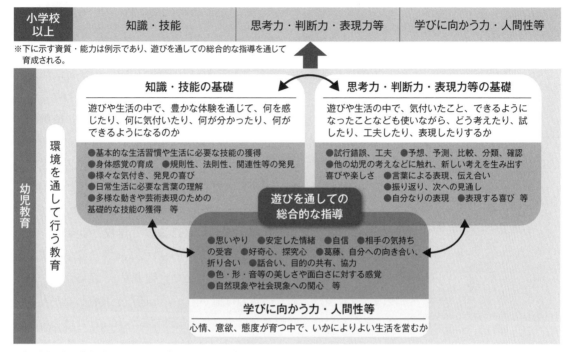

出典：文部科学省「幼児教育部会における審議のとりまとめ（平成28年8月26日）」2016年

から、保育所が幼稚園、認定こども園と同様に、幼児教育を担う施設としてしっかりと位置づけられていることがわかります。

①幼児教育において育みたい3つの資質・能力とは

「資質・能力」は、小学校、中学校、高等学校での教育をとおして育まれるものですが、乳幼児期の保育・教育においては、その資質・能力の基礎を培うことになります。どれかを個別に取り出して身につけさせるものではなく、遊びや生活をとおしての総合的な指導を行う過程（プロセス）のなかで子どもたちに育っていくものです。幼児教育において育みたい3つの資質・能力は、次のように示されています[1]。

▶出典

†1 文部科学省「幼児教育部会における審議のとりまとめ（平成28年8月26日）」2016年

・知識・技能の基礎
　遊びや生活の中で、豊かな体験を通じて、何を感じたり、何に気付いたり、何が分かったり、何ができるようになるのか
・思考力・判断力・表現力等の基礎
　遊びや生活の中で、気付いたこと、できるようになったことなども使いながら、どう考えたり、試したり、工夫したり、表現したりするか

　　　　・学びに向かう力・人間性等
　　　　　心情、意欲、態度が育つ中で、いかによりよい生活を営むか

　小学校以上の教育における資質・能力の 3 つの柱は、「知識・技能」と「思考力・判断力・表現力等」という知的な力と、「学びに向かう力・人間性等」という、意欲的にねばり強くがんばる力、いわゆる情意的・協働的な力のことです。この〈知的な力〉と〈情意的・協働的な力〉は相互に循環していくことが大切ですが、これらは乳幼児期の保育・教育から育てていくものです。小学校以上の教育における資質・能力の 3 つの柱に沿って、子どもの育ちを見通すことによって、乳幼児期に育むべき力がより明確になりました。

②小学校におけるスタートカリキュラムの実施：小学校との接続

　学校教育で育むべき資質・能力の 3 つの柱は、「高等学校を卒業する段階で身につけておくべき力は何か」という観点や、「義務教育を終える段階で身につけておくべき力は何か」という観点を共有しながら、小中高の各学校段階の各教科等において系統的に示されなければならないこととされています。このような小学校以上の教育と、乳幼児期の保育・教育では、教育方法が異なることから、小学校 1 年生の最初に**スタートカリキュラムを実施**することが義務づけられています。生活科を中心としたスタートカリキュラムのなかで、合科的・関連的な指導や短時間での学習などを含む授業時間や指導の工夫、環境構成などの工夫が行われています。

　なぜスタートカリキュラムが必要かというと、小学校での新しい生活をスタートさせるときに、乳幼児期の保育・教育の遊びや生活をとおして身につけた育ちと学びを基礎にして、子どもたちが主体的に自己を発揮しながら小学校での学びに向かうことができるようにするためです。スタートカリキュラムは、「幼児期の終わりまでに育ってほしい姿」に向かって育ってきた子どもたちが、徐々に小学校での生活に慣れていき、授業や各教科での学び方にスムーズに導かれるよう、乳幼児期の生活や経験を踏まえて作成・実施されています。

　たとえば、幼稚園等で行うアプローチカリキュラムでは、入学前に〈小学校へ行ってみる〉という取り組みを行い、小学校の運動場で遊んだりして、「思いっ切り走ると気持ちいい」と体験したり、「小学校の運動場は広いね」と感じたり、小学校の生活をのぞいてみたりすることで、入学への期待を高めることをねらっています。

　また、入学後のスタートカリキュラム〈リズムで楽しく遊ぼう〉とい

う取り組みでは、音読に動きをつけて、体全体でのびのびと表現するような活動もあります。このように、幼児期に親しんだ活動を行うことで子どもたちが小学校でも安心して取り組むことができ、教科での学習につなげていくことをねらっています。

　このように、小学校での取り組みにつなげるために幼児教育施設には2つのことが求められています。1つ目は、資質・能力を踏まえながら、幼児期の終わりまでに育ってほしい姿（10の姿）を目指して保育・教育をすることです。全体的な保育の計画や指導計画を作成する際や、保育の評価をするときの視点として、この幼児期の終わりまでに育ってほしい姿（10の姿）を意識して組み入れるということです。2つ目には、この10の姿を用いて子どもたちが各園での保育・教育でどう育ったかを小学校へ伝えることです。この10の姿は、小学校の「学習指導要領」にも示されており、幼児教育を引き継ぎながら小学校教育をスタートさせるにあたり、幼児教育での子どもの育ちの意味づけを小学校と共有しやすくしています。

2. 各ガイドラインの概要

　指針、要領、教育・保育要領とは何かについて説明します。いずれも各施設での教育・保育の実践の根拠となるものです。法的根拠をまとめると、図表4-2のとおりです。

1 「保育所保育指針」の概要

　「保育所保育指針」は、保育所保育の基本となる考え方や保育のねらいおよび内容など保育の実施に関わる事項と、運営に関する事項を定めたものです。

　もともと各保育所での保育は、それぞれの保育の理念や目標に基づき、子どもや保護者の状況および地域などの実情に応じた創意工夫が図られてきました。しかし、すべての子どもの最善の利益のためには、子どもの健康や安全の確保と発達の保障等の点から、各保育所が行うべき保育の内容等に関する全国共通の枠組みが必要となります。このため、一定の保育の水準を保ちつつさらに向上していけるように、すべての保育所が拠るべき保育の基本的事項が「保育所保育指針」に定められています。

　全国の保育所においては、この「保育所保育指針」に基づき、子どもの健康と安全を確保しつつ、子どもの1日の生活や発達過程を見通し、それぞれの保育の内容を組織的・計画的に構成して、保育を実施するこ

図表 4-2 指針、要領、教育・保育要領の法的根拠

指針・要領	作成・告示	特徴
保育所保育指針	厚生労働省大臣告示	厚生労働省告示第117号 「保育所保育指針」は、大臣告示として定められたものであり、規範性を有する基準である。 規定されている事項は、その内容によって、①遵守しなければならないもの、②努力義務が課されるもの、③基本原則にとどめ、各保育所の創意や裁量を許容するもの、または各保育所での取組が奨励されることや保育の実施上の配慮にとどまるものなどに区別される。 各保育所は、これらを踏まえ、それぞれの実情に応じて創意工夫を図り、保育を行うとともに、保育所の機能及び質の向上に努めなければならない。
幼稚園教育要領	文部科学省大臣告示	文部科学省告示第62号 学校教育法施行規則（昭和22年文部省令第11号）第38条の規定に基づき、幼稚園教育要領（平成20年文部科学省告示第28号）の全部を次のように改正し、平成30年4月1日から施行する。 幼稚園教育要領とは、よりよい学校教育を通してよりよい社会を創るという理念の実現に向けて必要となる教育課程の基準を大綱的に定めるものである。
幼保連携型認定こども園教育・保育要領	内閣府・文部科学省・厚生労働省大臣告示	内閣府、文部科学省、厚生労働省告示第1号 就学前の子どもに関する教育、保育等の総合的な提供の推進に関する法律（平成18年法律第77号）第10条第1項の規定に基づき、幼保連携型認定こども園の教育課程その他の教育及び保育の内容に関する事項を次のように定めたので、平成26年告示第1号の全部を次のように改正し、平成30年4月1日から施行する。

➕ 補足

小規模保育事業、家庭的保育、地域型保育事業、認可外保育施設

子ども・子育て支援新制度では、地域型保育事業として、小規模保育事業、家庭的保育事業、事業所内保育事業、居宅訪問型保育事業を認可している。職員数、職員資格、保育室等、給食の提供方法にそれぞれ基準がある。特に小規模保育事業は、小規模かつ0〜2歳児までの事業であることから、保育内容の支援および卒園後の受け皿の役割を担う連携施設の設定を求めている。さらに認可外保育施設も各自治体への届け出制による監督設置となっていることから、いずれの施設においても保育の質の保障が必要である。

とになっています。また、保育所だけでなく、**小規模保育事業**や**家庭的保育**等の**地域型保育事業**および**認可外保育施設**においても、「保育所保育指針」の内容に準じて保育を行うことが定められています。

①「保育所保育指針」の章構成

「保育所保育指針」は、具体的には次のとおりの章立てで示されています。

第1章　総則
第2章　保育の内容
第3章　健康及び安全
第4章　子育て支援
第5章　職員の資質向上

第1章「総則」には、1「保育所保育に関する基本原則」として、（1）「保育所の役割」、（2）「保育の目標」、（3）「保育の方法」、（4）「保育の環境」、（5）「保育所の社会的責任」が示されています。また、2「養護に関する基本的事項」が第1章「総則」に示されているのは、養護があってはじめて保育が成り立つことを重視しているからです。3「保育の計画及び評価」、4「幼児教育を行う施設として共有すべき事

項」では、他の幼児教育を行う施設としてあげられている幼稚園や認定こども園と共有すべき事項が示されています。

第2章「**保育の内容**」は、保育所においては発達による変化が著しい乳幼児期の子どもが長期にわたって在籍するため、乳児・1歳以上3歳未満児・3歳以上児に分けられており、「基本的事項」として子どもの発達に関する内容とともに、各時期のねらい及び内容等が示されています。

第3章「健康及び安全」、第4章「子育て支援」、第5章「職員の資質向上」では、保育所保育の特徴として実施や運営に必要な事項をあげています。

なお、「保育所保育指針解説」は、「保育所保育指針」の記載事項の解説や補足説明、保育を行ううえでの留意点、取り組みの参考となる関連事項等を示したものです。「保育所保育指針」は改定を繰り返していますが、保育所保育の理念や基本的な考え方は、普遍的な価値をもつものとして引き継がれています。「保育所保育指針」の趣旨と内容について、保育者をはじめとする保育に携わるすべての人、保育関係者が理解を深めることによって、より一層の保育の内容の充実と保育の質の向上が図られることをねらい作成されています。保育所保育をよく理解して実践するために「保育所保育指針」とあわせて活用するものです。

②乳児保育のねらい・内容をとらえる視点

近年、乳児期からの保育所利用が増えたことや、乳児期からの適切な大人の関わりや援助が子どもの発達や育ちを促すことが知られるようになりました。2017年改定の重点には「乳児保育の充実」がありますので、保育の基本とともに乳児保育のねらい・内容を確認します。

1）養護と教育を一体的に行う

第1章2「**養護に関する基本的事項**」には、保育所における保育は、養護および教育を一体的に行うことと示されています。また第2章では、保育における養護と教育を次のように定義しています。

> ・養護…子どもの生命の保持及び情緒の安定を図るために保育士等が行う援助や関わり。
> ・教育…子どもが健やかに成長し、その活動がより豊かに展開されるための発達の援助。

そして、実際の保育においては、この養護と教育が一体となって展開されることを必要としています。

☑ **法令チェック**
「保育所保育指針」第1章2（1）「**養護の理念**」
「保育における養護とは、子どもの生命の保持及び情緒の安定を図るために保育士等が行う援助や関わりであり、保育所における保育は、養護及び教育を一体的に行うことをその特性とするものである。保育所における保育全体を通じて、養護に関するねらい及び内容を踏まえた保育が展開されなければならない」

2）子どもの求めに応答する

　乳児への関わりは、受容的であること、大人によるていねいな対応と関わりが大切です。「保育所保育指針」には、「応答的」という用語が多く使われています。応答的とは、言葉で気持ちを伝えられない乳児がどう感じているのか、何を訴えているのか、何を求めているのかをよく観察してくみ取り、どう関わったらよいかをよく考え、適したタイミングで応えたり援助することをいいます。応答的な関わりをすることで子どもが心地よさを味わう体験をし、そのことが自他に対する基本的信頼感を形成することにつながります。また、温かな受容や応答的姿勢は、一人ひとりの個別の援助の方法を表しているだけでなく、保育の目標でもある、養護と教育が一体となった保育の環境の要件でもあります。

3）領域につながる3つの視点

　第2章「保育の内容」では、乳児保育とは、この時期の発達の特性を踏まえて、生活や遊びが充実することをとおして、子どもたちの身体的・社会的・精神的発達の基盤を培うという基本的な考え方を示しています。

　また、乳児を主体にして、「健やかに伸び伸びと育つ」「身近な人と気持ちが通じ合う」「身近なものと関わり感性が育つ」という育ちの3つの視点から、保育の内容を示しています。これらの育ちは、その後の「健康・人間関係・環境・言葉・表現」の保育の「ねらい及び内容」における育ちに分化してつながっていきます。3歳以上児の育ちは、こうした乳児から2歳にかけての育ちの積み重ねが基盤となって展開されていきます。

2　幼稚園教育要領の概要

①「幼稚園教育要領」の章構成

　「幼稚園教育要領」は、具体的には次のとおりの章立てで示されています。

前文

第1章　総則

第2章　ねらい及び内容
　　　　健康、人間関係、環境、言葉、表現

第3章　教育課程に係る教育時間の終了後等に行う教育活動
　　　　などの留意事項

◆補足

「幼稚園教育要領」第1章「総則」の項目

第1章「総則」の各項目は次のとおり示されている。

第1　幼稚園教育の基本

第2　幼稚園教育において育みたい資質・能力及び「幼児期の終わりまでに育ってほしい姿」

第3　教育課程の役割と編成等

第4　指導計画の作成と幼児理解に基づいた評価

第5　特別な配慮を必要とする幼児への指導

第6　幼稚園運営上の留意事項

第7　教育課程に係る教育時間終了後等に行う教育活動など

　「学校教育法施行規則」第38条（教育課程の基準）に、「幼稚園の教育課程その他の保育内容については、（中略）教育課程その他の保育内容の基準として文部科学大臣が別に公示する幼稚園教育要領によるものとする」と明記されています。

　「幼稚園教育要領」は、よりよい学校教育をとおして、よりよい社会をつくるという理念の実現に向けて必要となる教育課程の基準を大綱的に定めるものです。これからの時代に求められる教育を実現していくためには、それぞれの幼稚園において、幼児期にふさわしい生活をどのように展開し、どのような資質・能力を育むのかを教育課程において明確にしていくことと、社会との連携および協働によりその実現を図っていくという、社会に開かれた教育課程の実現が重要とされています。

　「幼稚園教育要領」が果たす役割の一つは、公の性質を有する幼稚園における教育水準を全国的に確保することにあります。なお、「幼稚園教育要領解説」は、「幼稚園教育要領」の理解を深めていくため、また、各幼稚園が適切な教育課程を編成し、実施するうえでの参考資料として、「幼稚園教育要領」とあわせて活用するためのものです。

②領域とは：5領域とねらいおよび内容

　幼児教育で育むべき資質・能力は、従来の「幼稚園教育要領」等の5領域での枠組みにおいても育まれてきました。この「幼稚園教育要領」等の5領域は引き続き、「幼稚園教育要領」第2章「ねらい及び内容」に示されています。

　領域とは、幼稚園教育の「ねらい」と「内容」を発達の側面からまとめたもので、心身の健康に関する領域「健康」、人との関わりに関する領域「人間関係」、身近な環境との関わりに関する領域「環境」、言葉の獲得に関する領域「言葉」、感性と表現に関する領域「表現」からなっています。ねらいと内容は、以下のようになります。

・ねらい…幼稚園教育において育みたい資質・能力を幼児の生活する姿から捉えたもの。
・内容…ねらいを達成するために指導する事項。

　各領域に示されているねらいは、幼稚園における生活の全体を通じてさまざまな体験を積み重ねるなかで、相互に関連をもちながらしだいに達成に向かうものであること、内容は、幼児が環境に関わって展開する具体的な活動をとおして総合的に指導されるものであることに留意しなければなりません。

そして、内容の取り扱いは、幼児の発達を踏まえた指導を行うに当たって留意すべき事項になっています。

③幼児期の終わりまでに育ってほしい姿（10の姿）

「幼児期の終わりまでに育ってほしい姿」は、5領域のねらいと内容に基づく活動全体をとおして資質・能力が育まれている5歳児の幼稚園修了時の具体的な姿であることを踏まえ、指導を行う際に考慮するものとして明らかに示されるようになりました。具体的には図表4-3のとおりです。

保育でみられる5歳児後半の幼児が遊び、生活する姿をこれらの10の視点で、どのように読み取ることができるでしょうか。

たとえば、〈積み木遊び〉では、崩れてももう一度やり直そうとしたり、工夫してつくってみたりする姿、何度も取り組みながらできあがった達成感を感じて、もっと自信をもって取り組んでいく姿〈自立心〉、友だちと共同して一緒に「道路をつくろう」「おうちをつくろう」とイメージを伝え合って積み木を積む姿、お互いのこうしたいイメージに折り合いをつけながら考えたり協力してつくっていく姿〈言葉による伝え合いをする協同性〉などが、育っている姿を読み取ることができます。

このように10の姿で幼児の育ちを理解することで、幼児期に育んできたものを適切に評価し、小学校の先生方へ適切に伝えたり、共有したりすることができます。

この「幼児期の終わりまでに育ってほしい姿」を理解するにあたって気をつけたいことは、「〜ができる」や「〜する力」などは5歳児修了時の到達目標ではない、ということです。また、できるように指導したり、「幼児期の終わりまでに育ってほしい姿」のなかの1つが個別に取り出されて指導されたりするものではないことにも留意する必要があります。

もともと幼稚園教育は環境をとおして行うものです。指導においては特に幼児の自発的な活動としての遊びをとおして、一人ひとりの発達の特性に応じて、これらの姿が育っていくものとみなしています。また、すべての幼児に同じような姿がみられるものでもないことも押さえておきます。

さらに、「幼児期の終わりまでに育ってほしい姿」は5歳児になると突然にみられるようになるものではありません。5歳児になってからではなく、3歳児、4歳児の時期から、幼児が発達していく方向を意識して、それぞれの時期にふさわしい指導を積み重ねていけば、このような育ちの姿が想定されるというように理解するとよいでしょう。

図表4-3 幼児期の終わりまでに育ってほしい姿（10の姿）

健康な心と体	幼稚園生活の中で、充実感をもって自分のやりたいことに向かって心と体を十分に働かせ、見通しをもって行動し、自ら健康で安全な生活をつくり出すようになる。
自立心	身近な環境に主体的に関わり様々な活動を楽しむ中で、しなければならないことを自覚し、自分の力で行うために考えたり、工夫したりしながら、諦めずにやり遂げることで達成感を味わい、自信をもって行動するようになる。
協同性	友達と関わる中で、互いの思いや考えなどを共有し、共通の目的の実現に向けて、考えたり、工夫したり、協力したりし、充実感をもってやり遂げるようになる。
道徳性・規範意識の芽生え	友達と様々な体験を重ねる中で、してよいことや悪いことが分かり、自分の行動を振り返ったり、友達の気持ちに共感したりし、相手の立場に立って行動するようになる。また、きまりを守る必要性が分かり、自分の気持ちを調整し、友達と折り合いを付けながら、きまりをつくったり、守ったりするようになる。
社会生活との関わり	家族を大切にしようとする気持ちをもつとともに、地域の身近な人と触れ合う中で、人との様々な関わり方に気付き、相手の気持ちを考えて関わり、自分が役に立つ喜びを感じ、地域に親しみをもつようになる。また、幼稚園内外の様々な環境に関わる中で、遊びや生活に必要な情報を取り入れ、情報に基づき判断したり、情報を伝え合ったり、活用したりするなど、情報を役立てながら活動するようになるとともに、公共の施設を大切に利用するなどして、社会とのつながりなどを意識するようになる。
思考力の芽生え	身近な事象に積極的に関わる中で、物の性質や仕組みなどを感じ取ったり、気付いたりし、考えたり、予想したり、工夫したりするなど、多様な関わりを楽しむようになる。また、友達の様々な考えに触れる中で、自分と異なる考えがあることに気付き、自ら判断したり、考え直したりするなど、新しい考えを生み出す喜びを味わいながら、自分の考えをよりよいものにするようになる。
自然との関わり・生命尊重	自然に触れて感動する体験を通して、自然の変化などを感じ取り、好奇心や探究心をもって考え言葉などで表現しながら、身近な事象への関心が高まるとともに、自然への愛情や畏敬の念をもつようになる。また、身近な動植物に心を動かされる中で、生命の不思議さや尊さに気付き、身近な動植物への接し方を考え、命あるものとしていたわり、大切にする気持ちをもって関わるようになる。
数量や図形、標識や文字などへの関心・感覚	遊びや生活の中で、数量や図形、標識や文字などに親しむ体験を重ねたり、標識や文字の役割に気付いたりし、自らの必要感に基づきこれらを活用し、興味や関心、感覚をもつようになる。
言葉による伝え合い	先生や友達と心を通わせる中で、絵本や物語などに親しみながら、豊かな言葉や表現を身に付け、経験したことや考えたことなどを言葉で伝えたり、相手の話を注意して聞いたりし、言葉による伝え合いを楽しむようになる。
豊かな感性と表現	心を動かす出来事などに触れ感性を働かせる中で、様々な素材の特徴や表現の仕方などに気付き、感じたことや考えたことを自分で表現したり、友達同士で表現する過程を楽しんだりし、表現する喜びを味わい、意欲をもつようになる。

3 「幼保連携型認定こども園教育・保育要領」の概要

①「幼保連携型認定こども園教育・保育要領」の章構成

　「幼保連携型認定こども園教育・保育要領」は、具体的には次のとおり示されています。

第1章　総則

第2章　ねらい及び内容並びに配慮事項

　第1　乳児期の園児の保育に関するねらい及び内容

45

◆補足
「幼保連携型認定こども
園教育・保育要領」第
1章「総則」の項目
第1章「総則」の各項目は
次のとおりである。
第1　幼保連携型認定こど
　　も園における教育及
　　び保育の基本及び目
　　標等
第2　教育及び保育の内容
　　並びに子育ての支援
　　等に関する全体的な
　　計画等
第3　幼保連携型認定こど
　　も園として特に配慮
　　すべき事項

◆補足
「幼保連携型認定こども
園教育・保育要領」教
育課程に係る教育時間
第1章第2　1「教育及び
保育の内容並びに子育て
の支援等に関する全体的
な計画の作成等」（3）ウに
は、「幼保連携型認定こど
も園の1日の教育課程に係
る教育時間は、4時間を標
準とする。ただし、園児の
心身の発達の程度や季節な
どに適切に配慮するものと
する」と規定している。同
じく、1の（3）エには、保
育の必要な子どもは、この
標準の教育時間を含み、「1
日につき8時間を原則」と
して保育することが規定さ
れており、保育の必要の有
無によって保育時間を規定
している。

　　　健やかに伸び伸びと育つ

　　　身近な人と気持ちが通じ合う

　　　身近なものと関わり感性が育つ

第2　満1歳以上満3歳未満の園児の保育に関するねらい
　　及び内容

　　　健康　人間関係　環境　言葉　表現

第3　満3歳以上の園児の教育及び保育に関するねらい及
　　び内容

　　　健康　人間関係　環境　言葉　表現

第4　教育及び保育の実施に関する配慮事項

第3章　健康及び安全

第4章　子育ての支援

　「幼保連携型認定こども園教育・保育要領」は、「就学前の子どもに関する教育、保育等の総合的な提供の推進に関する法律」第10条（教育及び保育の内容）第1項に、「幼保連携型認定こども園の教育課程その他の教育及び保育の内容に関する事項は、第2条第7項に規定する目的及び前条に規定する目標に従い、主務大臣が定める」とあります。

　そもそも認定こども園は、保育所による保育と幼稚園での教育を合わせて行うことから始まりましたが、今回の指針、要領、教育・保育要領の同時改定（訂）により、ねらい及び内容が共通のものとして扱われるようになりました。

②多様な保育時間、多様な保育経験への配慮

　幼保連携型認定こども園においては、乳児期から幼児期への接続を意識して保育する必要があります。また、幼保連携型認定こども園では、在園期間が異なる園児が一緒に過ごしているという特徴があります。**「教育課程に係る教育時間」**のみを利用する子どもや、朝早くから登園して、長時間利用する子どもがいたりと、多様な保育時間、多様な保育経験となる子どもたちが一堂に生活する幼児教育の施設だからです。

　このような認定こども園の特徴からみて、子ども一人ひとりの生活リズムの違いを理解して、安定した生活を送れるような工夫、また、幼児教育の場として、学級全体での活用や遊びをとおしてさまざまな経験ができるような環境づくりの工夫、長時間を安心して過ごす生活の場としての工夫が必要です。

　また、2歳児から3歳児への保育の移行についての配慮も必要となります。3歳児クラスの編成については、2歳児から移行（進級）す

る子どもと、3歳児から入園する子どももいることから、それぞれの経験を考慮した保育の内容についても検討して教育課程や指導計画に盛り込んで実践することが求められます。

演 習 課 題

①指針、要領、教育・保育要領に共通して示されていることは何でしょうか。保育の内容、ねらいと内容を確認してみましょう。

②養護および教育を一体的に行う保育とは、どのようなものでしょうか。次の場面についての保育者の援助を、養護と教育のそれぞれについて考えてみましょう。

　・0・1・2歳児の〈手を拭いてもらう〉場面

　　養護…（例）子どもの手が汚れたときに保育者が拭き、不快感を解消して清潔を保つ。

　　教育…

　・3・4・5歳児の〈手を洗う〉場面

　　養護…

　　教育…

③遊びのなかで子どもたちには何が育っているのでしょうか。5歳児の後半の子どもたちの様子をイメージしてみましょう。

　たとえば、〈お店屋さんごっこ〉〈基本的生活習慣に関わる活動〉〈栽培の活動〉〈クッキング活動〉などの場面で、幼児期の終わりまでに育ってほしい姿（10の姿）はどのようにみられるでしょうか。

参考文献・・

レッスン 1、レッスン 2

岸井勇雄・無藤隆・湯川秀樹監修、小笠原圭・卜田真一郎編著　『保育の計画と方法』
　　同文書院　2018年

玉置哲淳　「幼児教育課程論の課題と構想――戦後幼稚園教育要領のカリキュラム論
　　との比較を手がかりに」『大阪教育大学幼児教育研究室紀要エデュケア』　18　1998
　　年　1-27頁

玉置哲淳　『指導計画の考え方とその編成方法』　北大路書房　2008年

R.デブリーズ・L.コールバーグ／加藤泰彦監訳　『ピアジェ理論と幼児教育の実践
　　――モンテッソーリ、自由保育との比較研究（上・下巻）』　北大路書房　1992年

レッスン 3

厚生労働省　「保育所保育指針解説」　2018年

内閣府子ども・子育て本部　「子ども・子育て支援新制度について令和 2 年10月」
　　2020年

文部科学省　『幼稚園教育指導資料第 1 集　指導計画の作成と保育の展開（平成25年
　　7 月改訂）』　フレーベル館　2013年

文部科学省　「幼稚園教育要領解説」　2018年

文部科学省　『幼児理解に基づいた評価（平成31年 3 月）』　チャイルド本社　2019年

レッスン 4

国立教育政策研究所　「スタートカリキュラムスタートブック――学びの芽生えから
　　自覚的な学びへ」　2015年

国立教育政策研究所　「発達や学びをつなぐスタートカリキュラム――スタートカリ
　　キュラム導入・実践の手引き」　2018年

内閣府・文部科学省・厚生労働省　「幼保連携型認定こども園教育・保育要領解説」
　　2018年

文部科学省　「幼児期の教育と小学校教育の円滑な接続の在り方について（報告）」
　　2010年

おすすめの 1 冊

**S.D.ハロウェイ／高橋登・南雅彦・砂上史子訳　『ヨウチエン――日本の幼児教育、
その多様性と変化』　北大路書房　2004年**

　アメリカの幼児教育研究者であるS.D.ハロウェイが日本の幼児教育現場でのフィー
ルドワークをとおしてみた、幼児教育の多様性を記録した 1 冊。少し古いデータに
はなるが、理念に基づいた実に多様な保育実践の存在が示されており、幼児教育の
あり方を考えるにあたって、刺激的な論点を提示してくれる。

第2章

保育における計画

第2章では、指導計画作成の手続きについて学びます。指導計画作成の前に理解すべきこと、全体的な計画・長期指導計画・短期指導計画の作成手続きの諸点から、保育者に求められる「計画作成にあたっての思考の流れ」を理解しましょう。

レッスン5

指導計画作成の手続き

このレッスンでは、指導計画作成の基本的手続きと、指導計画作成の前に保育者が理解しておくべき事項として、「発達の理解」「活動の理解」「子ども理解」について学びます。また、すべての保育実践の始まりに位置づけられる「子ども理解の視点」についても理解を深めましょう。

1. 指導計画作成の基本的な手続き

1 子ども理解→ねらい→保育内容→保育者の関わり

　指導計画は子どもの育ちを見通し、保育実践を確かなものにするための道標です。レッスン3で学習したように、指導計画にはさまざまな種類がありますが、作成にあたって保育者が考えるべき基本的手続きには、図表5-1に示すような共通した流れがあります。

　「保育は子どもの現実から始まる」の言葉に示されるように、すべての保育実践は、子どもの姿の理解から始まります。「この園の子どもたちにはこのような特徴がある」「クラスの子どもたちはこのような姿がある」「○○ちゃんの育ちの現状はこのような特徴がある」といったさ

図表5-1 指導計画作成の基本的な流れ

「この園の子どもたちにはこのような特徴がある」
「クラスの子どもたちはこのような姿がある」
「○○ちゃんの育ちの現状はこのような特徴がある」
園・クラス・一人ひとりの子どもたちの姿の理解＝「子ども理解」

「こんな遊びを楽しめるようになってほしい」
「こんな仲間関係になってほしい」
「こんな生活の力を獲得してほしい」
乳幼児の発達に関わる保育者の願い＝「ねらい」

「『ねらい』を、こんな経験（活動）をとおして実現していこう」
「保育内容（遊び・生活）」の見通し

経験や活動のなかで、ねらいを確実に達成するために…
「私（保育者）は、このような指導や援助をしていこう」
「このような環境構成をしてみよう」
「このような保育形態で活動を展開してみよう」
「保育者の関わり」の方向づけ

50

まざまなレベルからの子どもの姿の理解が、保育の計画と実践の出発点になります。

保育者は、理解した子どもの姿に基づいて「こんな遊びを楽しめるようになってほしい」「こんな仲間関係になってほしい」「こんな生活の力を獲得してほしい」と、乳幼児の発達に関わる願いを明らかにします。これが「ねらい」と呼ばれるものです。

次に、この「ねらい」をいかにして実現するのかを考えます。保育実践の基本は「活動」をとおして経験を積み上げていくことです。どのような保育内容（遊びや生活）をとおしてねらいを実現するかを考えていきます。

さらに、その保育内容のなかでねらいを確実に達成するために保育者がどのような関わりを行うのかを考えていきます。このとき、「直接的な関わり」としての指導・援助と、「間接的な関わり」である環境構成の双方を考えていきます。

指導計画の種類（長期・短期など）が異なれば、各項目で検討すべき内容も異なりますが（このことはレッスン6～8で検討します）、この「子ども理解→ねらい→保育内容→保育者の関わり」という一連の流れが、指導計画作成における基本であることを常に意識しておきましょう。

▐2▐　指導計画作成の「前に」理解すべき3つのこと

このような一連の流れに沿って指導計画を作成する「前」に、保育者が理解しておくべきことがいくつかあります。その内容は多岐にわたりますが、なかでも「発達の理解」と「活動の理解」、それを踏まえての「子ども理解」はきわめて重要になります。

2.　指導計画作成の「前に」保育者が理解すべきこと（1）：発達の理解

保育実践の目的である「子どもの健全な心身の発達を図ること」を達成するために、指導計画の作成にあたっては、保育者が子どもの発達を理解し、見通すことが前提となります。

また、指導計画の作成においては、原則的な子どもの発達過程をとらえるとともに、一人ひとりの子どもについても「その子」の発達過程や状況をとらえていくことが必要になります。

「保育所保育指針」においても、全体的な計画の作成において「子どもの発達過程を踏まえ」ることとともに、指導計画作成において「子ど

も一人一人の発達過程や状況を十分に踏まえる」ことや「子どもの実態に即した具体的なねらい及び内容を設定すること」の重要性が指摘されています[1]。

▶ 出典
†1　「保育所保育指針」第1章3（1）「全体的な計画の作成」、（2）指導計画の作成

1 「何を」理解するのか

子どもの発達を理解するといっても、具体的には「何を」「どのように」理解すればよいのでしょうか。まず、この点を考えてみましょう。

子どもは小さくても一人の「ヒト」としての人格をもった存在であり、まるごと全体の存在としてとらえられるべき存在ですが、子どもの発達をより深く理解するためには、一定の視点から子どもの姿をみることも必要になります。特に、指導計画の作成にあたっては、指導計画作成という目的に応じた視点をもつ必要があります。つまり、指導計画作成のためには、「発達の諸側面」の視点と「活動の発達」の視点から子どもの発達を理解することが必要になるのです。

「発達の諸側面」の視点とは、「身体的発達」「知的発達」「情動の発達」「社会性の発達」「自己の発達」「表現力の発達」などのさまざまな発達領域から子どもの発達を理解することです。こうした視点から子どもの発達を理解することにより、子どもたちの「ヒト」としての育ちを見通すことが可能になります。「保育所保育指針」「幼稚園教育要領」「幼保連携型認定こども園教育・保育要領」における領域は、「発達の諸側面」「発達をみる窓」といわれますが、領域の視点を生かすことにより、子どもの発達をトータルにとらえることが可能になります。保育者養成校においては「保育内容の指導法」における5領域の内容についての教科目で各領域の視点から子どもの発達をとらえ、その発達を支えるための保育者の関わりのあり方を学んでいることを意識し、知見を深めましょう。

「活動の発達」の視点とは、それぞれの遊びや生活などの活動の発達をとらえるということです。保育は「活動をとおして子どもたちが発達に必要な経験を積み重ねていく」営みであるため、保育の中核を成す「活動の発達」をとらえることは、指導計画作成の前提としてきわめて重要です。2歳児クラスでみられるごっこ遊びと5歳児クラスでみられるごっこ遊びは、遊び方、子どもたちが感じている面白さや楽しさ、遊びのなかでの人との関わり方などの点において大きく異なり、遊びをとおして育まれるさまざまな力も異なります。このような活動の発達をとらえることで、子どもの興味・関心を見据えた指導計画の作成が可能になります（この点については、第3節で具体的に考えてみましょう）。

指導計画作成段階における重要な課題の一つは、この「発達の諸側面」の視点と「活動の発達」の視点の2つの視点をいかに結びつけるのかということです。この点についても、後ほど、第3節で考えてみましょう。

2 「どのように」理解するのか

次に、子どもの発達を「どのように」理解するのかについて考えてみましょう。

指導計画作成にあたっては、2歳児クラスであれば2歳児の、5歳児クラスであれば5歳児の発達をとらえることが基本となります。しかしながら、年齢ごとの発達の特質を理解することは意義と同時に限界もあることを理解しておくことが必要です。

各年齢の発達の特質を理解することの意義は、各年齢における子どもたちがどのような発達の姿をみせ、何が発達課題であるかが明らかになるということ（言い換えれば、各年齢の発達の特質を理解することで、発達の保障が可能になるということ）であり、年齢に応じた保育者の関わりのあり方が明らかになるということです。しかし、各年齢の発達の特質はあくまでも「平均値」です。各年齢の発達の特徴を絶対視してしまうと、一人ひとり個性的な子どもの発達をとらえられなくなり、その結果としてゆっくり発達している子どもを「できていない」とみなし、「できるように」と追い込んでしまう危険があります。こうした弊害を防ぐためには、発達を「点」ではなく「線」としてとらえることが重要になります。子どもたちの発達には一定の道筋（発達の流れ）があります。そうした発達の流れを「線」としてとらえ、発達の流れのなかにおける一人ひとりの子どもの「現在地」をとらえることが必要です。そして、一人ひとりの子どもの姿を「育っていく姿」としてとらえること、子どもの「現在」を肯定しつつ、「これから」の発達を実現するために保育者としていま、何を大切にして関わるのかを考えることが重要になります。「できないからダメ」ではなく、「現在」を肯定しつつ、伸びゆく姿を支えることが大切です。

3. 指導計画作成の「前に」保育者が理解すべきこと（2）：活動の理解

1 「活動の理解」の必要性

指導計画作成の前に保育者が理解すべき点の2つ目は「活動の理解」

です。

「幼稚園教育要領」が、遊びを「心身の調和のとれた発達の基礎を培う重要な学習[2]」であると位置づけているように、遊びをとおして子どもたちは発達に必要な経験を積み重ねていきます。「遊びのなかの学び」への着目は、保幼小の接続や質の高い幼児教育の実現が求められるなかで、近年、これまで以上にクローズアップされています。

「玉入れ」を例に考えてみましょう。「玉入れ」には、「数えること」への関心の高まりや、さまざまな運動機能の育ちなど、多様な「学び」がそこには含まれています。もちろん、「玉入れ」に一度取り組めば、すぐに数が数えられるようになり、運動機能が育つわけではありません。繰り返して遊ぶなかで「じわじわと」数への関心が高まる、「じわじわと」運動機能が育つのです。子どもたちが活動をとおして発達に必要な経験を豊かに積み重ねていくためには、「この活動はどのような経験を積み重ねることができる活動なのか」を保育者が理解しておくことが必要です。

しかし、子ども自身は、発達に必要な経験をすることを目的に遊んでいるわけではありません。「面白いから」「楽しいから」遊んでいるのです。「数に対する関心を高めるために、一緒に玉入れしない？」「足腰の鍛錬のために一緒に鬼ごっこしよう！」と友だちを遊びに誘う幼児はおそらくいません。「よりたくさんの玉が入るのが面白い！」「つかまらないように逃げるのが楽しい！」と思って遊んだ結果、数を数えることへの興味が高まり、運動機能が向上するのです。

活動には、活動の主体である子ども自身の「活動目的」があります。教育の側面から考えれば、活動をとおして発達に必要な経験が積み上げられていくことが目標となりますが、子どもにとってはその活動目的の実現が目標となります。遊びの場合は、「面白さの追求」が主たる活動目的だといえますが、子どもたちが遊びの面白さを追求した結果として、さまざまな学びがもたらされ、子どもの発達が保障されるのです。保育者は、この原則をしっかりと意識しておく必要があります。

また、活動を「点」としてではなく、「線」として理解することも重要です。活動を「線」としてとらえるということは、同様の活動（たとえば、「ごっこ遊び」「鬼ごっこ」「積み木を使った遊び」などの活動のジャンル）について、その活動が乳児期から幼児期の終わりに向けてどのように発展していくのかという、活動の質的発展の流れをとらえるということです。こうした活動の質的発展の流れを理解しておくことで、指導計画作成において、長期的な活動の発展を見通すことが可能になり

▶ 出典
†2　「幼稚園教育要領」
第 1 章第 1 「幼稚園教育
の基本」2

ます。また、子ども理解においても、子どもたちの活動の発展の「現在地」を把握することが可能になります。

2 活動理解の3つの視点

　このように考えれば、活動内容の理解にあたっては、「子ども自身の活動目的」と「活動をとおして得られる経験」の双方を、活動の発達の流れのなかで理解することが必要になります。「活動をとおして得られる経験」には、認識に関わる側面と社会性や自我に関わる側面の2つがあると考えられますので、活動内容の理解にあたっては、①子ども自身の活動目的となる「面白さ・楽しさ・喜び」、②活動をとおして得られる認識面に関わる経験となる「活動に必要な知識・イメージ・技能」、③活動のなかで得られる社会性や自我に関わる経験となる「活動のなかで経験できる関係性」の3点を意識する必要があります。以下、具体的に考えてみましょう。

①面白さ・楽しさ・喜びの理解

　子どもたちがさまざまな活動（遊び・生活）に主体的に取り組むのは、その活動に興味や関心があり、面白さ・楽しさ・喜びを感じるからです。また、ある活動を行えば、自動的にその活動に特有の「面白さ・楽しさ・喜び」を味わえるわけではないので、活動の面白さ・楽しさ・喜びを獲得していくことは保育のねらいの中核となります。保育者には子どもたちの興味や関心を積極的に引き出していく役割が求められますし、その役割を果たすために、保育者自身が活動の「面白さ」「楽しさ」「喜び」を理解しておくことが必要です。活動に含まれる面白さ・楽しさ・喜びは、活動の発達にともなって変化していくものなので、面白さ・楽しさ・喜びを多様につかんでいくことが求められます。

　「鬼ごっこ」を例に考えてみましょう。鬼ごっこにつながる遊びは、乳児期の「まてまて遊び」「追いかけ遊び」といった、明確な役割分担やルールはないけれど、保育者が子どもを追いかける、子どもが保育者を追いかけるといった遊びに源流があります。こうした遊びで子どもたちが感じているのは、保育者との関わりの面白さです。保育者は、こうした子どもたちの遊びの面白さを察して、「楽しく追いかけ」「楽しく捕まえる（捕まえてからくすぐる、抱きしめるなど）」という関わりをしています。

　こうした遊びが、しだいに「オニ（追う人）」と「コ（追われる人）」の役割が明確な、対立関係を楽しむ遊びへと発展し、子どもたちの遊びの面白さは、「オニに捕まらないように逃げる」「コを捕まえる」ことに

なってきます。この時期に、保育者が逃げている子どもを捕まえると、「もう！　○○ちゃんは速く走ってるんだから、捕まえたらアカン！」と抗議されることがあるのは、「捕まらないように逃げる」ことが子ども自身の遊びの目的になっている証しです。だからこそ、こうした遊びの段階にいる子どもたちと遊ぶ保育者は「ぎりぎりまで追いかけながら、結果として子どもを取り逃がす」という追いかけ方をして、「○○ちゃん、速く走ってるから、先生、捕まえられへんわ～」と子どもたちが逃げ切れた喜びに寄り添った言葉かけをするのです。

　こうした追いかけ方は、幼児期の終わりごろからしだいに通用しなくなります。子どもたちは本気で逃げる、本気で追いかけるというスリルを楽しむようになり、作戦を考えて遂行するようになります。そして、保育者が（これまでのように）子どもをわざと取り逃がすと「先生、面白くない！　本気でやって！」と逆に抗議をされるようになってきます。こうした遊びの段階で、保育者が（多少ずるい手を使ってでも）子どもたちのことを徹底的に負かし、「私に勝とうなんて10年早いねん！」と挑発する姿に出会うことがあります。これは、子どもたちの「本気の勝負を楽しみたい」気持ちに火を点けることを意図した関わりだといえます（図表5-2）。

　以上のように、鬼ごっこを例に考えてきましたが、子どもの発達にともなって活動の質や面白さが発展し、そうした活動の発達に応じて保育者の関わり方も変化していきます。また、発展の道筋を理解することで、

図表5-2 鬼ごっこの発展のイメージ

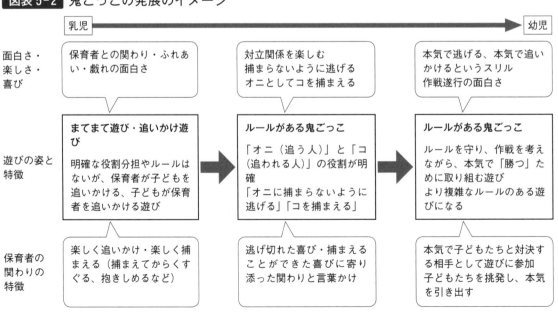

子どもたちの遊びを発展させるための関わり方が明らかになり、子どもと保育者との関わり方を変化させているのです。だからこそ、「面白さ」の発達をとらえることは重要なのです。

②知識・イメージ・技能の理解

　活動が成立するためには、さまざまな知識・イメージ・技能が必要です。このことを次のエピソードから考えてみましょう。

エピソード　レストランごっこ

　5歳児クラスのAちゃんは、レストランごっこでコックさん役になりきって遊んでいました。Aちゃんは、フライパンにハンバーグに見立てたものをのせる前にきちんと空気抜きをして、手でフライパンにのせて、蓋をして、焼けたハンバーグは熱いのでフライ返しで取ってお皿に乗せて…とリアルなごっこ遊びを楽しんでいます。

　この遊びの姿は、「ハンバーグはこうやって焼くもの」だというイメージをAちゃんがもっているからこそ可能な姿です。ハンバーグを焼いている場面を見たことがなければ、このような遊び方は不可能です。しかし子どもたちの生活状況は多様なため、「ご飯づくり＝レンジに入れてチン！」しかイメージできず、ごっこ遊びを豊かに展開するための基礎的経験をもたない子どもたちもいます。そうした子どもたちがごっこ遊びを、より豊かに、より楽しく遊ぶためには、保育のなかで豊かな生活経験を保障し、遊びのもとになるイメージの世界を豊富にするような働きかけが必要になります。

　また、活動が成立するためには、ハサミ・のこぎり・絵筆などの道具使用の技能、走る・跳ぶ・投げる・けるなどの身体的技能、叩く・吹くなどの楽器を扱う技能などが必要です。活動が成立するために必要な技能を明らかにし、その技能を身につけられるような指導・援助を行うことによって、子どもたちの活動が豊かなものになっていきます。

　こうした知識・イメージ・技能は、遊びをとおして子どもたちが獲得していく力で、活動のなかで「育つもの」であるとも考えられます。活動分析を通じて、その活動をとおして子どもたちがどのような「学び」を実現し得るのかを明らかにすることができます。

③関係性の理解

　活動のなかで、子どもたちはさまざまな形で人との関係を取り結び、人と関わる力を育んでいきます。子どもたちが豊かな関係力を育むためには、その活動のなかで子どもたちがどのような人との関わりを体験で

図表5-3 遊びの基礎資料（鬼ごっこ）

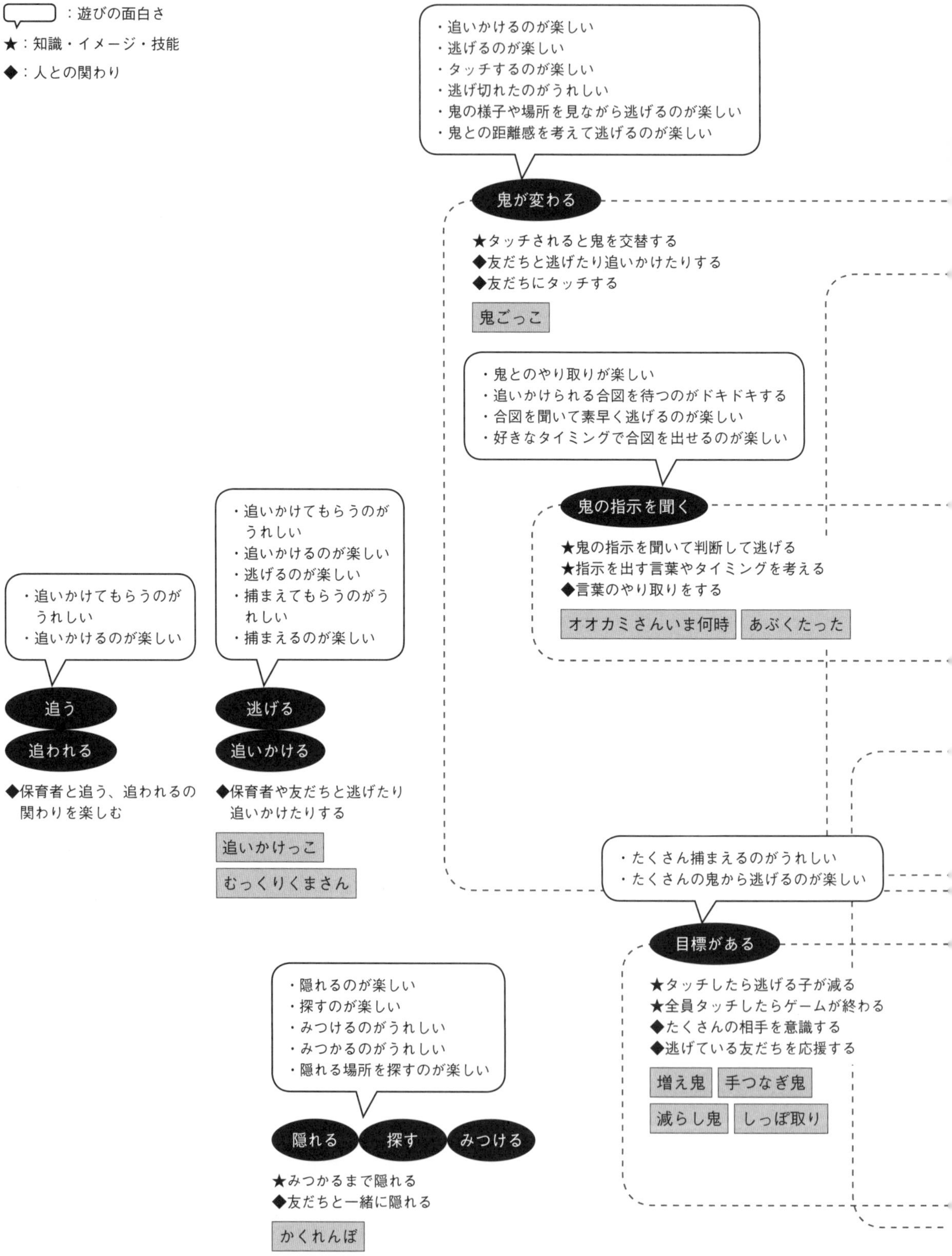

⬚ ：遊びの面白さ

★：知識・イメージ・技能

◆：人との関わり

・追いかけるのが楽しい
・逃げるのが楽しい
・タッチするのが楽しい
・逃げ切れたのがうれしい
・鬼の様子や場所を見ながら逃げるのが楽しい
・鬼との距離感を考えて逃げるのが楽しい

鬼が変わる

★タッチされると鬼を交替する
◆友だちと逃げたり追いかけたりする
◆友だちにタッチする

鬼ごっこ

・鬼とのやり取りが楽しい
・追いかけられる合図を待つのがドキドキする
・合図を聞いて素早く逃げるのが楽しい
・好きなタイミングで合図を出せるのが楽しい

鬼の指示を聞く

★鬼の指示を聞いて判断して逃げる
★指示を出す言葉やタイミングを考える
◆言葉のやり取りをする

オオカミさんいま何時　あぶくたった

・追いかけてもらうのが
　うれしい
・追いかけるのが楽しい
・逃げるのが楽しい
・捕まえてもらうのがう
　れしい
・捕まえるのが楽しい

・追いかけてもらうのが
　うれしい
・追いかけるのが楽しい

追う

追われる

◆保育者と追う、追われるの
　関わりを楽しむ

逃げる

追いかける

◆保育者や友だちと逃げたり
　追いかけたりする

追いかけっこ

むっくりくまさん

・たくさん捕まえるのがうれしい
・たくさんの鬼から逃げるのが楽しい

目標がある

★タッチしたら逃げる子が減る
★全員タッチしたらゲームが終わる
◆たくさんの相手を意識する
◆逃げている友だちを応援する

増え鬼　手つなぎ鬼

減らし鬼　しっぽ取り

・隠れるのが楽しい
・探すのが楽しい
・みつけるのがうれしい
・みつかるのがうれしい
・隠れる場所を探すのが楽しい

隠れる　**探す**　**みつける**

★みつかるまで隠れる
◆友だちと一緒に隠れる

かくれんぼ

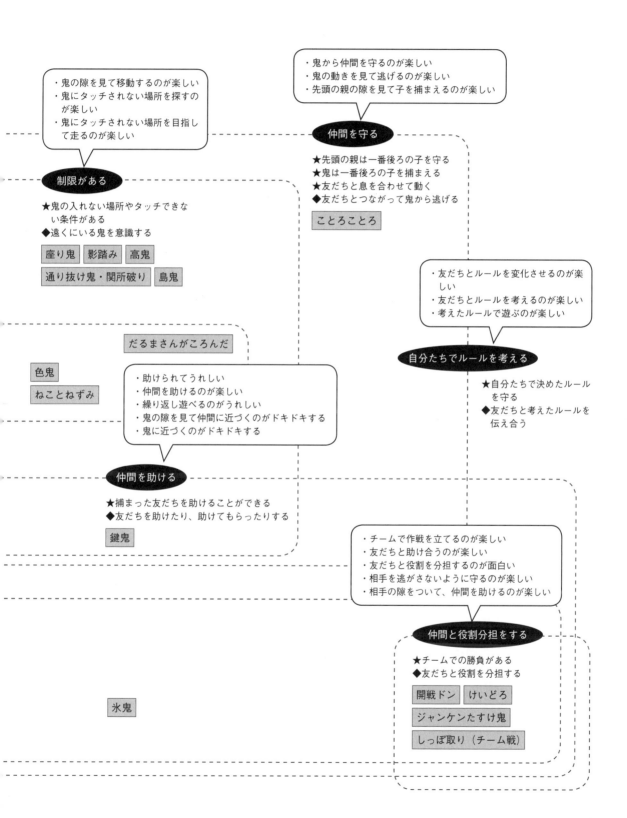

・鬼の隙を見て移動するのが楽しい
・鬼にタッチされない場所を探すのが楽しい
・鬼にタッチされない場所を目指して走るのが楽しい

制限がある

★鬼の入れない場所やタッチできない条件がある
◆遠くにいる鬼を意識する

座り鬼　影踏み　高鬼

通り抜け鬼・関所破り　島鬼

・鬼から仲間を守るのが楽しい
・鬼の動きを見て逃げるのが楽しい
・先頭の親の隙を見て子を捕まえるのが楽しい

仲間を守る

★先頭の親は一番後ろの子を守る
★鬼は一番後ろの子を捕まえる
★友だちと息を合わせて動く
◆友だちとつながって鬼から逃げる

ことろことろ

・友だちとルールを変化させるのが楽しい
・友だちとルールを考えるのが楽しい
・考えたルールで遊ぶのが楽しい

自分たちでルールを考える

★自分たちで決めたルールを守る
◆友だちと考えたルールを伝え合う

だるまさんがころんだ

色鬼

ねことねずみ

・助けられてうれしい
・仲間を助けるのが楽しい
・繰り返し遊べるのがうれしい
・鬼の隙を見て仲間に近づくのがドキドキする
・鬼に近づくのがドキドキする

仲間を助ける

★捕まった友だちを助けることができる
◆友だちを助けたり、助けてもらったりする

鍵鬼

・チームで作戦を立てるのが楽しい
・友だちと助け合うのが楽しい
・友だちと役割を分担するのが面白い
・相手を逃がさないように守るのが楽しい
・相手の隙をついて、仲間を助けるのが楽しい

仲間と役割分担をする

★チームでの勝負がある
◆友だちと役割を分担する

開戦ドン　けいどろ

ジャンケンたすけ鬼

しっぽ取り（チーム戦）

氷鬼

きるのか、しているのかをつかみ、適切に指導や援助を行うことが求められます。

　活動のなかでの人との関わりをとらえるために、「その活動には、どのような人との関わりが含まれているのか（活動が求める関係性）」と「その活動は、どのような人との関わりを含み得るのか（活動に含み得る関係性）」との視点からとらえてみましょう。

　「活動が求める関係性」とは、活動が成立するために必須となる人との関わりを意味しています。たとえば、「**高オニ***」と「**氷オニ***」と「**けいどろ***」の３つの遊びを比較してみましょう。「高オニ」の場合は、「コ（逃げる人）」役の子どもは「オニが誰であるのか」に注目し、オニとの対立関係だけを意識すれば遊ぶことはできます。しかし、「氷オニ」の場合、「オニとの対立関係」だけでなく、「オニにタッチされて凍っている友だち」を意識し、「助けに行く」という関わりが含まれています。「けいどろ」の場合は、「オニ」が「警察役の子どもたち」というチームになり、「コ」も「泥棒役の子どもたち」というチームになるため、「チーム対チーム」の対立関係のなかで遊びが展開します。そのために、「仲間と協力しながら」「役割分担をしながら」遊ぶという、より複雑な関わりが求められることになります。このように、活動によっては、活動が成立するために必要な関係性が含まれている場合があります。

　「活動に含み得る関係性」とは、「その関係性がなくても活動は成立するが、含めることで活動がより豊かになるような関係性」を意味しています。たとえば、泥団子づくりは一人でも取り組める遊びですが、友だちと「教え合い」「見せ合い」をしたり、「よいサラ砂（泥団子を光らせるために使用するさらさらの砂）がどこにあるかの情報共有」などが行われることにより、泥団子づくりはより充実したものになります。このように、活動によっては、そのなかでさまざまな人との関わりを経験できる可能性を有したものがあります。

　また、外的な関わり行為だけではなく、活動をとおして生み出される「関係に関わる内面」を分析することも必要です。その活動でどのような他者認識（友だちのよいところを発見するなど）や自己認識（自信をもつなど）が生まれ得るのかを理解することも必要です。

　このように、保育者がその活動に特有の関係性を理解することにより「子どもたちにこのような関わりの力を育てたいから、この活動を選択しよう」という判断が可能になるのです。

　活動分析には、上記３つ以外の視点（たとえば、音楽活動における楽曲の理解、造形活動における素材の理解など）も考えられますが、「面

⊞ **用語解説**

高オニ
「コはオニより高いところにいれば捕まらない」というルールがある鬼ごっこ。コがオニにタッチされれば、オニを交替する。

氷オニ
「コがオニにタッチされたらその場で凍る（動かない）」というルールがある鬼ごっこ。凍っているコは凍っていないコに助けてもらう（タッチしてもらう）ことで、再び逃げることができる。ゲーム中のオニの交替はなく、オニが全員のコを凍らせることができた時点でオニの勝ちになる。

けいどろ
「警察」と「泥棒」チームに分かれ（基本的には同数）、警察が泥棒を捕まえて「牢屋」に入れる、泥棒は牢屋に捕まっている仲間の泥棒を助けるという鬼ごっこ。役の決め方（例：全員が足を出して、「いろはにほへと」と順にタッチしていき、「ぬ」で止まったら「泥棒（盗人）」、「た」で終わったら「警察（探偵）」）や名称（例：どろけい・たんてい・ぬったんなど）にさまざまな地域の特徴がある。

白さ・楽しさ・喜び」「活動に含まれる知識・イメージ・技能」「活動に含まれる関係性」の3つの視点は、すべての活動に共通する視点として意識する必要があります。

　こうした活動分析の3つの視点の内実は、先に述べたように、活動が発展するにともなって変化していきます。そのため、乳児期から幼児期・児童期に向けて活動がどのように発展していくのか、「面白さ・楽しさ・喜び」はどのように発展し、そのときどきで「活動に含まれる知識・イメージ・技能」「活動に含まれる関係性」はどのように変化していくのかを整理していきましょう。

　図表5−3は、ある認定こども園における4・5歳児の「鬼ごっこ基礎資料」です。これは、この園においてみられる鬼ごっこに関連した遊びが、入園の時期（より原初的な遊びの姿）から修了の時期（より発展的な遊びの姿）の遊びの姿の発展の流れを示したものです。この資料により遊びの発展の道筋を理解することができますし、一人ひとりの子どもたちの「いま、どのあたりの面白さを感じているのか」という「現在地」の把握が可能になります。こうした現在地を把握したうえで、さらに、「どのようなねらい」で「どのような活動の内容」で、「どのような環境構成や指導・援助」を行えばよいのかを明確にすることが可能になります。

4. 子ども理解の視点

1 指導計画の作成は「子ども理解」から始まる

　このレッスンの冒頭で、「保育は子どもの現実から始まる」と述べましたが、すべての保育実践は眼の前にいる子どもの現実の姿を理解することから始まります。これまでみてきた指導計画作成の「前に」保育者が理解しておくべき2つのポイント（発達の理解と活動の理解）も、眼の前にいる子どもの姿をとらえ、そこから保育実践を計画していくために必要な視点としてとらえることが必要です。

　子ども理解や指導計画作成のためには、保育者自身が明確な視点をもち、一貫した視点から子どもの姿をとらえ、ねらい・保育内容・保育者の関わりなどを考えることが必要です。指導計画の種類（長期・短期）によって子ども理解のありようや計画への反映のしかたは異なる面もありますが、基本として押さえるべき視点は共通しています。このレッスンの最後に、この視点について確認しておきましょう。そして、レッス

ン 6 ～ 8 で検討する具体的な指導計画作成につなげていきましょう。

　子ども理解の視点には多様なものがありますが、ここでは、先にみた「発達の諸側面」の視点と「活動の発達」の視点から子どもの姿をとらえる方法について述べていきます。

2　「発達の諸側面」の視点から子どもを理解する

　子ども理解の視点の一つは、「身体的発達」「知的発達」「情動の発達」「社会性の発達」「自己の発達」「表現力の発達」などの「発達の諸側面」の視点から子どもの姿を理解することです。指針・要領の 5 つの領域は、こうした「発達の諸側面」を示したものであり、「健康」「人間関係」「環境」「言葉」「表現」の視点から子どもを理解することで、子どもの育ちを多角的に理解することができます。こうした視点からの子ども理解は、「何が育っているのか」「何を育てなければならないのか」を明らかにすることにつながり、発達保障という観点から考えても重要です。

3　「活動の発達」の視点から子どもを理解する

　同時に、保育が活動を中心とした営みであり、活動の質が発展することによってさまざまな発達に必要な経験が豊かになるという原則から考えれば、一人ひとりの活動の発達の現状をとらえることが重要になります。そのためにも、活動分析の視点をもとに、一人ひとりの子どもが感じている活動の「面白さ・楽しさ・喜び」を理解すること、その活動が成立するために必要な「知識・イメージ・技能」の獲得状況を理解すること、どのような「関係性」のなかで活動が展開されているのかを理解することで、活動をより豊かにするための保育の展開が明らかになってきます。

　「面白さ・楽しさ・喜び」の視点からの子ども理解は、「一人ひとりの子どもが、どのような活動に興味や関心をもち（あるいはもてず）、どのような面白さ・楽しさ・喜びを感じているのか（あるいは、感じられていないのか）」を把握することです。同じ活動に取り組んでいても、子どもたちが感じている面白さ・楽しさ・喜びはその子によって異なります。先に考えた活動分析の結果を踏まえながら、一人ひとりの子どもたちが感じている面白さ・楽しさ・喜びの現在地を把握することで、保育の方向性も明らかになってきます。

　「知識・イメージ・技能」の視点から子どもを理解するとは、活動の前提となる知識やイメージをどのようにもっているか（たとえば、ごっ

こ遊びの前提となるレストランについてのイメージをどのようにもっているか、集団ゲームのルールをどの程度理解しているかなど）、活動で必要な技術をどのように獲得しているか（たとえば、ハサミはどの程度使えるのか、掃除道具をどの程度使えるのかなど）を理解することです。この視点から子どもの姿を理解することで、活動のなかで何が育っているのかを理解することができ、遊びの面白さ・楽しさ・喜びが豊かにならない理由もみえてきます。

　「関係性」の視点から子どもを理解するとは、活動のなかでどのようにコミュニケーションをとっているのか（「社会的スキル」の育ち）、その背後にある自己認識（その子自身の自分への見方、自尊感情・自信のありよう）や他者認識（その子のことを周囲の子どもはどのようにみているのか、肯定的か、否定的かなど）の現状、人権感覚や道徳性の育ちの現状をとらえることです。特にこのとき、「この活動のなかでみられる関係性」という視点から具体的に子どもの姿を理解することによって、活動のなかでどのような関係性を育てていくのかが明確になります。

　このように、活動分析の視点と一貫した視点からの子ども理解を行うことで、保育の見通しは明確になります。また、「ねらい」「保育内容の決定」「保育者の指導・援助」についても、この3つの視点から検討することによって、保育の見通しはより明確で具体的なものとなります。この点については以降のレッスンで考えていきましょう。

演 習 課 題

①遊びを1つ取り上げ、上記の活動の理解の視点をもとに分析してみましょう。

②「積み木を使った遊び」の面白さが乳児期から幼児期にかけてどのように発展していくのかを考えてみましょう。

③具体的な子どもの遊びの姿を観察し、「面白さ・楽しさ・喜び」「知識・イメージ・技能」「関係性」の視点から現状を分析してみましょう。

レッスン**6**

全体的な計画の作成

このレッスンでは、保育所・幼稚園・認定こども園の保育を方向づける「全体的な計画」について学びます。「全体的な計画」がもつ意味とその作成原理を理解することをとおして、全体的な計画を読み解く力を高めましょう。

1. 全体的な計画とは

1 「全体的な計画」の役割

「全体的な計画」の役割として、次の2点をあげることができます。

①園全体の保育を方向づけるものとしての役割

「全体的な計画」は、保育所・幼稚園・認定こども園の保育実践・保育の計画の基本となるものです。各園が、自園の子どもたちの姿・地域や家庭の実態を踏まえてどのような保育の方針や目標を設定するのか、それに基づいてどのように保育を進めていくのかを示したものが「全体的な計画」であり、その園の最も根幹となる計画です。

②園の保育のあり方を保護者・地域の人々などと共有するものとしての役割

「全体的な計画」は、それが園の保育を方向づけているものであるために、自園の保育を保護者や地域の人々などと共有するためのものとしての役割も有しています。子どもの育ちは、保護者と園の協同のなかで実現するものです。また、保育実践は園のなかに「閉じたもの」ではなく、保護者や地域の人々との連携のなかで展開されるものです。各園の「全体的な計画」の内容を保護者や地域の人々と共有することは、協同や連携のうえで重要な役割を果たします。

つまり、各園の保育の最も根幹となる計画を示しているのが、「全体的な計画」であるといえます。

2 「全体的な計画」は誰が作成するのか

「全体的な計画」は、園全体の保育を方向づけるものであるため、その園の職員は、この計画を理解し、保育の計画や実践につなげていくことが求められます。また、その作成は、原則的には、園長などを中心に、

✦ 補足

全体的な計画

2018年4月より施行されている現行の「保育所保育指針」と「幼保連携型認定こども園教育・保育要領」において新たに示された。これ以前の「保育所保育指針」（2008年度公示）および「幼保連携型認定こども園教育・保育要領」（2014年公示）では、「保育課程」と称されていた。

図表6-1　全体的な計画と指導計画の関係

全体的な計画		
幼稚園 ⇩ 「幼稚園教育要領」	幼保連携型認定こども園 ⇩ 「幼保連携型認定こども園 教育・保育要領」	保育所 ⇩ 「保育所保育指針」
・教育課程と教育課程に係る教育時間の終了後等に行う教育活動（預かり保育、一時預かり）の計画 ・学校保健計画 ・学校安全計画	・満3歳以上の園児の教育課程に係る計画 ・満3歳未満と満3歳以上の保育を必要とする子どものための計画 ・子育ての支援計画 ・学校保健計画 ・学校安全計画 ・食育計画・災害計画	・保育所保育の全体像を包括的に示すものとし、これに基づく指導計画 ・保健計画 ・食育計画

長期指導計画	
長期指導計画	年間指導計画 期間指導計画 月間指導計画（月案）

短期指導計画	
短期指導計画	週間指導計画（週案） 一日指導計画（日案）

園の職員全体で行うことが基本となります。職員全体で作成に関わることで、園全体の保育への共通理解を図ることが可能になるのです。

　「全体的な計画」は園全体で作成するものなので、新任の保育者が作成に直接関わるということはあまりないかもしれません。しかし、その園で保育者として勤務する以上、自園の「全体的な計画」をよく理解しておく必要があります。そのためには、作成原理を理解しておくことが大切になります（図表6-1）。

　以下に、「全体的な計画」の作成原理について述べていきます。まず、「全体的な計画」にはどのような内容が盛り込まれているのかを確認しましょう。そのうえで、その作成手続きをレッスン5でみた指導計画作成の基本的手続きである「子ども理解→ねらい→活動内容→保育者の関わり」を念頭に置きながらみていきましょう。こうした作成原理の理解をとおして、「全体的な計画」の読み取り方を学んでいきましょう。

2．全体的な計画の内容

「全体的な計画」にはどのような内容が含まれているのでしょうか。実際の「全体的な計画」をみて、含まれている内容について読み取ってみましょう。

ただし、「全体的な計画」には、すべての園に共通した書式はありません。各園が大切にしたいことをもとに書式をつくっているので、園によって違いがあることは念頭に置いておきましょう。また、どのような内容を「全体的な計画」に含めるのかも園によって異なります。たとえば、各年齢の年間指導計画までを「全体的な計画」に含める園もありますし、各年齢の子どもの姿や目標までとしている園もあります。

図表6-2はA保育所の全体的な計画（一部抜粋）、図表6-3はB幼稚園の教育課程、図表6-4はC市の幼児教育ビジョンに基づいて作成された**幼児教育カリキュラム**（発達の過程［図表6-4（1）］と2歳児に関わる部分のみ一部抜粋［図表6-4（2）（3）］）です。これらの資料をもとにしながら、全体的な計画の内容について考えていきましょう。

①全体的な計画の例……図表6-2のA保育所の「全体的な計画」では、「保育理念」「基本方針」「目標」「目標標語」「目標の指針」「聖書における子ども理解」「保育の概要」の項目が含まれており、そのうえで「各年齢の保育内容」と「保育者の配慮事項」を示す形の計画になっています。

②教育課程の例……B幼稚園の**教育課程**では、図表6-3の内容のほかに「教育目標」「教育週数」「教育時間」「主な年間行事一覧」「教育課程編成の基準」が含まれています。

③幼児教育カリキュラムの例……図表6-4のC市の幼児教育カリキュラム②では、「子どもの姿」「生命の保持・情緒の安定」「ねらい」「内容」「環境構成」「家庭・地域との連携」が含まれています。また、市の幼児教育のなかで大切にしたい3つのキーワード「愛情・自然・ことば」を受けて各年齢で大切にしたい事項を記載しています。

項目の名称等にはさまざまな違いはありますが、「全体的な計画」では、「目標に関わる項目」「保育理念や保育方針に関わる項目」「保育の内容の基本を示す項目」を記載することによって、園の保育の基本方針を示していることを理解しておきましょう。

◆補足

自治体としての標準カリキュラム

近年では、保育の質を担保するために、自治体が主導して、公立・私立や保育所・幼稚園・認定こども園などを含んだ「自治体としての標準カリキュラム」を作成している例が増えてきている。図表6-4もその一例。

◆補足

教育課程

学校教育全般に用いられる用語で、小学校・中学校・高等学校・特別支援学校・大学等においてもこの文言が用いられている。

図表6-2　A保育所の全体的な計画（一部抜粋）

保育理念	・A保育所は、「児童福祉法」に基づき、保育を必要とする子どもの保育を行い、その健全な心と身体の発達を図ることを目的とする社会福祉施設であり、入所する乳幼児の最善の利益を考慮するとともに、その福祉（しあわせ）を積極的に増進することを理念とする。
基本方針	・家庭との緊密な連携のもとに、子どもの状況や発達過程を踏まえ、保育所における環境をとおして、養護および教育を一体的に行う。 ・家庭や地域のさまざまな社会資源との連携を図りながら、入所する子どもの保護者に対する支援および地域の子育て家庭に対する支援などを行う。 ・子どもが現在を最もよく生き、望ましい未来をつくり出す力の基礎を培うために、子どもの人権に十分配慮するとともに、子ども一人ひとりの人格を尊重して保育を行う。
目標	・キリスト教精神に基づく自由保育のなかで、乳幼児期に大切な人格形成の基礎をつくり、心と身体の発達を図ることを目標とする。
目標標語	・自分を大切にします。人を大切にします。豊かな仲間づくりを目指します。
目標の指針	・一人ひとりの子どもが、いつもそばにいて見守り導いてくださる神様からの深い愛に気づき、神様の愛のうちに自信と誇りをもち、自己肯定感が得られることを祈り求める保育 ・神様からいただいた賜物として、あなたはあなたのままでよいというメッセージを発信し、目に見えない違いに気づき、人を思いやり、助け合う心が育つことを信頼する保育 ・イエス様を信頼し、神様によって生かされていることに感謝しながら、さまざまな出会いをとおして、認め合う関係づくりと、ともに生きていく仲間だと実感できる喜びに満ちた保育
聖書における子ども理解	・「子どもたちをわたしのところに来させなさい。妨げてはならない。神の国はこのような者たちのものである。はっきり言っておく。子どものように神の国を受け入れる人でなければ、決してそこに入ることはできない」そして、子どもたちを抱き上げ、手を置いて祝福された。（マルコによる福音書10章13～16節） ・わたしはぶどうの木、あなたがたはその枝である。人がわたしにつながっており、わたしもその人につながっていれば、その人は豊かに実を結ぶ。わたしを離れては、あなたがたは何もできないからである。（ヨハネによる福音書15章5節） ・愛する者たち、互いに愛し合いましょう。愛は神から出るもので、愛する者は皆、神から生まれ、神を知っているからです。（ヨハネの手紙一 4章7節）
保育の概要	●遊びを中心とした保育 / 遊びをとおして心と身体を育て、人間関係や乳幼児期に必要な知識を育む。 ●異年齢の子どもたちが育ち合うための縦割り保育 / 多様な人間関係のなかで、一人ひとりの個性と可能性を引き出し育てる。 ●一人ひとりを生かし合うための共生保育 / その子どもにしかない命を尊び、友だち関係のなかで生かされる仲間意識を育てる。 ●日本人と韓国・朝鮮人がともに育ち合うための民族保育 / 環境や文化の違いに気づき、ともに生きていく仲間と実感することを育てる。 ●さまざまな国籍の子どもたちがともに育ち合うための多民族保育 / 言語・宗教・肌の色等、さまざまな違いを実感し、その文化や習慣を理解していく。 ●親と子がともに育ち合うための子育て支援 / 子育ての不安や悩みなどを受け止めながら、親と子が豊かに育つことを援助する。

図表6-3　B幼稚園の教育課程

歳	期	月	発達の姿
3歳児	1期	4、5月ごろ	教師をよりどころにしながらだんだんと幼稚園に慣れていく時期
	2期	5～10月	幼稚園の様子がわかり、生活を広げようとする時期
	3期	10～12月	気の合う友だちがみつかり、場を共有して遊びを始める時期
	4期	1～3月	友だちと遊ぶ楽しさがわかり、夢中になって遊ぶ時期
4歳児	1期	4、5月	進級児：新しく出会う友だちとともに生活を広げていく時期 新入児：新しい環境に慣れ幼稚園が楽しみになっていく時期
	2期	6～8月	自分らしさを出しながら、遊ぶ楽しさがわかってくる時期
	3期	9、10月	大勢の友だちと関わって遊ぶことが楽しく感じる時期
	4期	11、12月	友だちと関わりながら遊びを広げていく時期
	5期	1～3月	自分の思いを出しながら、相手の思いに気づき、気持ちを合わせて遊ぼうとする時期
5歳児	1期	4、5月ごろ	年長になった喜びを感じ、皆で生活を楽しむ時期
	2期	5～8月	友だちと思いを出し合って遊びを楽しむ時期
	3期	9～12月	友だちと試行錯誤しながら遊びに充実感を味わっていく時期
	4期	1～3月	自信をもって、力を発揮し意欲的に幼稚園生活を進めていく時期

図表6-4　C市の幼児教育カリキュラム（1）

期	6か月未満	6か月～1歳未満	1～2歳未満	2歳	
	だっこ大好き♥	おいしいね はって、歩いて……	自分で自分で……	イヤイヤ……	
健康	・首がすわる ・ねがえり、腹ばいになる ・上下左右に動くものを追視する ・目の前のものをつかもうとする ぐんぐん・のびのび	・すわる、はう、つたい歩き等全身を動かす ・両手に物をもったり、引っ張ったり、つまんだりする ・口の中に玩具を入れたり、なめたりする わ～い、歩けたよ	・歩けるようになり、探索活動が活発になる ・体のバランスのとり方が上手になる（しゃがむ、ぶらさがる、跳ぶなど） ・積む、つまむ、転がす、はがす等手や指を使って遊ぶ 「見て、見て！」	・全身を使って、歩く、走る、跳ぶ等の運動をして遊ぶ ・指先の機能が発達し始め、指先を使った遊びを楽しむようになる 「見て、見て！」	
	・空腹になると泣いてミルクを欲しがる ・おむつが汚れていると泣いて知らせる ・4か月ごろから昼夜の睡眠パターンができる 飲んで、ぐっすり眠る	・離乳食を食べる ・自分でつまんで食べようとする おいしいね	・離乳が完了し、幼児食を食べる ・スプーンやフォークを使って食べる ・身振りや簡単な言葉で排泄を知らせる ・ズボンや紙パンツを自分で脱ぐ ・手洗い等を自分でしようとする 「自分で」	・スプーンやフォーク等を使って、こぼしながら自分で食べる ・自分でトイレに行き排泄しようとする ・衣服の前後が少しずつわかる ・ズボンやパンツを着脱する 何でも「自分でする」	
人間関係	・特定の大人にあやしてもらうと、顔をじっと見たり、声を出して笑ったりする ・応答的に関わる特定の大人とのスキンシップを喜ぶ	・特定の大人との応答的な関わりができる ・後追いして泣く ・人見知りをする	・保育者や周囲の子どものすることに関心をもち、まねをする ・大人の反応を感じながら、よいこと悪いことに気づく ・一人遊びをする	・保育者や友だちと簡単なごっこ遊びを喜んでする ・自己主張が強くなり、トラブルが起こる かんしゃく、反抗！ イヤイヤ期 自我の芽生え　➡	
環境	・身の回りのものを見たり、音を聞いたり、触れたりする	・好きな玩具で一人遊びをする これ、なんだろう？	・水、土、砂などの感触を楽しむ ・自分のものとほかの子どものものとの区別がつきにくい	・自分の持ち物を片づける場所がわかる ・虫や草花をじっと見たりする ・盛んに模倣し、ものごとの間に共通性を見出す 広がる世界	
言葉	・機嫌のよいときに人やものに反応して、「アーアー」「ウーウー」など喃語を発する ねえ、見て！ 喃語で合図	・大人から自分に向けられた気持ちや簡単なことがわかるようになる ・喃語が盛んになる ・指差し、身振りなどで気持ちや欲求を表す ・好きな絵本を読んでもらい、まねをして言葉を発する 片言でお話	・指差し、身振り、片言などを使い、二語文を話し始める ・興味のある絵本を読んでもらい、言葉を繰り返し言おうとする	・語彙が著しく増え、言葉で伝えるようになる ・自分の意思や欲求を言葉で表出できるようになる ・簡単な繰り返しやリズミカルな言葉の絵本を楽しむようになる 「なんで？」「どうして？」	
表現	・泣く、笑うなどの表情の変化や体の動き、喃語などで自分の欲求を表現する	・興味をもった身近な素材に触れて、感触を楽しむ ・周囲の人やものに興味を示し、探索活動が活発になる ・歌や手遊びにあわせて、喜んで手や体を動かそうとする	・いろいろな素材で感触遊びをする ・腕を大きく動かしてなぐりがきをする ・リズムに合わせて体を動かして遊ぶ	・指先を使った遊びやハサミ、クレヨンを使って遊ぶ ・簡単な歌を歌ったり、リズムを感じて体を動かしたりすることを喜ぶ ・動物の動きなどをまねて、遊ぶようになる	

3歳	4歳	5歳	6歳
一緒に遊ぼう！	「いれて、いれて」	やってみよう！	意欲満タン
・思うように体を動かせるようになり、走る、投げる、けるなどの運動をして遊ぶ	・全身のバランスをとって、運動遊びをする ・運動遊びや集団遊びなど、簡単なルールを守って遊ぶ	・喜んで体を動かし、仲間と一緒に活発に遊ぶ ・自分たちでルールをつくりながら、遊びを進める	・巧みに体を動かして遊ぶ気持ちよさを感じる ・目的に向かって繰り返し挑戦し、あきらめずにやり遂げようとする
「見て、見て！」	「上手でしょ」	こんなこともできるよ	
・食事や排泄は個人差があるが、ほぼ自分でできるようになる ・衣服の着脱は、裏返し、ボタン掛け、ファスナーなどのしかたを知り、自分でしようとする	・手洗い、うがい、衣服の調節など生活に必要な習慣が身につき、自分でできることは自分でする ・危険な場所や遊具の安全な使い方を知り、気をつけて遊ぶ	・自分の身の回りのことを自分から進めて行う ・自信をもち、自分たちで遊びや生活を進めていく	・自分たちで生活の場を整えながら、健康な生活に関心をもち、自分の体を大切にしようとする ・見通しをもって行動する
何でも「自分でする」	何でも一人でできるよ		
・自己主張が強くなる ・簡単なルールのある遊びをすることで、合図や順番等の約束を知る	・仲間意識が芽生え、友だちと誘い合って遊ぶ ・ぶつかり合いが増え、葛藤を体験する ・感情が豊かになり、身近な人の気持ちを感じ、自分の気持ちを抑えられるようになる（我慢）	・よいことや悪いことを判断しながら、考えて行動する ・仲間の一人としての自覚が生まれる ・目的に向かって、集団で行動する	・共通の目的に向かって、友だちと協力をして、役割を分担しながら、遊びや生活を進めようとする ・人の役に立つことに喜びを感じる ・互いに思いを伝え合うなかで、友だちの気持ちに共感し、相手の立場に立って行動しようとする
先生や友だちと一緒が心地よい お手伝いするよ 自我の充実 →	自我の確立 気づき「人の気持ち」 心の成長期	皆でやろう！	私にも任せて！
・さまざまな用具や材料に触れ、それらを使って遊びを楽しむ ・身近な動植物をはじめ自然事象をよく見たり、触れたりなどして驚き、親しみをもつ ・「面白そう！」「やってみたい」という気持ちをもち、繰り返し遊ぶ	・遊具、道具の扱いを知り、友だちと準備をしたり片づけをしたりする ・自然など身近な環境に積極的に関わり、さまざまなものの特性を知る	・遊びや生活のなかで文字や数字や時間に関心をもつ ・身近な動植物に興味・関心をもち、生命をいたわり、大切にしようとする ・季節により自然や人の生活の変化に気づく	・好奇心、探究心をもって、自然物などに関わり、性質、数、量の違いなどに気づき興味・関心を深める ・自然や社会の事象に興味・関心をもつ
好奇心いっぱい		何でも知りたい	
・話し言葉の基礎ができる ・「なぜ」「どうして」など盛んに尋ね、知的な興味・関心が高まる ・あいさつを自分からする ・絵本などを繰り返し見たり聞いたりする	・自分の思いや考えを言葉で話したり、相手の話を聞き、友だちの気持ちに気づいたりする ・絵本などのストーリーからイメージを広げる	・言葉によって共通のイメージをもって遊ぶ ・絵本などに親しみ、言葉に対する感覚が豊かになる	・相手の話に関心をもって聞き、自分の考えや思いを相手にわかるように話す ・身近にある文字を読んだり書いたり使ったりする
「なんで？」「どうして？」			皆で決めよう 相談しようよ
・見立て遊びをしたり、意味づけをしたりして遊ぶ ・意図や予想や期待をもって行動するようになる	・いろいろな方法で表現し、イメージをふくらませ、なりきって遊ぶことを楽しむ	・経験したこと、感じたこと、考えたことを、いろいろな方法で表現する	・互いの表現を受け止め、ともに創意工夫を重ね、遊びを発展させる
	できたよ！	もっとこうしてみよう！ アイデアいっぱい	それいいね！ 楽しくなりそう！

C市の幼児教育カリキュラム（2）

【2歳児】

子どもの姿		・歩く、走る、跳ぶなどの基本的な運動機能や指先の機能が発達する。また、排泄の自立のための身体機能が整う。 ・食事や衣類の着脱など、身の回りのことを自分でしようとする。 ・語彙が増加し、自分の意思や欲求を言葉で表出する。 ・身近なものや事柄に関心をもち、行動範囲が広がり探索活動が盛んになる。 ・自我が育ち、自己主張をする。また、友だちとのぶつかり合いが起こる。 ・大人が仲立ちしながら、気の合う友だちと簡単なごっこ遊びなどを楽しむようになる。
情緒の安定	生命の保持・	○子どもの行動範囲を十分に把握し、安全な環境構成を心がける。 ○子どもの心の動きや成長をとらえ、子どもの自信や意欲を受け止める。 ○自分の感情を思いきり表出したり、ときには抑えたりして、気持ちを立て直す力が育まれるようにする。
ねらい		◎保育者に親しみ、安定した気持ちで好きな遊びを十分に楽しむ。 ◎保育者や友だちと関わって遊ぶ楽しさを味わい、少人数でのごっこ遊びや簡単な集団遊びを楽しむ。 ◎保育者に見守られ、手伝ってもらいながら身の回りの始末の仕方を知り、自分でしようとする。 ◎体をのびのびと動かして遊ぶ楽しさを感じる。 ◎感じたことや考えたことなどを自分なりに表現しようとする。
内容	健康　人間関係　環境　言葉　表現	・楽しい雰囲気のなかで、スプーンやフォークを使って自分で食べる。 ・尿意、便意を言葉で知らせ、トイレに行き排泄しようとする。 ・保育者に見守られて、手洗い、うがいなどをする。また、手伝ってもらいながら、自分で衣服を着脱する。 ・生活や遊びをとおして、気の合う友だちと関わることを楽しむ。 ・友だちと遊ぶなかで保育者が仲立ちとなり、簡単な約束や順番を知る。 ・雨や風、雷などの自然の事象や天候を体感し、興味をもつ。 ・身近な生き物や草花や栽培している野菜などを見たり触れたりして興味や関心をもつ。 ・水、砂、泥など感触を楽しみながらのびのびと遊ぶ。 ・保育者や友だちと簡単な言葉のやりとりを楽しむ。 ・保育者と一緒に絵本の登場人物になり、言葉の模倣をしたり、自分なりに表現したりして遊ぶ。 ・ちぎったり、切ったり、貼ったり、折ったり、描いたりして遊ぶ。
環境構成		・自分で食べようとする気持ちを受け止め、正しいスプーン、フォークの持ち方をさり気なく伝える。 ・排泄や衣服の着脱や手洗いなど、自分でできた満足感を味わえるように手伝う。 ・一人ひとりの発育に応じて、体を動かす機会を十分に確保したり、適切な援助をしたりして、自ら体を動かそうとする意欲が育つようにする。 ・ロッカーや靴箱などに同じマークを貼り、自分の持ち物の場所がわかるようにしたり、遊具や用具の分類や整理がしやすいよう写真をつけたりし、片づけやすい環境をつくる。 ・一人ひとりの興味や関心に合わせて、遊具の数を十分用意したり、安全な環境を用意したりする。 ・戸外遊びの機会を多くし、安全に留意しながら、自然に触れたり、体を動かしたりできるようにする。 ・子どもの言葉や表情から思いを受け止めたり、共感したりしながら、身近な自然に興味がもてるような環境をつくる。 ・少人数でゆっくりと製作が楽しめるよう、場所や時間などゆとりをもって計画する。
家庭・地域との連携		・子どもの健康状態や生活の様子を連絡ノートなどで具体的に伝え合う。 ・「自分で」「いや」と自己主張する時期でもあるが、まだ甘えたい気持ちがあることを理解して、温かく受け止められるよう家庭と園が連携を取り合う。 ・散歩などで地域に出かけたときに、あいさつをしながら、地域への関心がもてるようにしていく。

C市の幼児教育カリキュラム（3）

愛情
尊い命と
異なる個性との
ふれ愛

保育者の援助

♥「自分で」という気持ちを温かく受け止め、できるまで待ったり、さり気なく手伝ったりしながら、できた喜びに共感する（自我の芽生えを愛情豊かに受け止める）。

♥「イヤイヤ」「だめ」「あっち行って」など反抗的な言葉や態度が多く出る時期であるが、その言葉が出た状況を理解し、受け止めながら、子どもからの思いや要求などを引き出すようにする。

♥アイコンタクト、名前を呼ぶ、声をかけるなど、常に保育者を身近に感じられるような関わりを意識する（安心感・信頼関係）。

自然
身近で豊かな自
然と文化の
ふれ愛

自然とのふれあい

★身近なものや事柄に関心をもち、意識してみたり聞いたりする時期

・♪チューリップ、♪かえるのうた、♪ちょうちょなど簡単な歌と実際の生き物を結びつけ、言葉や表現、また、生き物や植物への関心を深める。

・「花」にもいろいろあり、色や形、咲く時期などに気づけるよう、計画的に栽培する。

・ダンゴムシ、バッタなど、園庭でみつけた生き物に繰り返し触れる機会をつくる。また、写真などで室内に飾り、興味関心が広げられるようにする。

★自由に歩けるようになり、ある程度の距離も歩くようになる。

・園付近の公園まで出かけ、園内とは違う環境に触れ、さまざまな気づきが生まれるような機会を設ける。

ことば
豊かで美しい
ことばと表現との
ふれ愛

言葉と表現とのふれあい

◆語彙が増える時期

・日常生活の言葉を楽しく使えるように、引き出す働きかけをする。

・名称のほかに、楽しい・うれしい・きれいなど思いや感情を表す言葉や、目に見えない事象の言葉を意図的に場面に応じて取り入れる。←保育者からの表現豊かな言葉かけ

・ゆっくり、丁寧に、はっきりと語りかける。

【絵本】
・「おおきなかぶ」ロシア民話　作：A・トルストイ
・「ねないこだれだ」作：せなけいこ
・「かおかおどんなかお」作：柳原良平
・「てぶくろ」ウクライナ民話
　え：エウゲーニー・M・ラチョフ
・「うずらちゃんのかくれんぼ」作：きもとももこ
・「そら　はだかんぼ！」作：五味太郎

【歌】
♪トントントンひげじいさん
♪1と1で　♪キャベツの中から
♪いっぴきののねずみが
♪はじまるよ　♪くいしんぼのゴリラ
♪チューリップ　♪かえるのうた
♪ちょうちょ　♪ながぐつマーチ
♪どんぐりころころ

3.　全体的な計画の編成の原則

　では、全体的な計画はどのように編成されるのでしょうか。その手続きについてみていきましょう。

1 ▶ 編成の前に押さえておくべき事項

　全体的な計画の編成にあたって、次のような編成に関わる基礎的な事項を理解しておくことが求められます。

①関連法令・公的ガイドラインの理解

　「保育所保育指針」「幼稚園教育要領」「幼保連携型認定こども園教育・保育要領」といった公的ガイドラインは、全体的な計画の基準となり、保育・幼児教育はどうあるべきか、子どもたちのどのような力を育てるのか、保育者はどのような役割を果たすことが必要なのかなど、保育の基本的な方向づけを行っているものです。約10年に一度のサイクルで見直しが行われ、その時代に特有の子どもの育ちや保育・教育を取り巻く課題を踏まえて改定（訂）が行われています。

　こうしたガイドラインが基準として示されているのは、その基準を踏まえた実践を行うことによって、保育の質が保障されることを目指しているからです。特に近年、保育の場が多様化するなか、保育の質をいかに保つかは重要な課題となっています。だからこそ、公的ガイドラインを理解することが全体的な計画作成の前提となりますし、公的ガイドラインが変更されるときには、その内容を理解することが求められます。

②各園を取り巻く社会・地域・子ども・保護者の現実をとらえる
　：全体的な計画における「子ども理解」

　子どもの現実から保育は始まります。全体的な計画でも、この原理は同一であり、その作成の大前提として「子ども理解」が位置づけられます。ただし、多くの場合、こうした子ども理解は全体的な計画のなかに書きこまれるのではなく、全体的な計画編成の「前提」として検討されています。

　全体的な計画における「子ども理解」の場合、そこでとらえられるのは「個々の子どもの姿」ではなく、「自園の子どもたち全体の傾向」としての子どもの現実です。そして、「自園の子どもたち全体の傾向」の背景には、子どもを取り巻く保護者・地域社会・現代社会全体の現状があります。現代社会全体の現状や地域の状況から生み出されるさまざまな課題は、子どもたちの育ち・保護者が抱える課題に影響を与えている

という視点を保育者はもつ必要があります。

　地域の経済状況、人々の多様性、地域の人のつながりのありようなどが異なれば、その地域の特質ごとに課題は異なってきます。たとえば、都市部で人のつながりが希薄な地域の場合は、各家庭が孤立しやすいという課題につながることがあります。その場合、子どもたちが豊かに人とつながることを重視した保育の展開が園全体として求められますし、保護者同士のつながりをていねいにつくるような取り組みも求められます。このように、地域の特質をとらえ、その地域がもつよさと課題を理解することが、全体的な計画の作成にあたっては求められます。

2　保育目標の設定：全体的な計画における「ねらい」の設定

　「わが園では、こんな子どもを育てたい」という願いを示したものが各園の保育目標です。保育目標はその園の保育を方向づけるものであり、その園の保育の根幹となるものです。

　保育目標の設定にあたっては、前項①で述べたように、公的ガイドラインに示された保育の目標に基づきながら、園を取り巻く社会・地域・子ども・保護者の実態をもとに、「この園の子どもたちにとって何を育てることが大切なのか」を考えることが求められます。保育目標は各園の置かれている地域の実情・子どもや保護者の姿によって異なります。後ほど、事例をもとに考えてみましょう。

　多くの園の全体的な計画では、園の保育目標を「園全体の目標」と「そこに至る道筋を示すための、各年齢・各時期における目標」という形で、層構造で示しています。たとえば、図表6-3のB幼稚園の教育課程の場合、園全体の目標のもとに3・4・5歳の各年齢の保育の目標が提示されています。また、「教育課程編成の基準」に示されているように、入園から修了までの育ちの道筋が示されています。

　2018年4月から施行されている「保育所保育指針」「幼稚園教育要領」「幼保連携型認定こども園教育・保育要領」では、「幼児期の終わりまでに育ってほしい姿」（以下、10の姿とする）が示されています。この10の姿は、各園の保育目標を考える際の一つの指標となります。同時に、ここに示された姿は、ある日突然に達成されるものではありません。入園してからの保育の積み重ねのなかで、しだいに達成されていくものです。そのため、保育目標の設定にあたっては、幼児期の終わりまでに育ってほしい姿に向かっていく道筋を考えていくことが求められます。

　なお、この10の姿は、幼児期の終わりまでに「育ってほしい」姿を示したものですが、「ここまでできなくてはならない」という到達目標

を示したものではなく、「子どもたち一人ひとりが、それぞれのペースでこのような方向に育っていってほしい」という方向目標を示したものです。そもそも、皆さんのなかで、ここに示された目標のうちどれかを「完璧に到達できている！」と自信をもっていえる人はいるでしょうか。ここに示された目標は、そのような方向には育っていってほしい姿ですが、完全な到達は難しい姿です。「育てなくてはならない」ではなく、「育ってほしい」というゆるやかな表現になっている点に着目する必要があります。

3 ▶ 保育の方針・概要・内容など
：全体的な計画における「保育内容」

保育は、活動をとおして発達に必要な経験を積み重ねていく営みです。それゆえに、設定された保育の目標をどのような保育内容や活動をとおして実現していくのかを考えることが求められます。

保育実践のありようは園によってさまざまです。活動をとおして子どもたちが発達に必要な経験を豊かに積み重ねるという基本は共通していますが、好きな遊びに取り組むことを大切にする園、造形活動を大切にする園、音楽活動を大切にする園、自然体験を大切にする園など、具体的な保育の内容は園によって異なります。そうした意味で、この「保育方針や保育内容の方向づけ」は、各園の保育のありようのあらましを示すという意味で、きわめて重要です。

全体的な計画の場合、「保育内容」の示し方は、園の保育を方向づけるような「保育方針」や「保育の概要」を示す、領域別に「内容」を示すなど園によってさまざまですが、子どもが経験する内容の概略を示す形で、ねらいを達成するためにどのような保育を行うのかを明確にしていきます。

4 ▶ 保育者の関わりで大切にしたい基本を示す
：全体的な計画における「保育者の関わり」

全体的な計画における「保育者の関わり」は、その園としての指導・援助の基本や環境構成を示す形で記入されます。これは、園としての保育者の関わりの基本を示す形で記入される場合もありますし、各年齢の各期における関わりの基本として示される場合もあります。

4．全体的な計画の編成の実際

　では、上記の原則をもとに、全体的な計画の編成の実際について考えてみましょう。ここでは、前述したA保育所（図表6-2）とC市（図表6-4）を例に考えていきましょう。

①A保育所の全体的な計画

　【子ども理解】A保育所（以下、A園とする）は、在日韓国・朝鮮人の集住地域のなかにある園で、朝鮮半島にルーツのある子どもたちやほかの外国にルーツをもつ子どもたちが多数在籍しています。朝鮮半島にルーツのある人々の人権をめぐる状況にまだまだ多くの課題がある日本社会の現状のなか、この園を取り巻く地域のなかにもさまざまな人権課題があり、子どもたちは将来、こうした課題に直面せざるを得ない状況があります。

　【ねらい】こうした子どもたちを取り巻く地域や社会の課題に対応するために、A園では子どもたち一人ひとりが「自分と仲間を大切にする心を育てること」、そして「ともに生きる」姿勢を育てることを大切にしています。そのため、A園では、「自分を大切にします。人を大切にします。豊かな仲間づくりを目指します」を目標標語として掲げています。

　【保育内容】このねらいを達成するために、A園では一人ひとりの子どもがその子らしく生きることと、さまざまな個性や違いを生かし合ってともに生きることができるという経験をするために、「遊びを中心とした保育」「異年齢の子どもたちが育ち合うための縦割り保育」「一人ひとりを生かし合うための共生保育」「日本人と韓国・朝鮮人がともに育ち合うための民族保育」「さまざまな国籍の子どもたちがともに育ち合うための多民族保育」といった保育の方針・内容を打ち出しています。

　【保育者の関わり】さらに、こうした保育内容をとおして上記のねらいを達成するために、「子どもの人権に十分配慮」し、「子ども一人ひとりの人格を尊重」した保育を行うこと、「子どもも親も保育士もともに育ち、ともに学び、ともに成長する保育所集団となることを目標に、一人ひとりが自分らしさを大切にしながら、お互いの違いを認め合える豊かな仲間づくりを目指す」という保育者の関わりの基本方針が示されています。

　A園の全体的な計画は、地域の課題や在籍する子どもたちの「現在」と「将来」の課題を見据えた「ねらい」の設定がなされていること、そ

こから「多様な人がともに生きることを実現するための保育内容」が設定され、それに応じた保育者の関わりが方向づけられていることに特徴があります。こうした計画作成の流れを理解することで、各園の実態に合った保育実践の構想が可能になります。

②C市の幼児教育カリキュラム

【子ども理解】C市の幼児教育カリキュラムは、市内にある公立・私立の保育所・幼稚園・認定こども園すべての基準となるカリキュラムとして策定された「標準カリキュラム」といえるもので、市内のさまざまな保育・幼児教育の施設の関係者が集まって作成されたものです。同じ市内であっても子どもたちの姿は地域や園によって異なるため、図表6-4に示された「発達の過程（表）」および各年齢別の計画の「子どもの姿」が、指導計画作成の根拠である子どもの姿になります。

【ねらい】C市では、市のさまざまな環境の特性を踏まえて「C市における幼児教育において大切にしたい3つのキーワード」として、「愛情（尊い命と異なる個性とのふれ愛）」「自然（身近で豊かな自然と文化のふれ愛）」「ことば（豊かで美しいことばと表現とのふれ愛）」を掲げています。そのうえで、「育てたい子ども像」として、「自分や周りの人に愛情をもち、主体的に活動する子ども」「生命を大切にし、豊かな感性をもつ子ども」「しなやかに人とつながり、表現する子ども」の3点を設定しています。また、各年齢の計画において「生命の保持・情緒の安定」と、「ねらい」の欄において年齢別のねらいを示しています。

【保育内容・保育者の関わり】こうしたねらいを達成するための保育内容については（この計画は市としての標準計画であり、具体的には各園での判断となるため）、各年齢の計画において5つの領域の視点をもとにしながら、その年齢で大切にしたい経験を記入し、それに応じた環境構成が示されています。同時に、「愛情」「自然」「ことば」の3つのキーワードに沿った活動内容や保育者の関わりも示されています。

C市の幼児教育カリキュラムは、市内にある多様な保育施設における標準カリキュラムとしての性質をもつものであるため、保育の計画の根拠となっているのは一般的な発達の姿であり、そこから「ねらい」「保育内容」「保育者の関わり」が構想されている点に特徴があります。

5.　全体的な計画の作成原理

全体的な計画は、その園の保育の基本的な考え方を示したものであり、

園の保育を方向づけるものになります。各園に勤務する保育者は自園の全体的な計画について深く理解することが求められます。また、その改訂にあたっては、園長を中心としながらすべての保育者が協力して作成することが基本となるため、一人ひとりの保育者が主体的にその作成に関わることが重要になります。

　そのためにも、まずは、このレッスンで触れた作成原理を理解したうえで、各園における全体的な計画を「読み解く」ことを大切にしていきましょう。さまざまな園の全体的な計画をみることは、多様な保育実践のありようとその背景にある各園の保育者としての重みを理解することにつながります。どのように子どもの姿や園が所在する地域の課題、現在の子どもの育ちをめぐる課題等をとらえているのか、その課題を受けてどのような子どもの姿を実現しようとしているのか、そのためにどのような保育内容を大切にし、どのような保育者の関わりを大切にしているのか、を読み取っていきましょう。そのうえで、自分であったら、この園でどのようなねらいを考え、どのような保育内容を大切にし、どのような関わりを大切にするのかを考えてみましょう。こうした姿勢が、保育者集団で協力しながら、主体的に園の保育をつくり出せる保育者としての姿勢につながります。

演 習 課 題

①園のホームページ等を通じて、さまざまな園の全体的な計画の実際に触れてみましょう。そのなかで、各園が大切にしていることの内容とその背景を考えてみましょう。

②複数の園のホームページ等を通じて、全体的な計画の内容として何が書かれているのかを整理してみましょう。また、各項目の記述の特徴について理解しましょう。

③自身が関わっている園・地域の子どもの課題は何か、現代を生きる子どもたちが抱える課題は何かを考え、自分ならば、この園でどのようなねらいを考え、どのような保育内容を大切にし、どのような関わりを大切にするかを考えてみましょう。

長期指導計画の作成

このレッスンでは、年間指導計画・期の指導計画・月の指導計画などの長期的な視野に立って保育を見通す計画（長期指導計画）の作成原理について学びます。長期指導計画作成における「子ども理解→ねらい→活動内容→保育者の関わり」の考え方を、計画作成の視点や指導計画作成原理の2つのタイプを踏まえながら学びましょう。

1. 長期指導計画とは

1 長期指導計画の3つの種類

長期指導計画は、長期的な視野で保育を見通した計画であるといえます。一般的には、①1年間の保育を見通した「年間指導計画」、②子どもの育ちの姿から1年間をいくつかの期に分け、その期における保育を見通した「期の指導計画」、③4月から翌年3月までの各月の保育を見通した「月の指導計画」の3種類が「長期指導計画」とされます。

この3種類の計画ですが、園によってその作成状況は異なります。基本的には、「年間指導計画」に基づいて「期の指導計画」が作成され、「期の指導計画」に基づいて「月の指導計画」が作成され、「月の指導計画」に基づいて短期指導計画が作成されるという流れが原則です。しかし、「期の指導計画」と「月の指導計画」のどちらか1つを選択して作成している園も多くみられます。

2 長期指導計画作成を貫く視点：活動と関係の視点

長期指導計画の作成にあたっても、レッスン5でみた「子ども理解→ねらい→保育内容→保育者の関わり」の一連の手続きでの検討が基本になります。

その際、この4つのステップにおいて一貫した視点をもつことは重要です。そのことで、より明確な根拠をもって保育内容や保育者の関わりを検討することが可能となり、作成された計画に基づいて行われる具体的な「保育者の関わり」が子どもにとって意味のあるものになることにつながるからです。

ここでは、この一貫した視点として、「活動」と「関係」という視点から考えてみましょう。子どもたちは遊びや生活などの「活動」のなか

◆ 補足

期の分け方について
一般的には3〜5期程度だが、数や時期の設定は園によって異なる。

で発達に必要な経験をし、「関係」をとおして社会性や自尊感情を育てていきます。その意味で「活動」と「関係」の視点は、保育をとらえる基本的視点だといえるでしょう。

玉置は「活動」と「関係」の視点について次のように述べています。「『活動』の視点とは、実際に行っている活動（どのように活動しているのか）と、そのとき子どもの内面に生じていること（活動への興味・関心、感じている面白さ・楽しさ、認識やイメージなど）をとらえることです。『関係』の視点とは、実際の人との関わりの姿（どのように人と関わっているのか）と、そのとき子どもの内面に生じていること（自己認識や他者認識、公平や平等などの理解など）をとらえることです[†1]。

この「活動」と「関係」の視点を「子ども理解→ねらい→保育内容→保育者の関わり」の4つのステップを貫く視点としてとらえれば、図表7-1のような視点が得られます。

図表7-1に示されている「活動」と「関係」の一貫した視点をもつ

▶出典
†1　玉置哲淳『指導計画の考え方とその編成方法』北大路書房、2008年、27頁

図表7-1 保育の計画の4つの視点と「活動」と「関係」の視点

	活動の視点	関係の視点
子ども理解	・活動への取り組みの現状の理解 ↓ ・興味・関心の現状の理解 ・面白さ・楽しさ・喜びの現状の理解 ・知識・イメージ・認識の現状の理解	・人との関わりの現状の理解 ↓ ・自分に対する見方（自尊感情・自信など）の現状の理解 ・友だちに対する見方（よいところへの気づき、友だちの感情理解など）の現状の理解 ・公平・平等の理解、道徳性などの現状の理解
ねらい	・活動に必要な操作の経験や獲得（やり方の取得） ・活動に必要な知識・イメージの獲得（ルールの理解・発達に必要な経験の獲得など） ・興味・関心の広がりと深まり ・面白さ・楽しさの獲得や体感	・社会的スキルの獲得 ・他者との関わりの経験 ・自尊感情や自信の育ち ・友だちへの見方の育ち、感情理解の力の育ち ・公平・平等の理解、道徳性の育ち
保育内容	・子どもの興味・関心を広げ・深めるための活動内容 ・子どもの面白さ・楽しさ・喜びを広げ・深めるための活動内容 ・知識・イメージ・認識を広げ・深めるための活動内容	・人との関わりの力を獲得することに適した活動内容 ・自尊感情や自信が育つことに適した活動内容 ・友だちへの見方を肯定的なものにし、感情理解のきっかけとなる活動内容 ・公平・平等・道徳性の育ちに寄与する活動内容
保育者の関わり	・活動に必要な操作の経験や獲得（やり方の取得）のための関わり ・活動に必要な知識・イメージの獲得（ルールの理解、発達に必要な経験の獲得）のための関わり ・活動目的（面白さ・楽しさ・喜び）の獲得や体感のための関わり	・社会的スキルの獲得や他者との関わりの経験のための関わり ・自己の育ちのための関わり（自信をもつ、自尊感情を高める、主体性を育てるための関わりなど） ・他者認識の変容のための関わり（友だちのよいところに気づく、友だちの気持ちを理解するための関わり） ・道徳性・人権感覚などの獲得のための関わり

ことで、「子ども理解」と「ねらい」に基づいた「活動内容」の選択と「保育者の関わり」を想定することが可能になります。

2.　長期指導計画の作成原理の2つのタイプ

長期指導計画には、「園としての保育の見通し型」と「クラス運営計画型」の2つのタイプがあります。

1 「園としての保育の見通し型」の長期指導計画
：園としての保育の方向性を示す

「園としての保育の見通し型」の長期指導計画とは、「わが園では、○歳児の○月にはこのようなねらい、このような保育内容で保育を展開する」という方針を示した計画です。図表7-2、7-3がこれにあたります。

このタイプの長期指導計画を作成している園では、たとえば4歳児のクラスが3クラスある場合、3クラスともに同じ計画が適用されます。このタイプの計画は、園の職員全体、あるいはその年齢を担当している保育者全体で話し合って計画が作成され、4月に新年度を迎える時点で、年間すべての計画がすでに作成されている状態になっています。

「園としての保育の見通し型」の長期指導計画は、保育の見通しが立てやすいことや、すべての子どもに対して経験内容が保障されるなどのメリットがあります。しかしながら、子どもの多様な姿に臨機応変に対応するのが難しいこと、具体的な活動が示されているがゆえに保育者主導の保育になる危険性や、子どもの実態とは関係なく指導計画に書かれた活動を予定通りに「こなしていく」だけの保育に陥る危険性があるというデメリットがあります。

2 「クラス運営計画型」の長期指導計画
：眼の前の「この子たちをどう育てるか」を考える

「クラス運営計画型」の長期指導計画とは、各クラスの子どもの姿の理解をもとに、「このクラスの子どもたちにどのように育ってほしいか」を考えて作成される指導計画です。図表7-4がこれにあたります。

各クラスの実態を踏まえて作成される計画であるため、同年齢に複数のクラスがあっても、それぞれのクラスで異なる計画が作成されます。このタイプの計画は、各クラスの担任が中心となって作成されます。ク

ラスの子どもたちの実態を踏まえて作成される計画であるため、年間指導計画の場合は、年間の保育がスタートした4・5月の子どもたちの姿の理解をもとに、期や月の指導計画の場合は、前の期・月の子どもたちの姿の理解をもとに計画が作成されます。

「クラス運営計画型」の長期指導計画は、子ども一人ひとりの特性や、クラス集団の特性に対応した保育の見通しが立てられるというメリットがあります。特に、遊びの面白さに出会えていない、仲間関係のなかで困りごとを抱えているなどの「しんどい」位置にいる子どもの育ちを見通しやすいという積極的な意義があります。しかし、保育者が十分に意識をしておかないと子どもの経験内容や発達の保障が難しくなるという可能性もあり、保育者の子ども理解や保育の見通しに関わる力が求められるため、保育者の力量によって子どもの育ちが左右されるという難しさもあります。

3 園によって異なる2つのタイプの長期指導計画の適用範囲

「園としての保育の見通し型」と「クラス運営計画型」の長期指導計画は、園によって適用範囲が異なります。年・期・月のすべてを「園としての保育の見通し型」として作成する園もありますし、年・期・月のすべてを「クラス運営計画」として作成する園もあります。年間指導計画は「園としての保育の計画」で、期・月の指導計画は「クラス運営計画」として作成する園もあります。なかには、両方のタイプを併用している（2種類の年間指導計画・期や月の指導計画を作成している）園もあります。園によってその適用のしかたは異なりますが、それぞれのタイプのメリット・デメリットを念頭に置いて、実践する必要があります。

では次に、長期指導計画の作成原理を、年間指導計画と期・月の指導計画に分けて考えていきましょう。そのなかで、「園としての保育の見通し型」と「クラス運営計画型」の違いについても言及していきます。

3. 年間指導計画の作成原理

1 年間指導計画における「子ども理解」

年間指導計画の作成においても、「子どもの現実から保育は始まる」ことが基本になります。ただし、「園としての保育の見通し型」と「クラス運営計画型」では、子ども理解の方法が異なります。

図表 7-2　年間指導計画例（B幼稚園）

教育目標	・幼稚園に慣れ、喜んで登園する	
発達の節	1 期（4、5 月頃）	2 期（5〜10月頃）
幼児の姿	・家庭で生活していた子ども、数名ではあるが、満3歳児からの進級児もいる。幼稚園での新しい生活に戸惑いをみせながらも、生活の流れが少しずつわかり心身ともに落ち着き、安心して過ごせるようになってくる。 ・自分の思いや要求が一人ひとりの方法で表出できるようになり、園で過ごすなかで自分の心地よい場が増えてくる。 ・年長児に手伝ってもらいながら、身の回りのことがだんだんと一人でもできてくるようになる。	・幼稚園での生活に慣れ、自分の思いをそれぞれに表現できるようになってきている。周りの友だちにも気づき始め、保育者を仲立ちにしながら意識し合って過ごせるようになってくる。 ・集団で生活するなかで順番があることに気づいたり、約束があることがわかってきている。また遊びのなかでの約束が少しずつ身についてきている。 ・基本的生活習慣の自立は個人差が大きい。
ねらい	・幼稚園での生活の流れがわかる。 ・保育者に親しみをもつ。 ・自分の好きな遊びをみつけて遊ぶ。 ・身近な小動物や草花を見たり触れたりする。	・身の回りのことを自分でしようとする。 ・保育者や友だちに親しみ、一緒に遊ぶ。 ・夏の遊びを楽しむ。 ・身近な小動物や草花に関心をもつ。
内容	・保育者や友だちと一緒に生活しながら、話したり触れ合ったりして親しみをもつ。 ・自分の気に入った遊具や遊びをみつけて遊ぶ。 ・先生や年長児と一緒に自分のできる身の回りの始末をする。 ・排泄、手洗い、うがい、靴の履き替えなど基本的生活習慣のしかたを知る。	・保育者や友だちと一緒に活動を楽しみながら、園の生活の流れがわかるようになる。 ・身の回りのことを自分でしようとする。 ・同じ場や遊具で遊んでいる友だちに気づき、親しみをもつ。 ・集団生活における約束に気づく。 ・水、砂、泥などを全身で感じながら遊ぶ。 ・身近な動植物に親しみや関心をもつ。
環境構成・保育者の援助	・年長の担任と連絡を取り合い、触れ合ったり、着替えや片づけのしかたを伝えたりできるよう、時間や手伝う内容を話し合ったりしておく。 ・家庭的な雰囲気を残しながらも幼稚園ならではの遊びができる環境を整える。 ・個人のマークなどを用いて、一人ひとりの安心できる場所や空間の確保に心がけ、落ち着ける場がいつでももてるようにする。 ・一人ひとりの思いに寄り添える、余裕をもった活動時間を計画する。 ・満3歳児からの進級児はにこれまでの生活が感じられる生活の流れや遊具を用意し、落ち着ける要素の一つとなるようにする。	・遊びや生活の流れなどを一定にすることにより落ち着いてできること、また刺激を必要とすることなどを見極め対応する。 ・遊びや生活で、友だちと共同で使用する遊具や用具は、活動や時期に応じて数量を調節する。 ・夏の季節ならではの遊びの環境を整え、水の冷たさや心地よさ、泥や砂などを肌で感じていけるようにする。 ・熱中症、日射病などに十分留意し、休息や静的活動をタイミングよく取り入れる。 ・その時期に応じた、活動的な遊びを取り入れるようにする。 ・感じたことをさまざまな形で表現活動に取り入れられるよう、遊びの材料、用具を豊富に用意しておく。 ・一人ひとりの生活のペースに寄り添いながら、自分からやろうとする気持ちを育てていく。 ・集団参加については、個人差に十分配慮し、無理なくできる方法を考える。
家庭・地域との連携	・年間行事を知らせ、園活動への積極的な参加を呼びかける。 ・園での子どもの姿を折にふれ伝え、保護者の心の安心につなげる。 ・子どもが幼稚園の生活に慣れた時期をみて、親子分離に無理のない内容で保育参加を計画し、保護者に園の生活を見てもらう機会をもつ。 ・家庭訪問では、子どもが暮らしている地域の情報を把握しながら、保護者の話をゆっくり聞く機会となるように努める。	・園での昼食の様子を知らせ、食事の仕方（マナー、好き嫌い、箸の扱いなど）は一人ひとりに応じて、家庭と連携し進める。 ・夏期休業中は日々親子で触れ合う過ごし方など、保護者にも意識してもらうよう呼びかける。 ・夏期保育は季節ならではの遊びを中心に保育を行う。また、異年齢児との関わりも意識して活動できるようにする。

3期（10～12月頃）	4期（1～3月頃）
・幼稚園のことがわかり、行動範囲も広がりをみせる。生活や遊びのなかで、自分でできる自信もつきつつある。 ・好きな遊びのなかで気の合う友だちをみつけるようになる。2～3人で一緒に遊ぶ姿が見られる。 ・遊びの継続時間はあまり長くないが、言葉を使ってのコミュニケーションが円滑になってきている。それぞれが自分のイメージで遊びを変化させていくようになり、思いがぶつかり合ってトラブルになることがある。 ・友だちとの遊び、異年齢児の遊びに興味をもち、自分もやってみようとする姿がみられる。	・担任が側にいなくても、友だちと一緒に夢中になって遊ぶ姿がみられ始める。同じ遊びや活動を繰り返し楽しむようになる。 ・同じ思いを共有しながらも気持ちのぶつかる姿がみられる。 ・見立てたり、なりきって遊んだりする姿が増えてくる。 ・「自分でできる」「自分でしたい」という意欲的な姿がみられる。
・いろいろな遊びに興味をもち、保育者や友だちと関わりながら好きな遊びを楽しむ。 ・体を十分に動かして遊ぶことを楽しむ。 ・季節の移り変わりを感じ、自然物に触れて遊ぶ。	・自分の身の回りのことが一人でできるようになる。 ・保育者や友だちと一緒に好きな遊びを存分に楽しむ。 ・自分の気持ちを言葉で表現する。 ・進級への期待をもち、遊びや生活を楽しむ。 ・冬から春への季節の移り変わりを感じて過ごす。
・進んで戸外に出て体を動かして遊ぶ。 ・保育者や友だちを誘い合って遊ぶ。 ・遊びの簡単な約束を守る。 ・身近な素材や自然物でつくったり描いたりして遊ぶ。 ・自然の移り変わりや事象に気づく。 ・思いや経験を表現することを心地よく感じる。	・気の合う友だちと一緒にいる心地よさを味わう。 ・体を動かし、のびのびと遊ぶ。 ・保育者と一緒に簡単な伝承遊びを楽しむ。 ・イメージをふくらませ、言葉や体で表現をして遊ぶ。 ・つくったり描いたりなど表現活動を楽しむ。 ・進級に期待をもって過ごす。 ・自然の変化を感じて遊ぶ。
・園庭の安全確認を日々行いながら、活動の内容を考慮し広い場の確保をし、遊具や用具の準備をする。 ・のびのびと体を動かせる環境を整え、場に応じた歌や曲を流し雰囲気を盛り上げるようにする。 ・身近な収穫物を集めたり並べたりなど、自然物を用いた遊びができるようにしておく。 ・自然の移り変わりや収穫物などは子どもの気づきを周囲に広めたり、ときには意図的に目にする機会をもったりする。 ・自己主張のぶつかり合いが目立つ時期なので、保育者が仲立ちとなることが必要である。担任だけでなく、園全体で協力し合って連携を取り合うようにする。 ・子どもの素朴な思いや見立てを受け止め、心から共感する。	・季節にちなんだ遊びや伝承遊びなど、簡単なルールのある遊びの一つとして環境を用意する。 ・物語のなかの登場人物になって遊んだり、イメージをもって遊んだりする姿を見守りながら、必要なものをつくったり、なりきって遊ぶ面白さを感じられるようにする。 ・年中児や年長児の活動に目を向ける機会をもち、憧れや期待の気持ちがふくらむよう、活動や生活の模倣を環境にも取り入れ、刺激となるようにする。 ・冬や春の兆しを感じる自然現象にも目を向けながら遊べるように、適切な機会をとらえる。
・友だちとの関わりに不安を感じる保護者には、経験の大切さや子ども同士の関わりの実際の姿を伝えていくようにする。また、園全体の保育者で見守っていく。 ・活動量の増加にともないけがもしやすいので、安全面への配慮は十分に行う。 ・行事の経験や活動の深まりにともない、一人ひとりの成長を具体的にとらえ保護者に伝えていく。	・薄着の大切さを知らせ、家庭でも意識しながら健康な体づくりを図るよう依頼する。 ・流行性疾病の状況を伝えていき、早期発見や予防に努めてもらうようにする。 ・進級に向けての生活や意識のもち方を具体的に伝えていく。

図表7-3 年間指導計画例（D市公立幼稚園）

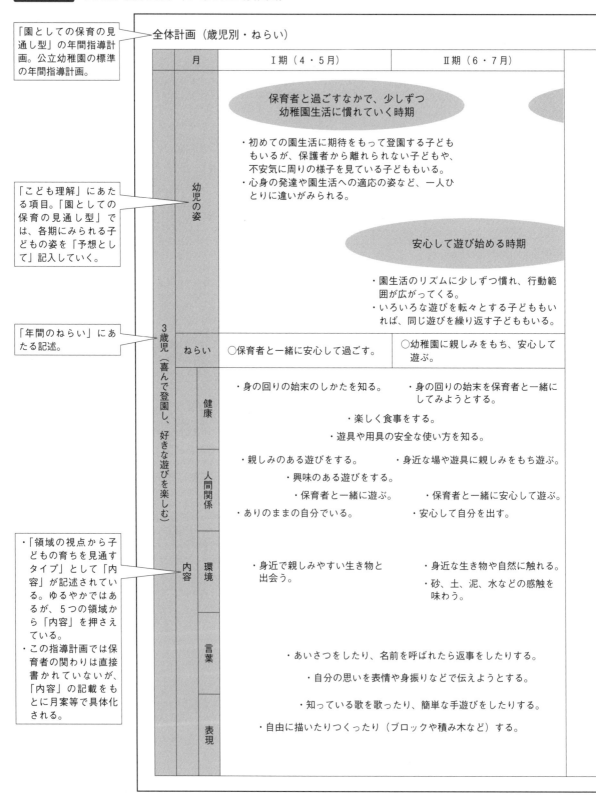

全体計画（歳児別・ねらい）

「園としての保育の見通し型」の年間指導計画。公立幼稚園の標準の年間指導計画。

「こども理解」にあたる項目。「園としての保育の見通し型」では、各期にみられる子どもの姿を「予想として」記入していく。

「年間のねらい」にあたる記述。

・「領域の視点から子どもの育ちを見通すタイプ」として「内容」が記述されている。ゆるやかではあるが、5つの領域から「内容」を押さえている。
・この指導計画では保育者の関わりは直接書かれていないが、「内容」の記載をもとに月案等で具体化される。

月		Ⅰ期（4・5月）	Ⅱ期（6・7月）
幼児の姿		保育者と過ごすなかで、少しずつ幼稚園生活に慣れていく時期 ・初めての園生活に期待をもって登園する子どももいるが、保護者から離れられない子どもや、不安気に周りの様子を見ている子どももいる。 ・心身の発達や園生活への適応の姿など、一人ひとりに違いがみられる。	安心して遊び始める時期 ・園生活のリズムに少しずつ慣れ、行動範囲が広がってくる。 ・いろいろな遊びを転々とする子どももいれば、同じ遊びを繰り返す子どももいる。
ねらい		○保育者と一緒に安心して過ごす。	○幼稚園に親しみをもち、安心して遊ぶ。
内容	健康	・身の回りの始末のしかたを知る。	・身の回りの始末を保育者と一緒にしてみようとする。
		・楽しく食事をする。	
		・遊具や用具の安全な使い方を知る。	
	人間関係	・親しみのある遊びをする。	・身近な場や遊具に親しみをもち遊ぶ。
		・興味のある遊びをする。	
		・保育者と一緒に遊ぶ。	・保育者と一緒に安心して遊ぶ。
		・ありのままの自分でいる。	・安心して自分を出す。
	環境	・身近で親しみやすい生き物と出会う。	・身近な生き物や自然に触れる。 ・砂、土、泥、水などの感触を味わう。
	言葉	・あいさつをしたり、名前を呼ばれたら返事をしたりする。	
		・自分の思いを表情や身振りなどで伝えようとする。	
		・知っている歌を歌ったり、簡単な手遊びをしたりする。	
	表現	・自由に描いたりつくったり（ブロックや積み木など）する。	

（3歳児（喜んで登園し、好きな遊びを楽しむ））

Ⅲ期（9・10月）	Ⅳ期（11・12月）	Ⅴ期（1・2・3月）

自分の好きな遊びをみつける時期

・夏休み明けには、久しぶりの登園を喜んでいる子どももいるが、遊びや園生活に戸惑い、不安な様子の子どももいる。
・友だちのことが気になり始める。
・体を動かす遊びに興味が向いてくる。

気の合う友だちができる時期

・友だちのすることを見てまねたり、友だちと一緒に活動したりすることを楽しむ。
・したいことや言いたいことを、自分なりに表現しようとする。
・4、5歳児に憧れの気持ちをもつ。

友だちにも関心が向き始める時期

・自分の好きな遊びを楽しむ。
・周囲の友だちに目を向け、友だちがしている遊びにも関心をもち、一緒に遊ぼうとする。

○自分からいろいろな遊び、人やものに目を向け楽しむ。	○友だちと同じ場で遊ぶ楽しさを感じる。	○保育者や気の合う友だちと一緒に好きな遊びを楽しむ。

・身の回りの始末を自分でしようとする。

・手順や意味を理解し、身の回りの始末を自分からする。

・生活のリズムを整える。

・冬の生活習慣を知る。

・体を動かして遊ぶ。

・使ったものを自分で片づける。

・いろいろな遊びに興味をもつ。

・保育者や友だちと好きな遊びをする。

・気の合う友だちと好きな遊びをする。

・したいことやしてほしいことなどを、自分なりに伝えようとする。

・保育者や友だちに自分から思いを伝えようとする。

・友だちと生活するなかで、いろいろな約束や決まりがあることを知る。

・身近な秋の自然物で遊ぶ。　・身近な材料や用具を使って遊ぶ。

・冬に向かう自然の変化を保育者と一緒に感じる。

・春の訪れを感じる。

・友だちとのやり取りを楽しみながら必要な言葉を知る。

・自分の言いたいことを話そうとする。

・保育者や友だちに自分の言いたいことを話す。

・リズム遊びや簡単な身体表現を楽しむ。

・簡単な楽器を鳴らして遊ぶ。

・好きなものになって遊んだり、自分なりに表現したりすることを楽しむ。

・絵本や紙芝居などを保育者に繰り返し読んでもらいながら、お話の世界に親しむ。

図表7-4　年間指導計画例（E保育所）

資料　年間指導計画（試案）（0・1・2・3・4・⑤歳）

クラスの現状ときめつけの姿

〈子どもの気になる姿〉

そら… 自由遊びのとき、遊ばずウロウロするか保育者に話しかけてくる。体で車になりきって走り回っている。誰も声をかけない。自慰行為をする。そら、ひでき、おうたといると、おうたに「そら、いれたれへん」と言われ、すねる。一人で樹の後ろに隠れたり保育者にくっついてくる。一人で布をかぶっておばけになり、他児にちょっかいをだす。ひでき、かずおはいきなり抱きつかれたので「やめて」と言う。

・よっちょれでそらが列からはみ出して踊っているのを見て、りき、つよしが「そらがちゃんとせーへん」「ふざけてた」「ちゃんとしーや」「かっこわるい」と言う。

・他児ともめたとき、自分の言いたいことが言いきれず、ひいてしまう。

▼リレーや対抗ゲームで、負けると失敗した子や走るのが遅い子のせいにして、責める。

> 「子ども理解」にあたる項目。「クラス運営計画型」では、実際の子どもの姿の理解を記入する。

クラス集団像

〈尊敬〉

1　「ふざけてる」「ちゃんとせーへん」と軽くみられているそらがいくつかの遊びに自信をもつ（どの子も）。レゴで車づくり、劇遊び、リレー。

2　そらの考え出したアイデアを周りの子が、面白いと感じ、一緒に実現していける（レストランごっこ、レゴでつくる）。

3　そらに対して否定的な（一方的な）声かけをしている子に、「そんな言い方されるのいやや」とそら自身言えるし、一緒に言ってくれる子がいる。

4　自分（たち）が役に立っていることを感じ、周りの人に認められている喜びを味わう（ごみ集め、きりん劇場）。

〈公平〉

5　ルールのある遊びで、順番やルール違反やずるい行為におかしいと言って、こうしようと提案する子がいる（鬼ごっこ）。

6　給食当番の仕事分担で、グループのなかでどの子もしたい仕事が言え、公平に調節する。どの子も仕事に自信をもち、グループで協力してやれたことを喜ぶ。

7　ルールのある遊びで、一方的な順番抜かしや順番決めを「ずるい」と主張する。

〈反偏見〉

8　そらを「ふざけてて、ちゃんとせーへん子」という決めつけた見方に、そら自身「やってるで、そんなん言われたくない」と言って、グループの子もそらのやり方や、やる気を認める（給食当番でそらに任せられる、がんばっていると認められる）。

9　グループ対抗リレーや、忍者の技磨きで、どうしたらグループで協力して走れるか考え、励まし合う。

10　障害のある子はクラスにはいないが、障害をもっている人（子）は何もできない、かわいそうと見るのはおかしいと感じ、喜びや悲しみ、困っていること、願いなどを絵本や劇を通して感じとる。

11　同和地区の差別にあってきた人々のことを知り、「同じ人間やのに、人間とちゃう」と否定されることに怒りを感じる。「人権まちづくりセンター保育所ってへんなの」とバカにされたときおかしいと感じ、「へんちゃうわ。さびしいときに声をかけてくれる友だちおるわ」と胸をはって言い返せる。

12　ごみ集めをしている人の仕事の大切さを感じる。自分たちのごみ集めの仕事に誇りをもつ。

13　人権絵本の読み聞かせやロールプレイや劇などの表現遊びをとおして、大人（保育者や親）と一緒に、差別につながる決めつけや偏見に対しておかしいと感じる。

> 「ねらい」にあたる項目。「期のねらい」では各時期のねらいを押さえている。具体的な子どもの名前や仲間関係に言及したねらいになっている点に着目してみよう。

	1期	2期	3期	4期
保護者の仲間づくり	親が保育者に子育てでの悩みを話せる関係になる。保育所の取り組みや子どもの姿に関心をもつ。	クラス懇談会やおたよりで、目指す子ども像や年間の保育計画を理解し、一緒にがんばっていこうという意識が高まる。	保育者が仲立ちになり、親同士、子育てでの悩みを話せる人ができる。	一人ひとりの子が尊敬されるように、差別や偏見等の人権問題を一緒に考えていける仲間ができ、つながっていく。
絵本の取り組み	『はらぺこあおむし』『忍者図鑑』など忍者の本	『のろまなローラー』『とんかちくんとのこぎりくん』『レストランドラゴンまる』『ドラゴンとあおいチョウのたび』『つるちゃん』	『3びきのオタマジャクシ』『ゴリラのパンやさん』『わたしの足は車いす』『はしれ！ウリくん』『みみずのかんたろう』『14の心をきいて』『あの子』『つるつる』	『地図から消された忍者村』（手作り）『たいこ』『きみの家にも牛がいる』
地域支援	誕生会に来た地域の親子に「きりん劇場」を見てもらったり、誕生児を紹介する。	地域の子どもたちと遊ぶのが楽しいと感じ、交流の日を楽しみに待つ。地域の人にきりん組の取り組みを知ってもらう。	「パンダグループ」と交流する。地域の子と一緒にゲームを楽しんだり、楽しめるように補助する。	地域の人に保育所の年長児としての育ちを感じてもらう。

期のねらい		主な活動の内容（養護・健康・人間関係・環境・言語・表現・食育）	
		生活	遊び
1段階 期4～5月	●どの子も好きな遊びがあり、保育者や友だちと遊ぶのが面白い。 ●どの子も一つは得意な遊びがあり、自信をもっている。 ●一人ひとり得意な忍者ポーズや走り、歩きがあり、自信をもつ。 ●どの子も当番の仕事で好きな仕事がある。	▼グループ当番 ・皆で決めた仕事をグループで分担してする。 ・グループでも一人ひとりがやりたい仕事をする。サボっている子もいる。 ▼誕生会 ・自分のクラスだけでなく、他クラスの誕生児も祝ってあげる。 ・きりん劇場、誕生児紹介。	●しっぽ取り（ルールのある鬼ごっこ） ・しっぽを取られたらアウトのルールがわかる。 ・しっぽを取られないように逃げることを楽しむ。 ▼忍者ごっこ ・忍者になりきる、ポーズを考える、忍者走り、忍者歩き。 ■きりん劇場『はらぺこあおむし』 ・どの子も青虫や蝶に変身するのが面白い。 ◆レストランごっこ ・ごちそうをつくる。役になるのが面白い。 ＊造形遊び（レゴ）立体的につくる。 ・自分がつくろうとイメージしたものを自慢する。
2段階 期7～9月	●そらの面白いところや、得意なことがわかる子がグループにいて一緒に誘い合って遊ぶ。 ●そらの思いを相手に伝えようとする（保育者の援助のもとで）。 ●グループ当番で仕事を分担するときに、やりたい仕事が言える。 ●忍者の世界を深め、グループで術を考えたり、屋敷づくりを楽しむ。	▼グループ当番 ・保育者の声かけでグループで声をかけ合ってしていく。 ・他クラスのために仕事をする（ゴミ集め、午睡シートたたみなど）。	●役割交替のある鬼ごっこ ・決まった範囲のなかで鬼に追われるスリルを楽しむ。 ▼忍者ごっこ ・グループの技磨き（忍者のイメージをつくり上げ楽しむ。忍者の得意なことを教え合う）。 ■きりん劇場 『のろまなローラー』『とんかちくんとのこぎりくん』『レストランドラゴンまる』 ・「きめつけられている子（否定的にみられている子）」の面白さを感じられる。 ◆レストランごっこ ・関わりのある面白さ（コック、ウエイトレス）。 ＊友だちと合体させたり、友だちのつくったものを取り込む。
3段階 期10～12月	●ルールのある遊びで、グループの子と協力することが楽しくなるなかで、ルール違反や鬼決めで、公平でないことに気づき、おかしいと言える子がいる。 ●リレーや「ことろことろ」の鬼ごっこで、並ぶ順番を勝手に決められることに、おかしいと言える子がいる。 ●運動会でのグループの取り組みやリレーで負けたことを人のせいにして責める行為をおかしいと言える子がいる。人数の違いに気づき、公平に調節しようとする。また、子どもだけでももめごとを解決しようとする。 ●グループで忍者の技磨きを協力し、どうしたらうまくいくか、具体的に「こうしよう」と相談して決め、練習し合う。できたことをグループで喜び合い、自信をつける。 ●そらの言いたいことや怒り（はぎしり）が出せ、一緒に言ってくれる子がいる。	▼グループ当番 ・グループのなかで仕事を分担し合ってやりきる。 ▼誕生会 ・自分たちで考えて保育所の行事を盛り上げる（誕生会、お楽しみ会、クッキング）。	●グループ対抗鬼ごっこ たすけ鬼、ことろことろ。 ・チーム同士の競い合いのスリルを楽しむ。 ・勝つためにグループの子と協力するのが面白い。 ▼忍者ごっこ ・ストーリーをつくり表現するのが面白い。 ■きりん劇場 『3びきのオタマジャクシ』『ゴリラのパンやさん』『わたしの足は車いす』 ・人権絵本の大切さ（命の大切さ、外見や障害者への偏見）。 ◆グループでのレストランごっこ ・状況をつくり出すのが面白い。役割交替。 ＊グループの共同 ・3～4人でゲームを楽しむ。 ・オセロ、トランプ、すごろく。
4段階 期1～3月	クラス集団像と同じ。	▼グループ当番 ・そらが張り切って仕事をやりきり、周りの子が認める。	●グループ対抗鬼ごっこ ジャンケンたすけ鬼、ことろことろ。 ・グループで勝つために戦略を考えて遊ぶ。 ▼忍者ごっこ（忍者の世界の広がり） ・立派な忍者の約束を自分たち（グループ）でつくる。 ・『地図から消された忍者村』の劇（創作絵本、同和問題）。 ・生活発表会。 ◆グループでのレストランごっこ ・グループで本当らしさを追求して遊んでいく。

①「園としての保育の見通し型」の年間指導計画における「子ども理解」

「園としての保育の見通し型」の年間指導計画における子ども理解は、「これまでの自園の保育のなかでみられた各年齢の全般的な子どもたちの姿の傾向」として行われます。この際、年間指導計画における「各期」において、その期にみられる子どもの姿を「予想して」記入していきます。

②「クラス運営計画型」の年間指導計画における「子ども理解」

「クラス運営計画型」の年間指導計画における「子ども理解」は、「目の前の子どもたちの姿」を根拠として行われます。そして、指導計画は、このクラスの子どもたちをどのように育てるのかという問題意識からつくられます。たとえば、年間指導計画の場合は「4月の子どもたちの姿」をもとにして計画が作成されます。具体的な子どもの姿に基づいて作成される計画であるため、4月時点での子どもたちの姿を（場合によっては具体的な子どもの名前も含めて）整理し、クラスの仲間関係にみられる課題や遊びや生活の姿のなかにある課題を明らかにしていきます（ただし、実際の子どもの姿の理解を記入するので、「園としての保育の見通し型」にみられるような、1年間の各期の幼児の姿を「予想して」記入することは行いません）。

2　年間指導計画作成における「ねらい」の設定

年間指導計画の作成における「ねらい」は、「年度の終わりにどのような育ちを実現したいのか」という年間の保育のゴールを示したねらいと、そこに至るプロセスのなかで「各期においてどのような育ちを実現していくのか」というスモールステップを示したねらいの2つのレベルで設定されます。「園としての保育の見通し型」の年間指導計画と「クラス運営計画型」の年間指導計画では、設定の原理が異なります。

①「園としての保育の見通し型」の年間指導計画における「ねらい」の設定

「園としての保育の見通し型」の年間指導計画の場合、**年間の保育のゴールを示したねらい**は、園として「○歳児ではこのような育ちを実現したい」と考えたことが「ねらい」として示されます。こうしたねらいは、「これまでの自園の保育のなかでみられた各年齢の全般的な子どもたちの姿の傾向」という形で行われた子ども理解に基づいて設定されます。また、各期のスモールステップを示したねらいについては、年間のねらいとして設定された姿に至る道筋と予想として記入された「各期の

補足
年間のねらい
年間のねらいは、1年間をかけてしだいに達成に向かっていくものである。そのためにも、1年間の最終段階のねらいに至るまでに、1年間の各時期にどのような育ちを積み上げていくのかを見通すこと（スモールステップを考えること）が重要になる。

88

子どもの姿」を関連づけながら設定されます。

②「クラス運営計画型」の年間指導計画における「ねらい」の設定

　「クラス運営計画型」の年間指導計画では、年間の保育のゴールを示したねらいは、年度当初の子ども理解に基づく「目指すクラス集団の姿」として設定されます。ここでは、クラスの保育課題を克服した姿としてねらいが設定されますが、具体的な子どもの姿や子ども同士の関係の姿を（場合によっては、具体的な子どもの名前が想起できるような方法で記述することも含めて）想定することがポイントになりますが、この「目指すクラス集団像」の想定は、そこに至る保育のプロセスを方向づけるものであるため、きわめて重要になります。各期のスモールステップを示したねらいは、「目指す集団像」に向けて、どのような積み上げが必要かという観点から設定されます。

3　年間指導計画作成における「内容」の設定

　年間指導計画における「内容」の設定については、「園としての保育の見通し型」と「クラス運営計画型」の違いによって、その構成原理が異なるだけでなく、「内容」の示し方にいくつかのタイプがあります。以下でまず、「内容」の示し方をみたうえで、「園としての保育の見通し型」と「クラス運営計画型」の違いによる「内容」の設定の違いについて概観します。

①年間指導計画における「内容」の示し方

　年間指導計画における「内容」の示し方は、主として「領域の視点からの内容を示すタイプ」「具体的な活動を想定するタイプ」「大きな経験の方向性を示すタイプ」に大別できます。

　1つ目のタイプは、領域の視点から子どもの育ちを見通すタイプで、子どもの姿の予想に基づいて、各期の「経験内容」を領域の視点から明らかにする形で計画がつくられています。図表7－3がこれにあたります。このような領域の視点から子どもの育ちを見通すタイプの年間指導計画は、子どもの経験内容や保育者の関わりのポイントを偏りなく見通せるというメリットがあります。しかしながら、どのような活動を通じてここに示されたような経験を積み重ねるかが明確でないため、具体的な保育の姿が見通しにくいというデメリットがあります。そのため、領域の視点と活動の視点をいかにつなぐかという点が、計画作成上のポイントとなります。期・月の指導計画レベルで活動内容に結びつけて理解することが必要になります。

　2つ目のタイプは、子どもの活動の発展の道筋から子どもの育ちを見

通すタイプです。図表 7 - 4 がこれにあたります。このタイプの年間指導計画は、遊びや生活といった具体的な活動が 1 年間でどのように発達していくのかを考えているという点で、より具体的に保育の姿を見通すことが可能になるというメリットがあります。しかしながら、先述したように指導計画に書かれた活動を予定通りに「こなしていく」だけの保育に陥る危険があり、子どもたちに何を育てようとしているのかがみえなくなったり、一人ひとりの発達の特性を無視した保育実践に陥る危険があります。こうした事態を招かないためにも、保育者は一人ひとりの子どもの実態を把握し、計画された活動内容や展開を子どもの実態に合ったものにしていく必要があります。

　3 つ目の「大きな経験の方向性を示すタイプ」は、図表 7 - 2 にあたります。領域の視点や活動の視点を生かしながら、具体的な活動名を出すのではなく、活動をとらえる大きなポイント（たとえば、友だちと協力しながら集団ゲームをする、夏の植物や生き物に興味をもって関わるなどの経験の方向性を示すような記述）を示すことで、より柔軟に活動内容を子どもたちとともにつくり上げられるように記載していきます。この方法は、柔軟性をもちながら活動の方向づけができるという点にメリットがありますが、経験の偏りが起こる可能性があるため、保育者が子どもの発達を多面的にとらえる視点をもって指導計画を作成する必要があります。

　上記の 3 つの方法は、それぞれにメリットとデメリットがありますので、それぞれの方法の特質を理解した取り扱いが必要になります。

②「園としての保育の見通し型」の年間指導計画における「内容」の設定

　「園としての保育の見通し型」の年間指導計画では、「内容」は、「この園の保育として、この時期に、このような子どもの経験や保育内容を」という視点から設定されます。ここでの「内容」の示し方は、「領域の視点」から示す方法、「具体的な活動」として示す方法、「経験の方向性として」示す方法など、園によってさまざまな方法で示されます。「園としての保育の見通し型」の年間指導計画では、子どもたちの経験の保障を重視するため、「内容」の設定は重要になります。

③「クラス運営計画型」の年間指導計画における「内容」の設定

　「クラス運営計画型」の年間指導計画においては、「内容」は、「目指すクラス集団の姿を実現するためにどのような内容（活動）を行うのか」という視点から設定されます。具体的に考えてみましょう。

　たとえば、「クラスのなかに力関係がはっきりとあり、いつも提案が通って思いどおりに遊びを展開している A ちゃんと、遊びのなかでの

提案が受容されることがほとんどなく、いつもAちゃんに言われるがままで遊んでいるBちゃん」という姿がみられ、「強く主張する人に流される雰囲気がある」というクラスの課題が見出されているとします。

　保育者は、こうした姿を踏まえ、「お互いの意見を受け止め合い、公平な関係でAちゃんとBちゃんが遊べるようになる」ことを「目指すクラス集団の姿」（ねらい）として設定しています。

　では、こうしたねらいを達成するためには、どのような遊びを選択する必要があるでしょうか。少なくとも「お互いが意見や提案を出し合えるような遊び」を「内容」として設定する必要があります。意見や提案を出し合える遊びとしては、ごっこ遊びや砂場での山づくりや川づくりなど、多様に考えられます。そうした遊びのなかから、AちゃんやBちゃんの遊びの興味や関心を踏まえ、特にBちゃんが自信をもって自分の意見や提案が出せそうな遊びを「内容」として位置づけていくことで、目指すクラス集団を実現することにつながる活動が計画のなかに位置づいてきます。

　このように考えると、「クラス運営計画型」の年間指導計画においては、「内容」はより具体的である必要があり、「具体的な活動」として示すか、活動の方向性がより明確になるような形での「経験の方向性」として示すか、どちらかの方法で設定されることになります。

■ 4 ▶ 年間指導計画における「保育者の関わり」の検討

　年間指導計画の場合、「保育者の関わり」は、指導・援助や環境構成の大きな方向性を示すことになります。具体的な関わりの方向性については、図表7-1に示された内容を踏まえたものになりますが、「園としての保育の見通し型」と「クラス運営計画型」では、具体性のレベルで下記のような違いがあります。

① 「園としての保育の見通し型」の年間指導計画における「保育者の関わり」の設定

　「園としての保育の見通し型」の年間指導計画の場合、「保育者の関わり」は、各時期における「内容」を通して「ねらい」を達成するために行うべき指導・援助や環境構成の基本方針を示すことになります。

② 「クラス運営計画型」の年間指導計画における「保育者の関わり」の設定

　「クラス運営計画型」の年間指導計画の場合、「保育者の関わり」は、具体的な子どもの姿やクラスの課題を踏まえて設定された「ねらい」を達成するためにどのような指導・援助や環境構成を行うのか、という観

点から記入されます。そのため、子ども同士の関係性を育てるための関わり、遊びを育てるための関わりを、一人ひとりの子どもの姿を想定しながら、より具体的に想定していく必要があります。

　以上、年間指導計画の作成原理を「園としての保育の見通し型」の年間指導計画と「クラス運営計画型」の年間指導計画の２つのタイプを念頭に検討してきました。では次に、年間指導計画をより具体化した「中間の」計画ともいえる「期・月の指導計画」の作成原理を、同様のタイプを念頭に検討していきましょう。

4.　期・月の指導計画の作成原理

1 ▶ 期・月の指導計画と２つのタイプ

　期・月の指導計画においても、「園としての保育の見通し型」の指導計画と「クラス運営計画型」の指導計画の２つのタイプが存在します。ただし、これは必ずしも年間指導計画と同様のタイプになるとは限りません。年間指導計画が「クラス運営計画型」であった場合は、期・月の指導計画も「クラス運営計画型」になりますが、年間指導計画も期・月の指導計画も「園としての保育の見通し型」の場合もあれば、年間指導計画は「園としての保育の見通し型」で、期・月の指導計画は「クラス運営計画型」の場合もあります。保育の計画は、どこかのタイミングで「クラスの子どもの姿を踏まえた計画」に移行していくことが求められますが（短期指導計画は、基本的には「クラスの子どもの姿を踏まえた計画」である必要があります）、その移行のタイミングが、「年間指導計画」からなのか、「期・月の指導計画」からなのか、「週や日の指導計画」からなのかが園によって異なるということです。

　「園としての保育の見通し型」の期・月の指導計画は、その年度の保育が始まるまでのタイミングでつくられていることも多くあります。一方、「クラス運営計画型」の期・月の指導計画の場合、対象となる期・月の「前の」期・月の子どもの姿を踏まえて計画が作成されますので、期の指導計画の場合は前の期の最終時期に、月の指導計画の場合は前の月の後半（たとえば、７月の指導計画は６月後半）に計画が作成されます。

2 ▶ 期・月の指導計画における「子ども理解」

①「園としての保育の見通し型」の期・月の指導計画における「子ども理解」

「園としての保育の見通し型」の期・月の指導計画における子ども理解は、年間指導計画と同様に「これまでの自園の保育のなかでみられた各年齢の全般的な子どもたちの姿の傾向」を手がかりに、その期・月の子どもの姿を「予想して」記入していく形で行われます。

②「クラス運営計画型」の期・月の指導計画における「子ども理解」

「クラス運営計画型」の期・月の指導計画における「子ども理解」は、遊びや生活のなかでの一人ひとりの子どもの姿の理解を踏まえ、個別の子どもの姿とクラス全体の姿を具体的にとらえていきます。そのうえで、目指すクラス集団の姿に向かっての1年間の集団づくりの見通しを踏まえ、「いま、どのように子どもたちが育ってきているのか」という現在地を、前の期や月の子どもたちの姿からとらえていきます。

3 ▶ 期・月の指導計画における「ねらい」の設定

期・月の指導計画における「ねらい」の設定は、年間指導計画に記入された各期のねらいよりも具体的に、その月に行われる保育に即した形で記入されます。

①「園としての保育の見通し型」の期・月の指導計画における「ねらい」の設定

「園としての保育の見通し型」の期・月の指導計画における「ねらい」の設定は、園としてその期・月に取り組みたい保育内容や、その時期に育ってくる関係性の育ちをもとに設定されます。

②「クラス運営計画型」の期・月の指導計画における「ねらい」の設定

「クラス運営計画型」の期・月の指導計画における「ねらい」は、子ども理解の際にとらえた「現在地」をもとに、「いま、この時期に育てたいこと」を検討する形で設定されます。その際、できる限り具体的に子どもの姿を踏まえたねらいを設定することが求められます。

4 ▶ 期・月の指導計画における「内容」の設定

期・月の指導計画における「内容」の設定は、より具体的な活動の見通しとして立てられることが一般的です。領域の視点からの経験内容を記載する場合もありますが、そこにとどまらず、具体的な活動（遊び・生活の内容）を想定することで、より具体的な保育の見通しとすることが求められます。

　期・月の指導計画で「内容」を設定する際には、その活動は「子ども
の主体的な活動として実施されるもの」として設定されるのか、「保育
者が主導して指導する活動として実施されるもの」として設定されるの
か、「子どもと保育者が共同してつくり上げていく活動として実施され
るもの」として設定されるのかを考える必要があります。言い換えれば
「活動のイニシアティブ」をとるのは誰なのかを考えるということにな
りますが、上記の 3 つのイニシアティブのあり方は、それぞれに意味が
ありますので、子どもの状況に応じたイニシアティブを選択する必要が
あります。

　ここで重要なのは、「内容」が単なる「活動のリスト」にならないこ
とです。保育者自身が、記入された活動のなかで子どもたちが感じる
「面白さ・楽しさ・喜び」は何か、どのような人との関わりを経験でき
るのか、どのような発達に必要な経験ができるのかを意識する必要があ
ります。このとき、クラスの子どもたちが感じている面白さ・楽しさ・
喜びの「幅」を念頭に置くことは重要です。同じ遊びであっても、子ど
もたちが感じている面白さ・楽しさ・喜びは一人ひとり異なっています
し、同じ生活行動でも一人ひとりの子どもが感じている意味や喜びは異
なります。保育者は、子どもたち一人ひとりの状況を理解し、それに応
じた関わりを行うことが必要になります。こうしたことを可能にするた
めにも、レッスン 5 で触れたように活動の内容をよく知ること（活動
分析をすること）が前提となります。活動のなかで感じることができる
「面白さ・楽しさ・喜び」、活動に含まれている「発達に必要な経験」を
保育者が多様に理解しておくことで、一人ひとりの子どもに沿った関わ
りが可能になるのです。

　こうした個別性を含んだ内容は、本来的には指導計画のなかに記入さ
れるべきですが、実際の指導計画への記載は難しい場合があります。し
かし、（期・月の指導計画にはその内容を記入していなくとも）少なく
とも保育者の頭のなかでは、こうした多様な子どもの姿を踏まえた見通
しをもち、一人ひとりの子どもに応じた関わりを想定しておく必要があ
ります。

①「園としての保育の見通し型」の期・月の指導計画における「内容」の設定

　「園としての保育の見通し型」の期・月の指導計画における「内容」
の設定は、園としてその期・月に取り組みたい保育内容をもとに設定さ
れます。年間指導計画に示された活動の概要をもとに、より具体的な
保育内容を設定することになります。このとき、年間指導計画におけ

る「内容」の記載が「領域の視点」あるいは「大きな経験の方向性」として示されている場合、その記述内容をもとに、具体的な活動内容を設定する必要があります。「領域の視点」や「大きな経験の方向性」として示された経験の内容は、どのような活動によって経験できるのかを考え、具体的な活動内容を設定する必要があります。この判断にあたっても、レッスン5で述べた活動分析の視点を生かすことで、領域の視点や経験の内容と具体的な活動内容を結びつけることが可能になります。

②「クラス運営計画型」の期・月の指導計画における「内容」の設定

「クラス運営計画型」の期・月の指導計画における「内容」は、子ども理解の際にとらえた活動の発展の「現在地」をもとに、「いま、どのような活動を行うのか」を検討する形で設定されます。その際、子どもたち一人ひとりの活動の多様性を念頭に置き、一人ひとりの子どもの活動の現在地を踏まえて、具体的な活動内容を設定していきます。

5　期・月の指導計画における「保育者の関わり」

期・月の指導計画における「保育者の関わり」では、「内容」に記載された活動に対する保育者の関わりが具体的に示されます。これは、年間指導計画における指導・援助や環境構成の基本方針を示した「保育者の関わり」よりも具体的に記述されるものであるとともに、短期指導計画の「保育者の関わり」において、活動の展開に沿ってより具体的に記載される指導・援助や環境構成のあり方の方針を示すものになります。そのため、図表7-1でみたような視点を参照し、それぞれの活動に対する保育者の関わりのなかでも、より中核となる関わりを設定していきましょう。

また、この際、先に検討した活動のイニシアティブを誰がとるのかを念頭に置き、「子どもの主体的な活動として実施される」活動については子どもが主体的に関わることができる環境構成のあり方や保育者の援助の方向性を、「保育者が主導して実施される」活動については子どもに経験してほしい内容の投げかけ方と保育者の指導の方向性を、「子どもと保育者が共同でつくり上げていく」活動については、活動をともにつくり上げていくためのステージとなる環境をどのようにつくるのかということと、子どもの思いを受けて保育者がどのように関わるのかを、それぞれに記入していきましょう。

①「園としての保育の見通し型」の期・月の指導計画における「保育者の関わり」

「園としての保育の見通し型」の期・月の指導計画における「保育者

の関わり」は、活動内容の理解に基づき、活動の育ちと関係の育ちを豊かにするための関わりの方向性を記入します。

②「クラス運営計画型」の期・月の指導計画における「保育者の関わり」

「クラス運営計画型」の期・月の指導計画における「保育者の関わり」は、活動内容の理解とともに、前月の子どもの姿の理解を踏まえた個別の子どもへの関わりの方向性を踏まえて記入します。

5.　各園の指導計画を読み取る

長期指導計画の作成原理について確認してきましたが、その記載の方法は園によって多様であり、その背景には、園としての保育の計画のとらえ方、さらには園としての保育観が存在しています。各園の長期指導計画をレッスン 7 で概観してきた視点から読み取り、その背景にある保育の考え方をつかむことを通じて、多様な保育実践のあり方を理解していきましょう。

演 習 課 題

①さまざまな年間指導計画・月の指導計画に触れ、どのような内容が記述されているのか、どのような文章表記の特徴があるのかを整理しましょう。

②年間指導計画について、「子ども理解→ねらい→保育の内容→保育者の関わり」の各段階でどのような検討がなされているのかを読み取り、議論してみましょう。

③「園としての保育の見通し型」と「クラス運営計画型」のメリットとデメリットについて議論してみましょう。

レッスン **8**

短期指導計画の作成

このレッスンでは、週案・日案・部分保育案などの短期的な視野に立って保育を見通す計画（短期指導計画）の作成原理について学びます。短期指導計画の作成にあたって求められる、より具体性をもった「子ども理解→ねらい→活動内容→保育者の関わり」の検討方法について学びましょう。

1. 短期指導計画とは

1 短期指導計画の種類

短期指導計画には、1週間の保育を見通した「週案」、1日の保育を見通した「日案」、週の指導計画と日の指導計画の両方の機能をもたせた「週日案」、1日の保育の一部分の展開を見通した「部分案」があります。これらは園によってその作成状況が異なります。「週案」に基づいて「日案」が作成されることが一般的ですが、「週日案」のみを作成している園も近年増えてきました。「部分案」は実習等の機会ではよく作成されますが、保育現場では、**公開保育・研究保育**などの特別な機会にのみ作成されることが一般的です。

2 短期指導計画作成のキーワードは「具体性」

短期指導計画の作成にあたっても、レッスン5でみた「子ども理解→ねらい→保育内容→保育者の関わり」の一連の手続きでの検討が基本になります。また、この4つのステップにおいて一貫した視点をもつことの重要性は、長期指導計画と同様です。

短期指導計画の場合、長期指導計画における「園の保育の見通し型」のような「全般的な子どもの姿の傾向」を根拠につくられる計画のタイプは、原則的にはあり得ません。また、同じ年齢に複数のクラスがあったとしても、同じ短期指導計画を用いて保育を行うことは（行事や合同保育などの機会を除いては）原則的にありません。短期指導計画はクラス担任の責任で行われることが基本ですし、各クラスの目の前にいる子どもの姿を踏まえて作成されるものです。

短期指導計画のキーワードは「具体性」です。具体的な「保育者の関わり」が子どもにとって意味のあるものになることを目的として保育の

■ 補足

短期指導計画の例
図表 8-1 は週案の例、図表 8-2 は日案の例、図表 8-3 と図表 8-4 は部分案の例。

公開保育・研究保育
公開保育とは、「園が保育を公開し、自分たちの保育を地域の人々に伝えるとともに、それを参観した人たちが集まって討論の場を設け、その日気になった点などをもとに話し合うことで、それぞれの保育の視野を広げ、それが地域全体の保育の質の向上に繋がることを目指す取り組み」であり、研究保育とは「園がある課題の下に保育を公開し、多数の協力者・参加者を含めてその日の保育を組上に載せて討議を行い、その課題について検討することにより、1人ひとりの保育者が自分の保育を見つめ直し、新たな実践の可能性をひらくことで園の保育の質を向上していこうとするもの」（森上史朗・柏女霊峰編『保育用語辞典（第8版）』ミネルヴァ書房、2015年）である。

計画を作成することは、レッスン7ですでに述べましたが、日々の保育実践が短期指導計画に基づいて行われていることから考えれば、保育者の関わりをより具体的に方向づけることこそが、短期指導計画の作成のポイントになります。保育者はどのように行動し、どのような言葉かけをするのか、どのような環境構成を行うのかなどの点を具体的に方向づけることこそが短期指導計画のポイントです。

　ここで重要なのは、保育者の関わりはけっして場当たり的に行われるものではなく、「子ども理解→ねらい→保育内容」という指導計画作成のプロセスのなかで行われるものであること、言い換えれば、長期的な子どもの育ちと保育の見通しのなかの「いま」だからこそ必要な保育者の関わりは何かを考えて行われるものであるということです。だからこそ、長期指導計画作成の際に意識する「子ども理解→ねらい→保育内容→保育者の関わり」の4つのステップを貫く視点（このレッスンでは「活動」と「関係」の視点として提案しています）と同様の視点での検討を行うことは、より確かな保育実践を可能にするためにも重要になります。

2. 短期指導計画の作成原理

　短期指導計画には週案・週日案・日案・部分案といった種類があり、作成にあたって検討すべき点には相違点もありますが、基本的な作成原理は共通しています。ここではまず、短期指導計画に共通の作成原理について、「子ども理解→ねらい→保育内容→保育者の関わり」の一連の手続きに沿って述べたいと思います。

1 短期指導計画の作成における「子ども理解」

　短期指導計画は、目の前にいるクラスの子ども一人ひとりの姿に基づいて作成される計画です。そのため、週案や週日案の場合は前週の子どもの姿を、日案や部分案の場合は前日の子どもの姿や、前回同じような活動を行った際の子どもの姿を理解することが必要です。この際、漠然と子どもの姿を理解するということではなく、明確な視点をもって子どもの姿を理解することで、子どもの姿に即応した「ねらい」や「保育内容」を設定することと、子どもの姿に合致した「保育者の関わり」を想定することが可能になります。

　「子ども理解」の基本は、レッスン5でみたように「活動」と「関係」

図表 8-1 週案の例

「子ども理解」にあたる項目		

5歳児　週計画案　そら組　　　　　　　　　　　　　　　　　　　　　　　　　　　6月4日～6月9日　9週

予想される幼児の姿と保育者の願い

先週の園外保育では、紙芝居で見たナウマンゾウやクジラの骨に興味をもって見学する子どもの姿が印象的だった。翌日から博物館でもらった思い出シートに楽しかった出来事を描いて友だちの前で発表する機会を設けている。人前に出ると声が小さくなったり萎縮してしまったりする子どもが多いが、短くても自分の言葉で伝える、大勢の友だちの前に出て伝えることを大切にし認めていくことで、「はなす」ということに親しみ慣れていくことができるよう今週も継続していきたい。

ねらい
- 自分なりの目的をもって好きな遊びを楽しんだり、友だちと関わったりして遊ぶ。
- 歯の大切さを知り、自分でていねいに磨く。

内容
- いろいろな遊びに取り組み、試しながら遊ぶ。
- 友だちと誘い合って、好きな遊びをじっくりと楽しむ。
- 自分の思いを言葉で伝えながら遊ぶと同時に、相手の言葉にも耳を傾け聞こうとする。
- 一輪車や登り棒、縄跳びなど体を動かして遊ぶことを楽しむ。
- 草花の色水遊びを楽しみ、色の変化や不思議さに気づきながら遊びを広げていく。
- 夏野菜の成長を楽しみに世話をしたり、発見を伝えたりする。
- 園外保育の思い出を絵に描いたり、友だちに言葉で伝えたりする。
- 歯科検診、歯磨き指導に参加し、自分の歯に興味をもつ。
- 梅雨期の植物、小動物に興味をもち、見たり触れたりして遊ぶ。

この欄には、子どものいまの姿の記述とそれを受けての配慮のポイントが書かれている。

生活・遊びの流れ

生活をする
- 給食を食べる
  - 自分で配膳する
  - 茶碗や皿をもって食べる
  - ランチョンマットを使用する
  - 消毒をして片づける

当番活動をする（日直）
- お休み調べ
- 集い、給食、降園時の司会

どうやってするのかな？　何を描こうかな？

描いたりつくったりして遊ぶ
- 風車をつくる
- 園外保育の絵を描く
- 墨でアジサイをスケッチする

チャレンジしよう　試してみよう！

好きな遊びをする

保育室で遊ぶ
- カプラ・レゴ

砂場・泥団子で遊ぶ

花や虫をみつける

アゲハのさなぎを観察する

草花で遊ぶ
- 色水づくり

・遊びのなかで思いの違いからトラブルになることが増えている。自分の思いをもつことはよいが、一緒に遊ぶために必要な力を子どもたちと話し合い、折り合いをつけていけるよう援助していきたい。
・何もしていない友だちを笑う、友だちの違いを少し馬鹿にしたように言うなど、人に対する興味が悪ふざけという姿に変わりつつある子どもが見うけられる。それをされたときの相手の気持ちを自分に置きかえて考えたり、表情から読み取ったりするなかで自分の行動について考えていけるよう関わっていく。

友だちはどんな気持ちなのかな？

クラスみんなで遊ぶ
- ジャンケン列車
- 椅子取りゲームなど

・ルールを理解して遊ぶなかで、勝ちたいという思いや負けても友だちを応援する気持ちが芽生えてきた。これからの季節、雨の日には積極的に計画に取り入れ、気分を発散できるきっかけにしたり、芽生えてきた気持ちを育てていくことができるようにする。

体を動かして遊ぶ

・わくわくタイムをきっかけに、縄跳びにチャレンジすることができるよう教師も積極的に取り組み、継続して遊ぶことができるような雰囲気をつくる。見せ合う機会を設けることで自信・刺激・意欲につなげていく。
・「オレンジジュースをつくりたいからオレンジ色の花を使う」と、目的に合った素材探しをするようになってきた。また、できたものを友だちと混ぜ、色の変化を楽しむ姿もある。つくること（工程）を楽しむ→色づくりを楽しむと姿が変化してきた。引き続き自分なりに試して遊ぶことができるよう時間や場の確保をし、じっくりと活動できるようにする。

環境構成・保育者の配慮

・一人ひとりの表現を認めていくことで、「うまい・へた」という観点ではなく、「自分自身の表現」でよいのだという思いをもって積極的に製作活動に取り組めるよう環境づくり、雰囲気づくりをする。
・アジサイの花を保育室に飾り、園外保育を思い出したり、花の構造に興味をもったりしながら描くことができるよう環境を構成する。

・アゲハの幼虫がさなぎへと変化し、成虫になる頃となった。成虫になった喜びを感じたり、幼虫から毎日世話をした達成感を感じたりできるよう声をかけ、自然へと戻すようにする。

発育測定　　歯科検診・耳鼻科検診　　歯磨き指導　　夏野菜の世話をする　種もみの様子を見る

・測定、検診の際には自分から「おねがいします」「ありがとうございました」のあいさつができるよう促す。また、緊張から忘れてしまうことも予想されるので、必要に応じて声をかけ、あいさつできるようにする。

・歯ブラシ、コップの忘れ物がないよう事前に伝えておく。
・指導してもらったことを保育室にも振り返ることで、歯や歯磨きする大切さをしっかりと感じることができるようにする。

・開花や実ができ始めている。子どもたちの喜びに共感しながら世話をすることへの期待を高めていく。また、友だちの苗にも興味をもち始めているので、子どもたち同士の伝え合いの場となるよう見守っていきたい。

	4日（月）	5日（火）	6日（水）	7日（木）	8日（金）	9日（土）
行事など	◎好きな遊び→ ◎夏野菜の水遣り 支柱を立てる	◯アジサイの絵を描く→		□歯科検診（午前） □耳鼻科検診（午後）	□歯磨き指導 □発育測定	1号認定子ども 休園日
生活習慣・技術	◯自分からあいさつをする。 ◯遊んだあとは進んで手洗いうがいをする。 ◯汗の始末や衣服の調節をする。 ◯正しい歯の磨き方を確認し、自分で磨く。 ・傘の始末を自分でする（巻いて留める）。 ・コンテの使い方を知る。 （サンドペーパーで粉をつくる）		歌・手遊びなど	・はたけのポルカ ・はのうた ・あめふりくまのこ ◆ジャンケン列車 ◆ロンドン橋	絵本・紙芝居など	『たまちゃんのすてきなかさ』 『おたまじゃくしの101ちゃん』

図表 8-2 日案の例

201X年11月21日(土)		ね ら い	・自分の好きな遊びを先生や友だちと楽しむ ・秋の自然物に触れ、いろいろなものを発見したり 　自然物を使って遊ぶ	3歳児いちご組 指導者名：○○ ○○
時間	**環境構成**		**幼児の活動**	**保育者の援助**
8：30	・保育室の扉を開けてお き、子どもたちが入りや すいようにしておく。 ・カラー帽子の向きを事前 にそろえて置いておく。 〈雨天時〉 ・傘立てを置いておく。 ・保育室前にタオルを敷い ておく。 ・カッパかけを用意してお く。		○登園し、朝の用意をする。 ・カラー帽子をかぶる。 ・排泄をする。	・子どもたちに笑顔であいさつをし、子ど もたちの健康状態を確認する。 ・あいさつをすることが習慣づくような声 かけをする。 ・朝の準備は、すべてのことを援助するの ではなく、子どもたち一人ひとりに合っ た援助をする。 ・子どもたちと一緒に落ち葉のお風呂で遊 ぶことで、子どもたちも楽しんで遊ぶこ とができるようにする。 ・落ち葉の感触を楽しんだり気づいたりす ることができるような声かけをする。
8：50	・落ち葉のお風呂を置いて おく。 ・事前に砂場の砂を耕して おく。 ・固定遊具では、保育者が 側で見守る。 ・固定遊具が濡れていた場 合、拭いておく。 ・保育室の明かりをつけ る。 ・ブロックや線路を使って 存分に遊ぶことができる スペースを設けておく。 ・素材を種類別に置いてお く。		◎好きな遊びをする。 〈晴天時〉 ・固定遊具で遊ぶ。 ・落ち葉のお風呂で遊ぶ。 ・砂遊びをする。 〈雨天時〉 ・ブロックで遊ぶ。 ・ごっこ遊びをする。 ・どんぐりころがしをする。 ・素材や落ち葉を使って工作をする。	・保育者も一緒になって砂遊びをし、トン ネルを掘ったり、大きな山をつくったり することで、子どもたちが達成感を感じ ることができるようにする。 ・子どもたちと一緒に、落ち葉を拾ったり、 どんぐりを拾ったりすることで、秋の自 然物に興味関心をもつことができるよう にする。 ・落ち葉のネックレスをつくる際は、子ど もたちが穴に糸を通しやすいよう毛糸に セロハンテープを巻いておく。 ・さまざまな素材を用意しておき、子ども たちが楽しんで工作することができるよ うにする。 ・ブロック遊びでは、子どもたちの遊びが 展開していくよう、保育者も一緒に組み 立てたり声かけをしたりする。
10：30			○片づけをする。	・どんぐりころがしでは、子どもたちが試 行錯誤しながら遊ぶことができるよう見 守りながら必要な援助をする。 ・片づけをする際は、子どもたちが楽しみ ながら片づけをすることができるような 声かけをする。 ・片づけをすることができたことに認めの 言葉をかけることで自信や意欲につなげ る。
	・子どもたちの椅子を並べ る。		○降園の準備をする。 ・排泄をする。 ・保育者の話を聞く。 ・あいさつをする。 ○降園する。	・降園準備の際もすべてのことを援助する のではなく子どもたち一人ひとりに合っ た援助をする。
11：00	・円筒を並べておく。			・今日の楽しかったことを子どもたちと一 緒に振り返ることで、来週も期待をもっ て幼稚園に来ることができるようにする。 ・全員であいさつをすることができたこと に対して認めの言葉をかけ、今後の活動 に対する自信や意欲につなげる。
反省・ 考察				

この日案には「子どもの姿」の欄はないが、この欄に記載 される内容が「子ども理解」の役割を果たしている。

図表 8-3 部分案の例

本文で解説した3つの視点から読み解いてみよう。（111～112頁）

日時	年　　月　　日（　）13：00〜13：30
対象児	4歳児　　18名
活動	ジャンボすごろくで、さいころを振ることやコマを動かすことを楽しむ。

「子ども理解」にあたる項目。

子どもの姿	前回のジャンボすごろくを用いた活動では、保育者がフープをつなげてコースを設定していくと、コースをスタートからゴールまで歩いて進むことを楽しむ姿がみられた。 　実際にゲームがスタートすると「さいころを振る」ことを楽しんでおり、出た数字を数えて「3や！」と伝える姿がみられ、大きな数字が出ると喜ぶ姿があったが、B児は、さいころを振る動作は楽しんでいるのだが、数の大小には関心がない様子だった。さいころを振る順番の話し合いで、自分で振りたいという子どもたちが多かったが、B児とC児は、話し合いの際には何も発言していなかった。D児は、「最初にやりたい」と主張していたが、Kグループのほかの子どもたちはD児の発言を聞いておらず、結果的に、D児は最後にさいころを振ることに一方的に決められていた。子どもたちのなかで、D児を軽くみる傾向がある。 　実際のゲームのなかでは、A児は常に自分でさいころを振ろうとして、ほかの子どもたちから「違うよ！」と言われることが何度かあった。 　「出た目に応じてコマを動かす」際は、グループで数を唱えながら動かしていたのは、HグループとIグループであったが、JグループとKグループは、グループの仲間がコマを動かしていてもあまり関心をもっていない様子。さいころの目と進める数の対応があやふやであったのはJグループのC児とD児。A児は友だちと一緒ではなく、自分だけでコマを動かそうとしていた。

「活動のねらい」と「関係のねらい」がどのように設定されているのかを読み取ってみよう。

ねらい	・数の大小に注目しながら、偶然性のワクワク感を感じ、競い合うことを楽しむ。 ・役割やルールを考えたり話し合ったりするなかで、自分の思いを伝え、友だちの思いを受け止める。 ・グループの友だちのしていることに関心をもち、ワクワクした気持ちを共有しながらゲームを楽しむ。

時間	幼児の活動	留意点および環境設定
13:00	○保育者がすごろくのコースを並べているのを見る。 ・保育者を手伝ってコースをつくる。 ・できたコースを歩く。	・スタートから順に並べていくことで、スタートとゴールが意識できるようにする。 ・できたコースを歩いたり、一緒に並べたりするなかで、ゲームへの期待感がもてるようにしていく。
13:05	○保育者の話を聞く。 ・すごろくをすることを理解する。 ・勝つためにはどうなればよいのかを考える。	・すごろくに取り組むことを伝え、ルールの確認を行う。 ・前回のゲームの結果を話題にし、「今日は勝ちたい」という気持ちをもてるようにする。 ・大きい数字が出るとたくさん進めることに注目させ、より大きな数字が出ることを期待できるようにする。
	○話し合いをする。 ・さいころを振る順番、コマを動かす役の順番をグループで話し合う。 ・自分のやりたい順番をグループの仲間に伝える。	・話し合いに際して、自分の思いが言えているか、友だちの主張を聞いているかをとらえ、必要に応じて思いを代弁したり、一緒に行ったり、他児の主張に気づかせたりする。 ・決まった役割と順番を確認する。
13:10	○ジャンボすごろくをする（1回目）。 ・グループごとに順番にさいころを振る。 ・さいころの目を見て、数を理解する。 ・コマを動かす役の子どもは、出た目の分だけコマを進める。 ・他のグループの様子を見る。	・どのグループがさいころを振るかを伝え、友だちの行動に注目できるようにする。 ・出た数を見て、大きい数であることを一緒に喜んだり、小さい数であることを残念がったりすることで、数の大小を意識できるようにする。 ・コマを動かす際に一緒に数を唱え、コマが進む面白さを共有できるようにする。 ・そのつど、グループごとの順位などについて解説し、競い合いを意識できるようにする。 ・ゲームの結果を伝えるとともに、勝てた喜び、負けた悔しさに共感する。
	○ジャンボすごろくをする（2回目）。	・1回目の結果を踏まえ、2回目はより大きな数字が出ることを期待できるように声をかける。 ・ゲームの結果を伝えるとともに、勝てた喜び、負けた悔しさに共感する。
13:20	○活動を振り返る。 ・うれしかったことを伝える。 ・困ったことを伝える。	・「うれしかったこと」とともに「困ったこと」も発言できるようにし、そのなかで、意見を聞いてもらえなかったことや順番を抜かされたなどの不公平な状態に気づけるようにする。

図表 8-4 部分案の例

○日時　　　20XX年 1 月13日（金）　午後12時45分〜13時30分
○場所　　　S市立S幼稚園　ばら組　保育室
○幼児　　　5 歳児　ばら組21名
○題材　　　「"げんきっこ"かるたをつくろう」

○幼児の実態
　ばら組の幼児は、明るく素直で、意欲的な子が多い。2 学期には「運動会」「つくって遊ぼう」と大きな行事を経験したが、そのなかで、自分なりの目標をもって日々一輪車やのぼり棒の練習をしたり、試行錯誤しながら楽しい場をつくりだそうとしたりする姿がみられた。そして、できるようになった喜びや達成感を味わったこと、さらに自分のがんばりや工夫を友だちや教師、保護者などに認められたことが大きな自信になり、意欲につながっているように感じる。
　また、リレーや綱引きでは友だちと競い合う楽しさや負ける悔しさ、エイサーでは友だちと気持ちを合わせる心地よさ、つくって遊ぼうでは、友だちとイメージを共有し一緒に遊びをつくりあげていく楽しさなど、友だちと一緒にさまざまな感情体験をしたことで、友だちとのつながりがいっそう強くなっている。互いに刺激し合い、認め合い、クラスとしてのまとまりができているように感じられる。
　これまで保健担当として、生活習慣などについて幼児に知らせる機会を設けてきた。その際、幼児に思いや知っていることなどを聞くように心がけてきたが、積極的に話す幼児が多い一方で、自分から話すことに消極的な幼児がいるのが課題であると感じている。また、支援を必要とするA児は、自分の思いが受け入れられないと怒ったり泣いたりするなど、気持ちのコントロールに課題がある。学級活動においても、自分に興味があることには積極的であるが、友だちの話を遮って自分の話をしたり、逆に興味がないと話を聞かなかったりといった姿がみられる。そのような幼児にも興味をもたせたり、自信をもって思いを言えたりするような働きかけや雰囲気づくりが必要であると考える。

○題材設定の理由
　保健担当として、幼児が友だちと一緒に楽しみながら自分の健康や安全について振り返る機会をつくりたいと考えた。病気やけががなく元気でいるためには何が必要か、子どもたちが自分なりに考え、またそれをクラスの友だちと共有することを大切にしたいとの思いから、「"げんきっこ"かるたづくり」を題材にした。お正月遊びを楽しむこの時期に、自分たちが考えたことをかるたにし、友だちと一緒にかるた遊びをしながら、健康で安全な生活を送るために必要なことを再確認してほしいと願っている。また、就学を前にしたこの時期に、かるたづくりを通して文字や数への興味にもつなげたい。
　さらに、今回はグループでの活動を設定した。全体の場で思いが言いにくい幼児や自分の思いを優先してしまう幼児にとっても、友だちと関わるなかで、自分の思いを伝え、友だちの思いを聞き、相談したり意見を調整したりする経験をし、一緒につくる楽しさや満足感を味わってほしいと考えている。

○指導経過

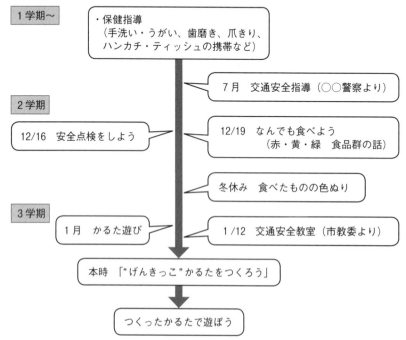

○本時のねらい
・友だちと一緒に考えたり、つくったりすることを楽しむ。
・友だちと一緒に活動するなかで、自分の思いを出したり、相手の思いを受け入れたりする。
・自分の健康や安全について関心をもつ。

時間	予想される幼児の活動	環境構成および指導上の留意点	準備物
12:45	○今日の活動について話を聞く。	・事前に机と椅子を準備しておく。 ・話を聞きやすいように教師の前に集める。 ・これまでの活動を振り返りながら、今日の活動について話をし、興味や期待がもてるようにする。	・机 ・椅子
12:50	○遊びの準備をする。 ・必要な画用紙などを準備する。	・幼児が十分に活動できるような場を確保する。 ・幼児が扱いやすい材料や用具を準備しておく。	・画用紙 ・個人用サインペン ・ひらがなの表
12:55	◎かるたづくりをする。 ・友だちと内容や役割について相談する。 ・絵を描いたり文字を書く。 ・時間があれば2枚目、3枚目もつくる。	・文字については個人差に配慮し、教師が手伝うことを事前に伝え、安心して取り組めるようにする。 ・友だちと一緒に考えたり、試したり工夫したりしている姿を認め、自信や意欲につなげる。またその姿を学級全体に伝えることで、ほかの幼児の気づきにする。 ・思いがぶつかり合うときには、互いの思いを伝え合い解決できるよう、必要に応じて支援する。 ・取り組みにくい幼児には、思いを聞いたうえでどうすればよいか一緒に考える。	
13:20	○かるたを見せ合う。 ・絵札だけを見せて、どういう内容かを考える。	・友だちの工夫やがんばりを認め合える雰囲気づくりをする。	
13:25	○活動を振り返る。 ・楽しかったことや困ったことなどを出し合う。	・個々の幼児の思いに共感し、満足感を味わうことができるようにする。 ・困ったことに対しては、みんなで解決方法を考え合う場にする。	
13:30	○片づける。	・みんなで協力して片づけている姿を認める。	

※どこにねらいをおくか
　○自分なりに考え、それをわかりやすく相手に伝える。
　　A・B・C・D・E・F
　☆自分の思いと友だちの思いの違いに気づき、折り合いをつける。
　　G・H・I・J
　□自分の思いを出し、友だちの思いを受け入れる。
　　K・L・M・N・O
　△友だちの思いを聞いたうえで、よりよいものを考えたり工夫したりする。
　　P・Q・R
　◇グループの意見をまとめ、調整する。
　　S・T・U

〈グループ構成〉
　　青：◇T・△Q・☆H・☆J・（欠席：□K）
　　赤：◇S・☆G・☆I・□O
　　黄：◇U・□M・○A・□L
　　緑：△P・○E・○B・（欠席：○D）
　　桃：○F・□N・○C・△R

の視点から子どもを理解することです。

　「活動」の視点から子どもを理解するには、先週あるいは前日の子どもの姿から、一人ひとりの子どもが、どのような活動に取り組んでいるのか、そこからどのような興味や関心をもち（あるいはもてず）、どのような面白さ・楽しさ・喜びを感じているのか（あるいは、感じていないのか）を把握することであり、活動の前提となる知識やイメージをどのようにもっており、活動で必要な技術をどのように獲得しているかを理解することです。

　ここで重要なのは、同じ遊びに取り組んでいたとしても、**子どもたちが感じている面白さ・楽しさ・喜びは、一人ひとり異なっている**ということです。同じ年齢の子どもがフルーツバスケットをしていたとしても、「いすに座るスリルを楽しんでいる子」もいれば、「鬼になってフルーツの名前を言うことで、みんなが動いてくれることが楽しい子」もいます。だからこそ保育者は、レッスン5で行った活動の理解の視点を生かして活動の発展の流れを思い描いたうえで、一人ひとりの子どもの遊びの発達の「現在地」を把握し、「いま、感じている面白さは何か」「これからどのような面白さへと発展していくのか」を理解することが求められます。この理解があることで、一人ひとりの子どもの発達の特性に応じた指導・援助が可能になるのです。

　「関係」の視点から子どもを理解するとは、一人ひとりの子どもがどのようにコミュニケーションをとっているのか（「社会的スキル」の育ち）、その背後にある自己認識（その子自身の自分への見方、自尊感情・自信のありよう）や他者認識（その子のことを周囲の子どもはどのようにみているのか、肯定的か、否定的かなど）の現状、人権感覚や道徳性の育ちの現状を理解することです。短期指導計画の作成においては、長期指導計画で見通した関係の発展の道筋のなかの「現在」の関係の姿を理解することが求められます。たとえば、遊びのなかで自信がもてなかったAちゃんにお気に入りの遊びがみつかり始めた、ごっこ遊びの役割分担でいつもやりたい役を主張できていなかったBちゃんが「僕だって、この役やりたい！」と言えるようになってきたなど、子どもたちの関係性の課題と、育ってきた姿をとらえていきましょう。

2　短期指導計画作成における「ねらい」の設定

　短期指導計画における「ねらい」は、その週・日・部分で行われる保育内容に応じた、より具体的なものとして設定されるという特徴があります。さらに、一人ひとりの子どもの姿を踏まえて、より具体的なねら

◆補足
子どもたちが感じている面白さ・楽しさ・喜び
たとえば、フルーツバスケットの面白さをできる限り多様に考えてみるとよい。実際に遊んでみて振り返ることも有効である。

いとして設定されます。

①「ねらい」を考える視点：「活動」と「関係」の視点

　ねらいを考える視点として、子ども理解の視点を踏まえ、「活動」と「関係」の2つの視点をもつことが基本となります。この2つの視点は、実際の文章のなかでは1つの文章に融合されることもありますが、重要なのは、保育者がこの2点を踏まえた視点をもってねらいを考えることです。

　「活動」に関わるねらいは、今週・今日・この時間の保育のなかで、「どのような興味・関心をもち、どのような面白さ・楽しさ・喜びを獲得・体感するか」という視点と、「活動をとおして、どのような発達に必要な経験をするか」「そのなかで、どのような知識・イメージ・技能の育ちがあるのか」という視点から設定されることが基本になります。このときに、一人ひとりの子どもが感じている面白さ・楽しさ・喜びの多様性を踏まえたねらいの設定が必要です。特に、遊びの面白さ・楽しさ・喜びに出会いにくい子が、面白さ・楽しさ・喜びを獲得すること、そのために必要な知識・イメージ・技能が育つことをねらいとして設定しておくことは重要です。

　「関係」に関わるねらいは、今週・今日・この時間に経験する具体的な活動をとおして「どのような人との関わりの力を育むのか」「どのような自分や仲間への見方を育てるのか（自己肯定感を感じる、友だちのよいところを知るなど）」「どのような道徳性や人権感覚を育てるのか」という視点から設定されることが基本となります。年間指導計画や期・月の指導計画のなかで見通されている関係のねらいを踏まえ、「いま、育てるべき関係の力」を意識してねらいを設定しておくことが重要です。

②「個」と「全体」をとらえる

　ねらいを考える際に重要なのは、「クラス全体へのねらい」と、「個に応じたねらい」です。クラス単位で活動が進んでいる場合は、保育のねらいは「クラス」という単位で考えられます。クラス全体の子どもたちに経験してほしい内容は何か、感じてほしい面白さ・楽しさ・喜びは何か、育てたい関係性は何かを考えてねらいが設定されます。しかしながら、この視点でねらいをとらえるだけでは不十分なのです。子どもたち一人ひとりの育ち、興味・関心、感じている面白さ、知識・イメージ・技能の現状、関係に関わる課題が異なる以上、保育者は一人ひとりの多様な姿と課題に応じたねらいを設定する必要があります。これをすべて指導計画の「ねらい」の欄に書きこむことは難しいのですが、少なくと

も（指導計画に記入はしていなくても）、保育者の頭のなかでは、個に応じたねらいを意識している必要があります。

③週案・日案・部分案で異なる「ねらい」の視点

　同じ短期指導計画であっても、週案・日案・部分案という種別によって、ねらいの記入のしかたは変わります。

　部分案の場合、その案が取り上げる活動は「特定の活動」であるため、取り上げた活動に関わってのねらいを書くことが基本になります。

　日案の場合は、その日の中心となる活動とともに、その日の生活全体をとおしてのねらいを記入することになります。

　週案の場合は、その週に取り組みたい活動のテーマを踏まえるとともに、生活全体を視野に入れ、その時期に育てたい姿を踏まえて記入することになります。

3　短期指導計画における「内容」の設定

①「活動」の設定にあたって重要なこと

１）どの活動を取り上げるかの設定

　短期指導計画では、「内容」は具体的な活動として設定されることになりますが、その設定は、「期・月の指導計画で方向づけられていた内容」と「眼の前の子どもの姿」の双方を意識しながら行われます。期・月の指導計画では、実際に行われるすべての活動を記入しているわけではないのですが、短期指導計画では基本的にはすべての活動を記入する必要があるので、期・月の指導計画に示された「ねらい」と「内容」を踏まえながら、同様のねらいが達成されるような活動を加えていく必要があります。また、期・月の指導計画で設定された活動に関連する活動を豊かに展開することで、子どもの経験を広げることも必要です。

　図表8‒5はある園のお店屋さんごっこや創作遊びへの遊びの流れを、レッスン5で取り上げた活動理解の視点（「面白さ・楽しさ・喜びの理解」「知識・イメージ・技能の理解」「関係性の理解」）をもとに分析したものですが、このように、遊びの育ちを豊かに見通すことで、分析の結果から活動の「ねらい」「保育者の関わり」のポイントが明確になりますし、子どもたちの経験をいかに広げるかという見通しがもてるようになります。この見通しは、月案や週案を考える際に検討すべき内容でもあります。

　さらには、そのときどきの子どもの興味・関心の状況を踏まえながら新しい視点からの活動を記入していくことも必要です。長期指導計画で想定したとおりに保育が展開することが「よい保育」ではありません。

臨機応変に子どもの興味・関心に応じながら、子どもと保育者がともに保育をつくっていくためには、短期指導計画作成時の保育者の柔軟な発想が必要なのです。

２）活動のイニシアティブを考える

　保育のなかで取り上げる活動の展開には、「子どもが主体的に環境に関わって生み出す活動」「保育者が子どもたちに経験させたい内容として指導する活動」「子どもと保育者が共同でつくり上げていく活動」などのさまざまなパターンがあります。これは、活動の**イニシアティブ**を誰がとるのかは場合によって異なるということを意味しています。豊かで可塑性の高い環境に子どもたちが自由に関わって、アイデアを豊かに働かせながら遊びをつくり出してほしい場合や子どもたちが自信をもって展開できるようになっている活動の場合は、子どもの主体性を大切にし、子どもが活動のイニシアティブをとるパターンが適しています。反対に、新しい活動を子どもたちに投げかけるとき、子どもたちがクラス全体で共通の経験をすることで活動を豊かにしたいときなどは、保育者が活動のイニシアティブをとることが妥当であるといえます。活動を臨機応変に展開させながらそのときどきの子どもの興味・関心や面白さに応じ、子どもに必要な経験が豊かにもたらされるように保育者が積極的に援助していくことが大切だと考えた場合（これが保育の基本だといえると思いますが）は、子どもと保育者の双方にイニシアティブがあるという形での想定が必要になります。

　このように、保育者は、遊びのプロセスの理解と子どもの姿の理解をもとに、「どの活動をどのパターンとして設定していくのか」を計画作成の段階において判断していく必要があります。

②「活動」の展開を見通す

　短期指導計画では、「内容」は、「子どもの活動」「予想される幼児の活動」などの項目として、実際に子どもが行う活動の内容を、時系列に沿って具体的に記載することになります。週案の場合は、取り上げる活動が1週間の保育のなかでどのように展開されていくのかを見通すことが必要になります。たとえば、毎日続いているお店屋さんごっこの場合、日を重ねるごとにごっこ遊びの内容は豊かになっていき、その結果として子どもたちの育ちも豊かになっていきます。動物園に遠足に行くという行事をはさんで、さまざまな事前の取り組みのなかで動物園に行くことの期待を高め、遠足後の事後活動のなかで、クラス全員で行った動物園のイメージをもとにさまざまな活動が展開されます。週案は、こうした活動の展開を具体的に想定するために最も適したタイプの指導計

◆補足
イニシアティブ
ここでは「活動の主導権を誰がとるのか」「活動を先導していくのは誰か」という意味で用いられている。

図表 8-5 遊びの流れの見通し

〈遊びの流れ　まつ組〉

▢ 遊びの内容	★知識・イメージ・技能	☁ 子どものつぶやき
▭ 遊びの面白さ	◆人との関わり	

☁ 指だと、ゴムが指に当たって、うまく飛ばないな。

☁ ・組み立てていくのが楽しい。
・飛ばしやすくて楽しい。
・友だちに教えてもらってつくるのが楽しい。

☁ 割り箸だけじゃなくて、ほかのものを使ってパチンコがつくれないかな?

▭ ・飛ばすのが楽しい。
・いろいろなものに当てるのが楽しい。
・倒れた的を直すのが楽しい。
・目標のものを決めて飛ばすのが楽しい。
・目標のものに当たるように工夫して飛ばすのが楽しい。

▭ ・割り箸で飛ばすと、飛ばしやすくて楽しい。
・的が倒れにくくて悔しい。
・よく当たるようになってうれしい。
・友だちと競って倒すのが楽しい。

▢ **割り箸を組み立てて飛ばす**

★割り箸をビニールテープで接着する。
★思い通りの形を丈夫に組み立てる。
★飛ばし方を考える。
★割り箸を組み合わせたら輪ゴムがひっかけやすいことに気づく。
◆つくり方を教え合う。
◆飛ばし方を伝え合う。

▢ **輪ゴムを指で飛ばす**

★ゴムの特性を知る。
★指を使って飛ばす。
★どうして飛ばしにくいのか考える。
★友だちに当たらないように、飛ばす場所を考える。
◆友だちと一緒に飛ばす。

▢ **割り箸で飛ばす**

★割り箸を使って狙って飛ばす。
★力加減を考える。
◆友だちのまねをして飛ばす。
◆友だちとやり方を伝え合う。
◆友だちとどっちが遠くまで飛ぶか競争する。

▭ ・ゴムに球をつけると、飛ばしやすくて楽しい。
・ゴムだけのときよりも、遠くに飛んで楽しい。
・いろいろな球をつくることが楽しい。
・どんな球をつけると倒れるかを考えるのが楽しい。

☁ ゴムだけだと思ったように的が倒れないから、どうしようかな?

▢ **輪ゴムに球をつける**

★いろいろな素材でつくって試す。
★輪ゴムに球をつけて飛ばすことを考える。
★球のつくり方を工夫する。
★球の大きさや形を考える。
◆友だちがつくっているのをまねしてみる。
◆友だちと相談しながらつくる。

▭ ・ハサミを使っていろいろなものを切るのが楽しい。
・いろいろな形を組み合わせてつくるのが楽しい。
・偶然できた形を見立てるのが楽しい。
・友だちのまねをするのが楽しい。
・友だちと同じものをつくるのがうれしい。
・イメージしていたものをつくるのが楽しい。
・つくりたいものをイメージして材料を探すのが楽しい。
・つくったもので遊ぶのが楽しい。

▭ ・三つ編みをつくるのが楽しい。
・三つ編みから腕輪やカチューシャをつくれてうれしい。
・身につけるとうれしい。

▭ ・ハサミで切るのが楽しい。
・画用紙でみんなと一緒につくるのが楽しい。

▢ **保育教諭と製作**

★みんなと一緒に製作をする。
★接着のしかたを知る。
★いろいろな素材を知る。
◆皆と同じものを一緒につくる。
◆友だちのつくり方をまねしてみる。

▢ **自由に製作**

★日常生活のなかで経験したことなどをもとに、いろいろなものを組み合わせてつくってみる。
★接着方法を考える。
★ハサミで自分の思い通りの形を切る。
◆つくったもので友だちと遊ぶ。
◆友だちのつくっているものをまねしたり、つくり方を教え合ったりする。

▢ **三つ編みとゴム**

★三つ編みをする。
★三つ編みからほかのものになることを知る。
◆友だちがつくっているのを見て、つくってみたいと思う。
◆つくり方を友だちと教え合う。

お店屋さん
・お店屋さんごっこをするのが楽しい。
・いろいろなものを並べるのが楽しい。
・的の置き方や数を考えるのが楽しい。
・友だちと一緒に工夫して並べるのが楽しい。
・お客さんがたくさん来てくれるように呼びこ
　むのが楽しい。
・お客さんとやりとりをするのが楽しい。
お客さん
・的に当てるのが楽しい。
・狙った的が倒れてうれしい。
・当たったり当たらなかったりするのが楽しい。

　　　　　　　　　お店屋さんごっこ

・違う素材でパチンコをつくるのが楽しい。
・組み立てていくのが楽しい。
・飛ばしやすくて楽しい。
・つくったけど思い通りに飛ばなくて悔しい。
・つくり方を工夫するのが楽しい。
・友だちと一緒に考えてつくるのが楽しい。

★どうしたら楽しくなるのか考える。
★的をどこに並べるのか考える。
◆経験したことを伝え合う。
◆お客さんとお店屋さんになってや
　りとりをする。

パチンコをつくる　　　射的をする　　　役割を考える　　　創作遊び

★いろいろな素材でつくる。
★素材に合った接着をする。
★割り箸を組み立てる。
◆友だちとつくり方を教え合う。
◆飛ばし方を伝え合う。

・どんな的にすると楽しくなるかを考える
　ことが楽しい。
・いろいろな的をつくるのが楽しい。
・思い通りにつくれなくて悔しい。
・友だちと一緒に考えてつくるのが楽しい。
・友だちと一緒に考えたものがイメージ通
　りにできてうれしい。

　　　　　　　　　的をつくる

★いろいろな素材でつくる。
★接着のしかたを考える。
★重いと倒れにくくて、軽いと倒れやすい
　ことを知る。
★大きいと当たりやすいことを知る。
◆皆でどんな的がいいか考える。
◆一緒に考えながらつくる。
◆友だちと相談しながらつくり方を考える。

今度は三つ編みで
何をつくろうかな。
お店屋さんの
景品になるといいな。

・みんなと一緒に考えてつく
　るのが楽しい。
・いろいろな景品をつくるの
　が楽しい。
・お店屋さんごっこで景品を
　渡すのが楽しみ。

的に番号を書いて、
番号の景品をあげると
楽しいかも。

　　　　　　　　　景品をつくる

★いろいろな素材でつくる。
★折り紙の折り方を知る。
★どれぐらいつくったらいいか考える。
◆みんなでどんな景品がいいか考える。
◆一緒に考えながらつくる。

画であるといえます。

　日案や部分案は、時系列に沿って（日案の場合は、登園から降園まで、部分案の場合は取り上げた時間の始まりと終わりまで）記入されます。

　日案の場合は、1 日の生活全体を見通すことになるため、活動の静と動のバランス（静かに取り組む活動と身体を動かす活動）やジャンルのバランス（日々繰り返している生活活動と遊びや製作活動・音楽活動などのバランス）などを考えること、1 日の生活を貫くテーマでのつながり（午前中にクラス全体の活動でつくったおもちゃを午後の遊びで使う、午前中につくっていた山づくりの続きが午後に行われるなど）を考えること、活動の転換の方法（好きな遊びからクラス全体での遊びへの移行方法、クラス全体の活動からお弁当の時間への移行方法）を考えることなど、1 日の生活の全体を通じての見通しを考え、記入していきます。

　部分案の場合は限られた時間内で、ある活動を取り上げて展開を見通すことになるので、活動の始まりから終わりまでを見通すことが必要になります。このとき、子どもたちがさまざまな活動に主体的に取り組むのは、「面白そう！」「やってみたい！」という気持ち（興味・関心、面白さ・楽しさ・喜びへの期待）をもっているからであるということを念頭に置き、子どもたちの活動への「やってみたい！」の気持ちが生み出され、活動に没頭して取り組み、活動が終わったあとに振り返る、というプロセスを意識することが大切になります。これは、**保育者がイニシアティブをとって行う活動**の場合は、子どもたちが「やってみたい！」という気持ちがもてるような活動との出会い方（導入）を考えること、具体的に子どもたちがどのように活動するか（展開）を考えること、活動が終わった時点で活動を振り返り、気づいたことや感想を話し合う、自分や友だちの活動のなかでみられた「よいところ」「素敵なところ」「がんばっていたところ」などのよさを確認するなどの時間をもつ（まとめ）こと、を考えることになります。

4　短期指導計画における「保育者の関わり」の検討

　このレッスンの冒頭で述べたように、短期指導計画では、具体的な保育者の関わりを検討することこそがポイントとなります。「全体的な計画・教育課程→長期指導計画→短期指導計画」と順を追って検討されてきた保育の計画は、「今日のこの時間」に具体的にどのような保育者の関わりが行われるのかを方向づけるためにあったといっても過言ではありません。

　保育者の関わりには直接的な関わりとしての指導・援助と、間接的な

関わりとしての環境構成があるということはレッスン5でみてきましたが、短期指導計画においては、保育者の指導・援助の具体的内容、環境構成の具体的内容を検討することになります。このとき、「何を目的に関わるのか」という保育者の目的意識のレベルと、「どのように関わるのか」という方法論のレベルの両方の視点をもつことが必要です。

　保育者の目的意識のレベルとは、保育者が子どもの活動のどの点について働きかけようとしているのかを検討することを意味しています。これは、先に検討した「ねらい」において、その基本的視点は方向づけられているのですが、「面白さ・楽しさ・喜び」「知識・イメージ・技能」「関係性」の3つの視点のどこに関わるのかをより具体的に考えることです。

　方法論のレベルの関わりとは、「面白さ・楽しさ・喜び」「知識・イメージ・技能」「関係性」を豊かにするという保育者の目的意識を実現するために、保育者の「関わり方」を検討することを意味しています。保育者の関わりは「直接的な関わりとしての指導・援助」と「間接的な関わりとしての環境構成」に大別されますが、それぞれについて方向性を明らかにしていきましょう。

　保育者の関わり方は活動のイニシアティブのもちようによって異なってきます。直接的な関わりにおいては、子ども主導の活動であれば、保育者の関わり方は、寄り添う、共感する、確認する等の関わりが中心に、子どもと保育者が共同で活動を展開する場合は、ともに活動する、アイデアを出し合う等の関わりが中心に、保育者主導の活動であれば、教える、例示する、制止する等の関わりが中心になります。間接的な関わりとしての環境構成の場合、子ども主導の活動や子どもと保育者が共同で活動をつくり出す場合は、多様で柔軟な環境構成が必要となりますが、保育者主導の活動の場合、目的意識が明確で柔軟性は低い環境構成が必要となります。

① 「面白さ・楽しさ・喜び」への関わり

　1つ目の視点は、子どもたちが活動の面白さ・楽しさ・喜びに出会い、感じ、深めていくことを目的とした関わりです。一人ひとりの子どもが感じている面白さ・楽しさ・喜びを理解したうえで、その喜びが確かめられるように、あるいは、その先の面白さに出会えるように、保育者は子どもが感じている面白さに寄り添ったり、共感したり、提案したり、ちょっと挑戦してみたり、遊びのきっかけとなる環境構成をつくったりなど、さまざまな関わりをしていきます。指導計画を作成する段階で、子どもたちはどのような面白さ・楽しさ・喜びを感じながら遊ぶこ

とが考えられるか、いくつかのパターンで予想し、それに対する保育者の関わりを考えてみましょう。同じクラスに在籍していても一人ひとりの子どもたちが感じている面白さは多様です。子どもたちが感じている面白さ・楽しさ・喜びの多様性を踏まえた関わりを検討しておきましょう。

②「知識・イメージ・技能」の育ちへの関わり

2つ目の視点は、知識・イメージ・技能を育てることを目的とした関わりです。活動のなかで必要となる知識やイメージを獲得したり、広げたり、深めたりするために、直接的に教えたり、子どもが自ら気づくことができるように考えることを促したり、意味づけたり、環境構成をとおして伝える方法を考えたりすること、活動のなかで求められるさまざまな技術・技能を高めるために、例示したり、一緒にやってみたり、できるようになったことを認めたり、やり方を修正したりすることを、保育者の関わりとして想定しておくことが求められます。このときに、子どもたちの知識・イメージ・技能の育ちの多様性を理解し、どの子がどのような知識・イメージ・技能をもつことで活動が豊かになるかを想定し、そのために具体的にどのような関わりができるのかを考えておきましょう。

③「関係」の育ちへの関わり

3つ目の視点は、関係を育てることを目的とした関わりです。子どもたちが活動をとおして人と関わる方法を豊かに身につけるために、活動のなかでさまざまな関わり（教え合い・順番・交代・仲間入りの方法・感謝の気持ちを伝えることなど）ができるように促したり、伝えたり、例示したりすること、肯定的な他者理解のために、友だちのよいところや素敵なところに気づけるようにすること、子ども自身の自尊感情を高めるために行動を認めたり、受け止めたり、共感したりする関わりを行うこと、こうした関わりが関係の育ちへの保育者の関わりであるといえます。一人ひとりの子どもの仲間関係の姿や、そのなかでの自己の育ちをとらえながら、どのような関わりが必要であるかを考え、具体的な関わりを考えておきましょう。また、環境構成の工夫によって子どもたちの関わり行動が生まれるような方法を考えることも重要になります。

短期指導計画を作成した際に、こうした3つの点への関わりが保育者の関わりのなかでどのように含まれているのかを確認しておくことは、重要です。自分自身が実習等のために作成した部分案の「保育者の援助・留意点」等の内容を、上記の3つの視点から見直してみれば、場合

によっては極端な偏りがみられる場合があります。また、「ねらい」で示した育てたいことを実現するための保育者の関わりが想定されているかどうかを確認してみましょう。こうした視点をもつことにより、「ねらい」を達成するための「保育者の関わり」という関係が明確になり、保育の方向性が具体化してきます。

3.　眼の前の子どもに即した具体的な計画

　ここまで、短期指導計画の作成原理についてみてきましたが、重要なのは「眼の前の子どもに即した具体的な計画」であるということであり、一人ひとりの子どもにどのように育ってほしいのかというねらいをもって具体的にどのように保育者が関わるのかを明確にすることです。こうした具体的なレベルまで見通した短期指導計画は、場合によっては書かなくても構わない（当然、書いたほうがよいには決まっていますが）のですが、保育者の頭のなかで想定しておくことは必須であると考えておく必要があります。一人ひとりの子どもの姿と育ちを見据えた、いきいきとした保育のイメージを描きだすことを大切にしていきましょう。

演 習 課 題

①さまざまな週案・日案・部分案にふれて、各項目の記述のしかたの法則をみつけましょう。

②「動物園に遠足に行く」というキーワードで、どのような活動が考えられるでしょうか。また、それぞれの活動にはどのような「面白さ・楽しさ・喜び」「知識・イメージ・技能」「関係性」が含まれているのかを分析し、書き出してみましょう。

③自分が作成した部分案の「保育者の関わり」に関係する箇所の記述を、「面白さ・楽しさ・喜びへの関わり」「知識・イメージ・技能への関わり」「関係性への関わり」の3点から読み解き、カラーマーカーなどで色分けしてみましょう。そのうえで、自分の記述の「クセ」をとらえてみましょう。

参考文献……………………………………………………………………………………

レッスン 5

厚生労働省　「保育所保育指針」　2017年

玉置哲淳　「三つの次元からの遊び概念の検討」『大阪教育大学紀要Ⅳ（教育科学）』
　42（2）　1994年　217-233頁

玉置哲淳　「幼児教育独自のカリキュラム論研究の課題と構想——戦後幼稚園教育要
　領のカリキュラム論との比較を手がかりに」『エデュケア』　18　1997年　1-27頁

玉置哲淳　「関係活動モデルの基礎的考察——幼児教育独自のカリキュラム論研究の
　課題と構造」『大阪教育大学紀要Ⅳ（教育科学）』　48（2）　2000年　233-249頁

レッスン 6

伊丹市　「伊丹市幼児教育カリキュラム」　2018年

玉置哲淳　「児童中心主義・教師中心主義を超えて——独自の幼児教育課程論 7」『エ
　デュケア』　23　2003年　1-16頁

レッスン 7

貝塚市立幼稚園　「貝塚市立幼稚園教育課程」　2018年

卜田真一郎・玉置哲淳　「保育における『保育者のまなざし』論の提起——保育にお
　けるクラス経営の実証的研究（3）」『大阪総合保育大学紀要』　7　2013年　217-
　238頁

卜田真一郎　「『保育者のまなざし』論に基づく保育実践記録の分析モデルの提起——
　活動と関係に着目した保育方法論の研究」『大阪総合保育大学紀要』　8　2014年
　149-169頁

玉置哲淳　『指導計画の考え方とその編成方法』　北大路書房　2008年

八木桂子・玉置哲淳　『四・五歳児の人権保育——はぎしりに共感することから』　解
　放出版社　2012年

幼保連携型認定こども園常磐会短期大学付属常磐会幼稚園　「保育プラン」　2012年

レッスン 8

小西由紀子　「保育プロセスの可視化の研究」『日本乳幼児教育学会第24回大会発表論
　文集』　2014年　230-231頁

卜田真一郎・玉置哲淳　「関係活動モデルに立脚した保育方法学の検討」『エデュケ
　ア』　35　2014年　1-18頁

玉置哲淳・島田ミチコ監修　『幼稚園教育実習』建帛社　2010年

森上史朗・柏女霊峰編　『保育用語辞典（第 8 版）』　ミネルヴァ書房　2015年

【指導計画等を提供いただいた園】

堺市立白鷺幼稚園

豊中市立てしまこども園

幼保連携型認定こども園常磐会短期大学付属常磐会幼稚園

おすすめの 1 冊

**八木桂子・玉置哲淳　『四・五歳児の人権保育——はぎしりに共感することから』　解
放出版社　2012年**

人権保育の立場からのクラス集団づくりの実践事例集。「すべての子どもがいきい
きと生活できるクラスを育てる」ために保育者が考えるべきことは何かを、実践事
例をとおして学ぶことができる 1 冊。

第3章

保育の計画の作成と展開

対象とする年齢が異なれば、保育の計画を作成する際に重視すべき点や配慮すべき点も異なります。「乳児」「幼児」「小学校との接続」「異年齢保育」の4つの対象年齢のパターンにおける計画のあり方について学びましょう。

レッスン**9**

乳児の指導計画作成事例と展開

このレッスンでは、乳児の指導計画について、作成の基本的な考え方と具体的な事例について学びます。「乳児」とは、「児童福祉法」および「保育所保育指針」「認定こども園教育・保育要領」では「満1歳に満たない者」を指しますが、ここでは、保育所や認定子ども園で「乳児保育」の対象となる0歳児、1歳児、2歳児を「乳児」ととらえ、保育指導計画について学びます。

1. 乳児の指導計画作成の基本的な考え方

1 0歳児の在籍児童と発達の概要

　0歳児クラスには、4月1日現在で、満1歳になっていない**乳児**が在籍しますが、通常は約6か月ごろから、産休明け保育を実施しているところは生後約3か月から入所してくることになります。月齢の高い子ども、たとえば4月2日生まれの子は入所の翌日に満1歳の誕生日を迎え、翌年の3月には1歳11か月になります。つまり、0歳児クラスには、3か月から2歳直前という幅広い発達過程の乳児が在籍することになるのです。

　また0歳児は、人間の一生のうちで最もめざましく発達する時期ですが、子どもは一人ひとり個性的な存在であり、その発達も一人ひとり異なります。安易に、月齢や年齢の物差しで子どもの姿を判断することは避けるべきです。これらの理由から、2017年に改定された「保育所保育指針」からは、月齢や年齢ごとの子どもの発達の特徴については記述していません。ただし、こうした経緯を十分に理解したうえで、指導案を作成するための目安として、発達の道筋を理解することは重要になります。これらの意味合いから、2008年改定の「保育所保育指針」をもとに、子どもたちの発達を概観しておきたいと思います[†1]。

（1）おおむね6か月未満
誕生後、母体内から外界への急激な環境の変化に適応し、著しい発達が見られる。首がすわり、手足の動きが活発になり、その後、寝返り、腹ばいなど全身の動きが活発になる。視覚、聴覚などの感覚の発達はめざましく、泣く、笑うなどの表情の変化や体の動き、喃語などで自分の欲求を表現し、これに応答的

✦ 補足

乳児

「児童福祉法」第4条では、児童とは、満18歳に満たない者をいい、児童を次のように分けている。

「一　乳児　満1歳に満たない者

二　幼児　満1歳から、小学校就学の始期に達するまでの者

三　少年　小学校就学の始期から、満18歳に達するまでの者」

▶ 出典

†1　「保育所保育指針」第2章2「発達過程」2008年

116

に関わる特定の大人との間に情緒的な絆が形成される。

（2）おおむね6か月から1歳3か月未満
　座る、はう、立つ、つたい歩きといった運動機能が発達すること、及び腕や手先を意図的に動かせるようになることにより、周囲の人や物に興味を示し、探索活動が活発になる。特定の大人との応答的な関わりにより、情緒的な絆（きずな）が深まり、あやしてもらうと喜ぶなどやり取りが盛んになる一方で、人見知りをするようになる。また、身近な大人との関係の中で、自分の意思や欲求を身振りなどで伝えようとし、大人から自分に向けられた気持ちや簡単な言葉が分かるようになる。食事は、離乳食から幼児食へ徐々に移行する。

2　0歳児の指導計画作成の基本的な考え方

　0歳児の発達はめざましく、月齢による発達の開きと個人差による違いがとても大きい時期です。このため、0歳児での指導計画は、一人ひとりの発達に応じた作成が必要となります。

　保育の内容は、「ねらい」および「内容」で構成されますが、「生命の保持」や「情緒の安定」という「養護の理念」を基本として、「健康」「人間関係」「環境」「言葉」「表現」という5領域を組み合わせながら総合的に作成する必要があります。0歳児一人ひとりの生理的な欲求が十分に満たされ、健康で安全に過ごせることで快適な生活が実現します。それは、自分の気持ちを安心して表現できることでもあり、周囲から主体として受け止められていることで安定感を得て、自分を肯定する気持ちへと発達していきます。

　「保育所保育指針」および「幼保連携型認定こども園教育・保育要領」では、満1歳に満たない乳児に対する「ねらい及び内容」として、次の3点が示されています[2]。

▶ 出典
†2　「保育所保育指針」第2章1（2）「ねらい及び内容」、「幼保連携型認定こども園教育・保育要領」第2章第1「乳児期の園児の保育に関するねらい及び内容」「ねらい及び内容」

・健やかに伸び伸びと育つ
・身近な人と気持ちが通じ合う
・身近なものと関わり感性が育つ

　これは、先に示した5領域のうち、「健康」「人間関係」「環境」領域

を主とした、身体的発達の基盤を培うことを視点とする「健やかに伸び伸びと育つ」、「言葉」「人間関係」領域を主とした精神的発達の基盤を培うことを視点とする「身近な人と気持ちが通じ合う」、「環境」「表現」領域を主とした社会的発達の基盤を培うことを視点とする「身近なものと関わり感性が育つ」を、保育内容のイメージとしてとらえています。

　新たに領域が示されたということではなく、5つの領域が重なり合いながら、乳児期の発達にとって重要な「身体的・社会的・精神的」発達が、わかりやすく示されています。

エピソード①　おむつを替えてもらう

　乳児は、おしっこが出ておむつが濡れ、気持ちが悪いと感じたときには、泣くという表現で大人に状態を示します。これに気づいた大人は、「何かいやなことがあったのね？　おなかがすいたのかしら？　眠たいのかな？　それともおしっこ？」と言葉をかけながら、泣いている原因を探ろうとします。そして、おむつが濡れていることに気がつくと「あ、おしっこでたね。きれいにしようね」と言葉をかけながら、きれいなおむつに交換することを始めます。おむつを替えるため、安全で清潔な場所に移動し、やさしい表情で手早くおむつを交換します。泣き止まず、手足をバタバタさせるようなら、好きなおもちゃを手にもたせ、「すぐ、きれいになりますよ。ちょっとだけ待ってね」などと言葉をかけたり、ときには好きな歌を歌いながら、おむつを交換します。そして、交換が終わると「はーい、きれいになりましたよ。すっきりですよ」などの言葉をかけながら、抱き上げて気持ちのよさを共感します。使用済みのおむつは汚物入れに収納し、保育者も手洗いをして清潔を保ちます。

　このエピソードを保育内容としてはどのように考えればよいでしょうか。おむつを替えるという数分の保育ですが、「おむつが濡れたのが不快だ」という子ども自身の「健康」に関して、泣いて知らせても叱られない、自分の気持ちを安心して表現できるということを示しています。そしてこれは、表現を受け止められるという安定感につながっていきます。また、「おなかがすいたのかしら？　眠たいのかな？　それともおしっこ？」という「言葉」も同時に受け渡され、やさしい表情から人を信頼してよいのだということや、おむつを替えてもらうことで、生理的欲求が満たされ快適な生活が実現することになります。

　0歳児には、このような一つひとつの生活の場面をていねいに対応し

ていくことが基本です。0・1・2歳児は一人ひとり個別の指導計画
を立てることが基本となりますが、生活リズムがある程度整ってきたら、
全体的な計画に沿った保育内容のねらいを実現できる遊びを設定し、ねら
いの達成に向けて、さまざまに援助や配慮を駆使していきます。

3　1・2歳児の在籍児童と発達の概要

　1歳児クラスには、4月1日時点で満2歳に満たない子どもが在籍
しますので、はじめは1歳になりたての子どもから1歳11か月の子ど
もまで、3月には、1歳11か月から2歳11か月の子どもがいることに
なります。同じように2歳児クラスでは、4月には、2歳になりたて
の子どもから2歳11か月までの子どもが、3月には、2歳11か月から
3歳11か月までの子どもが在籍します。

　1・2歳児でも、発達の違いは大きいのですが、0歳ほどの開きは
なくなってきます。一般的に、小学校の低学年まではその開きがみえる
といわれていますが、成長するにしたがって発達の月齢差は小さくなっ
ていきます。ここで、1歳児、2歳児の発達を概観しておきます[3]。

▶出典
†3　†1と同じ

（3）おおむね1歳3か月から2歳未満
歩き始め、手を使い、言葉を話すようになることにより、身近
な人や身の回りの物に自発的に働きかけていく。歩く、押す、
つまむ、めくるなど様々な運動機能の発達や新しい行動の獲得
により、環境に働きかける意欲を一層高める。その中で、物を
やり取りしたり、取り合ったりする姿が見られるとともに、玩
具等を実物に見立てるなどの象徴機能が発達し、人や物との関
わりが強まる。また、大人の言うことが分かるようになり、自
分の意思を親しい大人に伝えたいという欲求が高まる。指差し、
身振り、片言などを盛んに使うようになり、二語文を話し始める。

（4）おおむね2歳
　歩く、走る、跳ぶなどの基本的な運動機能や、指先の機能が
発達する。それに伴い、食事、衣類の着脱など身の回りのこと
を自分でしようとする。また、排泄の自立のための身体的機能
も整ってくる。発声が明瞭になり、語彙も著しく増加し、自分
の意思や欲求を言葉で表出できるようになる。行動範囲が広が
り探索活動が盛んになる中、自我の育ちの表れとして、強く自

己主張する姿が見られる。盛んに模倣し、物事の間の共通性を見いだすことができるようになるとともに、象徴機能の発達により、大人と一緒に簡単なごっこ遊びを楽しむようになる。

（5）おおむね 3 歳

　基本的な運動機能が伸び、それに伴い、食事、排泄、衣類の着脱などもほぼ自立できるようになる。話し言葉の基礎ができて、盛んに質問するなど知的興味や関心が高まる。自我がよりはっきりしてくるとともに、友達との関わりが多くなるが、実際には、同じ場所で同じような遊びをそれぞれが楽しんでいる平行遊びであることが多い。大人の行動や日常生活において経験したことをごっこ遊びに取り入れたり、象徴機能や観察力を発揮して、遊びの内容に発展性が見られるようになる。予想や意図、期待を持って行動できるようになる。

4　1・2 歳児の指導計画作成の基本的な考え方

　この時期はまだまだ一人遊びが中心で、自我の芽生えが顕著な時期であり、かみつきやひっかきなど、ものの取り合いやけんかが頻繁に起こる時期でもあります。一人ひとりの姿をとらえながら、集団遊びでともに育つ前段階として、子どもたちの姿にあったねらいや保育内容を設定していくことが大切です。

エピソード②　育ちに必要な「子どもの行動」

　1・2 歳児は、目に入ったことや、面白そうだと思った遊びに主体的に関わります。自分が「"いま、したい"遊びを選ぶ」という感じです。たとえば、1 歳になったばかりのころは、園庭での「砂遊び」に興味をもちます。その砂遊びで最初にするのが、手についた砂を口に入れることです。食べるつもりではないので、大量に口に入れることはありません。しかし、手についた砂を一度は口に入れてしまうのです。そのとき、「おいしくない」と言わんばかりに、困った顔をして口から出そうとする姿がみられます。保育者も慌てて「お砂は口に入れないよ」と口から砂を出し、きれいに洗ってくれます。一度、それを通過すると、口に入れて遊ぶことがなくなるのが通常です。その経過を理解せず、一度砂を口に入れたから

といって「砂遊び」をやめてしまうと、そこからの砂遊びの展開は
なくなってしまいます。

　その後の砂遊びは、手で砂を触ることを経て、スコップで砂を集
めることや、容器に砂を入れる遊びに展開します。手を使うことが
「道具」を使うことに発展していきます。「入れては出す」を繰り返
しながら、砂遊びを楽しみます。保育者が、容器に砂を入れひっく
り返して"プリン"などをつくると、子どもたちはすかさず"プリ
ン"を手でつぶしにやってきます。できた形をつぶす経験を十分積
み重ねることで、"プリン"をつくることができるようになってい
きます。「つぶさないで」と、つぶすことを止めてしまうと、砂遊
びは面白くない遊びになってしまい、発展していかないのです。

　これらの保育は、子どもの身体の発達はもちろん、手や指の発達状況、
目と手と頭はどの程度の連動があるのか、また、ものごとへの認知の状
態など、子ども丸ごとの理解ができていることが基本となります。

　保育者を介してつながる砂とのふれ合い遊び（0～2歳児）、スコッ
プなどの道具を使うことで広がる遊び（1～2歳児）、砂のもろさを感
じる型つぶし遊び（1～2歳児）を経て、固さを確認しながら楽しむ
型抜き遊び（2～3歳児）、水を含ませ形成するさまざまなごはんづく
り遊び（2～5歳児）、型抜き遊びからケーキづくり等に発展する、想
像力を含んだごっこ遊び（3～5歳児）、固さと力の入れ具合を確かめ
ないとできないお団子づくり遊び（3～5歳児）、友だちと協力してつ
くる砂山や川づくり遊び（4～5歳児）、できた山からトンネルを掘る
遊び（5歳児）へとつながっていきます。それぞれの段階における遊び
の「仕掛け」を保育者が自らも楽しみながら準備できるとき、子どもた
ちは「楽しい」「やってみよう」という感覚のなかで、主体的に活動で
きるのです。どの時期にどのような方法で、どのようなねらいをもって
どの「遊び」を選択するか、子どもたちの"いま、したい"と思うタイ
ミングを逃さない力量が保育者には要求されます。これらの遊びは小学
校以降、高低、面積や体積、重量といった「学習」時に、実態をともなっ
た経験となって子どもたちに蓄積されていきます。

2. 乳児の指導計画作成事例

　図表9-1は、生後6か月の乳児の月別・個人別指導計画例です。一

図表9-1 0歳児の月別・個人別指導計画事例

	5月	A児（6か月）
基本的生活習慣	前月の反省	おなかがすくと泣いて伝えることが増えてきた。離乳食を食べたあとミルクを飲んでいるが、「まだ飲みたい」と泣くことがある。様子を見ながら、離乳食やミルクの量を検討していきたい。
	食事	離乳食初期（おもゆ・野菜煮に少しずつ慣れる） 食後ミルク150cc
	排泄	おむつが濡れると泣いて知らせる。
	清潔	おむつを替えてもらい、きれいになった気持ちよさを感じる。
	睡眠	安心して、自分のリズムで寝入ったり、目覚めたりする。
	配慮事項	食事・排泄・睡眠など、不快なとき泣いて伝えようとしているので、それぞれにしっかり気づき、安心して過ごすことができるよう気をつけておく。
領域別計画	前月の反省	保育者がそばに来ると、とてもうれしそうに笑い、手をバタバタさせ、身体全体を使って表現してくれる。「あ〜」と喃語もよく出ている。ねがえりがまだできないので横にしてみるが、自分で動こうとする意思はまだみられない。
	健康	うつぶせ、支えてのおすわりなど、いろいろな体勢をとったり、身体を動かしてもらったりする。
	人間関係	言葉をかけられたり、あやされたりすると、笑ったり声を出してこたえようとする。
	環境	プレイジムやガラガラなど、好きな遊具に手を出してふれ、つかみ、見つめる、しゃぶる、振るなどして、確かめたり感じたりする。
	言葉	機嫌のよいときなど、喃語を発する。
	表現	子守唄を歌ってもらったり、言葉をかけてもらったりしながら、気持ちよさを感じる。
	配慮事項	言葉かけと同時にスキンシップを図り、喃語を発しやすくしたり、表情が豊かに出るよう配慮する。

一人ひとりの乳児に対して、基本的生活習慣と領域別の計画を立てます。発達の道筋は月齢でほぼ似通っていますが、哺乳瓶に慣れている子、慣れていない子、あおむけやうつぶせなどの体位の好き嫌いなど、子どもによって個人差が大きいので、一人ひとりの子どもの様子をみて、計画を立てていくことが必要となります。

　また、それぞれの領域が「身体的・精神的・社会的」に関わっていることも理解できるのではないでしょうか。

　図表9-2は、食事の場面の指導計画例です。指導計画を立てる手順は以下のようになります。

①「子どもの姿」をとらえる

　食事なら食事の場面、排泄なら排泄の場面、絵本の読み聞かせなら絵

図表9-2　0歳児の個人別・部分指導計画事例

（名前）B児	（年齢）10か月

日時	○○年　△月　□日（○曜日）10：45～11：10

（子どもの姿）
・生活リズムに慣れ、自分の欲求を泣いたり笑ったりすることで表現している。
・他児が食べる姿に興味を示し、手づかみで意欲的に食べようとする姿がみられる。
・絵本に描かれている動物を見て、「わんわん」と言ったりしながら、少しの時間、集中して見ていることができる。

（ねらい）
・「いただきます」のあいさつを聞き、食べることに喜びをもって待つ。
・自分で食べる喜びを感じる。
・食後、口のまわりなどを拭いてもらうことで、きれいになることの気持ちよさを感じる。

（内容）
・「ごはん・ごはん」の歌を聞く。
・「いただきます」のあいさつを態度や表情でする。
・手づかみで食べる。
・ご飯を食べさせてもらう。

時間	環境構成	予想される子どもの活動	保育者の援助
10：45	○　● ・対面ですわる。	・いすにすわらせてもらう。	・「おなかがへったね」と気持ちに共感しながら、「マンマしようね」とうれしそうな表情でご飯を食べることを伝え、いすにすわらせる。
	・手拭きタオルを用意しておく。 ・離乳食を用意しておく。	・エプロンをつけてもらう。 ・「いただきます」の歌を聞く。	・「Bちゃんのエプロンですよ」と言葉をかけながらエプロンをつける。 ・「ごはん、ごはんうれしいな〜」と顔を見て歌い、「みんなそろってごあいさつ〜」と歌うときには手を合わせる動作をする。
		・「いただきます」の動作を見る。 　（「いただきます」の動作をまねる） ・ご飯を食べさせてもらう。	・「いただきます」のあいさつを動作をつけて言う。 ・「お口、あ〜ん」と言葉をかけながら、口を開けて、ご飯を口に運ぶ。 ・「おいしいね」「もぐもぐだね」など言葉をかけながら、食べている速さに合わせてご飯を口に運ぶ。
	・自分でもてる離乳食は別のお皿に用意しておく。	・ご飯を食べる。	・自分でもてる離乳食をお皿にのせ、手づかみで食べることができるよう、テーブルにのせる。 ・「マンマ、どうぞ」など言葉をかけながら、自分で口に運ぶよう促す。
		・「ごちそうさま」をする。 　（「ごちそうさま」の動作をまねる）	・離乳食の予定量を食べ終えたときや、ごちそうさまをしたい様子がみられたときは「おなかいっぱいだね」「ごちそうさまする？」と言葉をかけながら、手を合わせ「ごちそうさま」と言う。
11：05		・口のまわりを拭いてもらう。	・「きれいきれいしようね」と言葉をかけながら、口拭きで口のまわりをきれいに拭き取る。

図表9-3 1・2歳児の月別指導計画事例

月間指導計画（2月）		
今月のねらい		・いろいろなことに興味をもち、「やってみよう」と意欲的に取り組む。 ・友だちとけんかしながらも、一緒に遊ぶ。
前月の反省と評価	基本的生活習慣	・スプーンやフォークを使うことを意識するようになっている。ご飯をすくいやすくする工夫を検討する必要がある。 ・おまるやトイレで排泄しようとし、タイミングが合うと成功している。「気持ちよかったね」の共感を大切にしたい。 ・自らパジャマに着替えようとする姿がみられるようになった。着替えも楽しい活動だと感じるよう配慮したい。 ・自分のふとんがわかり、もぐりこむのを楽しみにしている。気持ちよさを大切にしたい。
	健康	・うがい・手洗いの絵本の効果があり、興味をもって活動している。
	人間関係	・順番はわかっているのに、「待つ」は、難しい様子。そのつど、仲立ちをしながら「待つ」気持ちよさを伝えていきたい。
	環境	・「氷」を触ったり、寒さを感じている様子。乳児園庭では、ボール遊びで身体を動かし暖かく感じる活動を取り入れた。
	言葉	・体験したことを言葉で表現しようとする姿がみられた。話をするときはゆっくり聞き取り、言葉を繰り返すなどして楽しみたい。
	表現	・リズム遊びなど楽しんで取り組むことができた。
ねらい	基本的生活習慣	・こぼさず、よく噛んで食べる。 ・おまるやトイレで排泄しようとする。 ・ボタンに興味をもち、留めてみようとする。 ・ふとんに入り、静かにしようとする。
	健康	・寒さや冷たさを体感する。 ・手を洗ったあと、自分のタオルできれいに拭こうとする。
	人間関係	・順番があることを知り、待とうとする。 ・友だちとの関わりを深め、仲間意識をもとうとする。
	環境	・冬を感じる。 ・伝承遊びを楽しむ。
	言葉	・言葉やほかの表現で伝えることを楽しむ。
	表現	・音楽に合わせて表現遊びを楽しむ。 ・製作を楽しむ。
乳児の活動	基本的生活習慣	・スプーンのもち方やフォークのもち方がわかり、こぼさず食べようとする。 ・苦手な食べ物でも少し食べようとする。 ・トイレで排泄しようとする（1歳児）。 ・排泄を予告し、自らトイレに行こうとする（2歳児）。 ・自分で着脱しようとする。 ・着衣時にボタンを自分で留めようとする。
	健康	・寒さや冷たさを体感し、身体を動かし遊ぶことで暖かくなることを感じる。 ・外遊びから帰ってきたら、うがいと手洗いをして、自分のタオルで、水分を拭き取る。

	人間関係	・友だちのボタンを留めてあげようとする。 ・おもちゃを順番に使ったり、階段の上り下りを順番にすることを楽しむ。 ・うれしい気持ちや嫌な気持ちを伝えようとしたり、友だちの気持ちを聞こうとする。
乳児の活動	環境	・「あぶくたった」「なべなべそこぬけ」などの伝承遊びを楽しむ。
	言葉	・自分のしてほしいことや、嫌だったことを言葉や身振りで伝えようとする。
	表現	・音楽に合わせて「体操」したり、リズム遊びを楽しんだりする。 ・鈴やカスタネットでリズムをとって楽しむ。 ・のりやクレヨンを使って製作やお絵かき遊びを楽しむ。
保育者の配慮事項	基本的生活習慣	・「カミカミしようね」など、言葉をかけながら噛むことの大切さを伝えるようにする。 ・苦手なものなど無理強いせず、「おいしいよ」など伝えながら保育者がおいしく食べるなどする。 ・一人ひとりのタイミングを見て気づけるよう言葉をかける。 ・自分でやってみようとする気持ちを大切に援助する。 ・援助が必要なときを見極め、「自分でできた」という気持ちがもてるよう配慮する。
	健康	・ボール遊びやフラフープ遊びに誘い、身体を動かして遊べるよう促す。 ・「手を拭こうね」と言葉をかけながら、しっかり拭き取れるように見守る。
	人間関係	・気持ちを受け止め、仲立ちしながら、子ども同士の関係を深められるよう配慮する。 ・順番を待てるよう言葉かけしながら見守る。
	環境	・氷や雪などを子どもたちがみつけたときには、驚きや発見の喜びを共有する。 ・一緒に遊び、みんなで遊ぶと楽しいことを伝える。
	言葉	・伝えようとする言葉や、身振り手振りを受け止め理解し、ともに喜ぶ。
	表現	・一緒に楽しみながら、リズム遊びや歌遊び、表現遊びの楽しさを伝える。 ・一人ひとりの様子を見ながら、必要なときは援助をし、達成感が味わえるように関わる。
備考	行事	・個人懇談会月間（2/1〜3/10） ・お誕生日会（2/24（水））
	今月の歌	「北風小僧の寒太郎」「コンコンクシャン」「やぎさんゆうびん」「雪の小坊主」「雪のペンキ屋さん」
	安全に関する注意事項	・扉・柵の施錠忘れに注意する。 ・けがが増えてきているので、危険予知能力を発揮させ、小さなけがで済むよう注意していく。

図表9-4 1歳児の部分指導計画事例

（クラス名）　はっぱぐみ	（年齢）　1歳児　　　計12名

日時	○○年　6月　15日（○曜日）　9：30〜9：45

（子どもの姿）
・生活リズムを身体で覚え、登園後泣かずに保護者と離れ、遊びをみつけようとしている。
・手遊びやあいさつなど、周りの人に興味を示し、模倣しようとする姿がみられる。
・自分の思いが伝わらないときなど、かんしゃくをおこして主張する姿がみられる。

（ねらい）
・自分の名前がわかり、返事をする。
・歌や言葉遊びに合わせて、身体を動かすことを楽しむ。

（内容）
・「おはよう」の歌を歌う。
・お返事「ハーイ」をする。
・絵本『だるまさんが』を見る。

時間	環境構成	予想される子どもの活動	保育者の援助
9：30	・机を前にすわる	・「おはよう」の歌を歌う。 ・"おひさまニコニコ""おはよう"を身振りで表現する。 ・「おはようございます」とあいさつする。 ・お返事「ハーイ」の歌を歌う。 ・手拍子したり、「ハーイ」で手をあげたりする。 ・名前を呼ばれたら「ハーイ」と手をあげて返事をする。 ・絵本『だるまさんが』を見る。 ・だるまさんの動きをまねる。	・「おはよう」の歌を歌うことを伝え、ゆっくりはっきりした発声で歌う。 ・ほかに興味をそそられたり、他児が気になっている様子がみられるときは、名前を呼んだりしながら、集中できるよう働きかけながら歌う。 ・"おひさまニコニコ"や"おはよう"のところは、身振りや楽しそうな表情とともに歌う。 ・あいさつをすることを伝え、「みなさん」のあと、声をそろえてあいさつできるようタイミングを見計らう。 ・テンポよく歌い、手拍子や身振りで楽しく表現する。 ・手拍子や「ハーイ」に興味を示さないときは、強要せず、その子どもなりの関わり方でよいことを表情をとおして伝える。 ・一人ひとりの名前を呼び、返事がしやすいようジェスチャーで伝える。 ・名前がわからなかったり、「ハーイ」をしない子どもには、気持ちを読み取り、「いたね」と言葉をかけたり、手を添えたりしながら、一人ひとりに応じた対応をする。 ・言葉の模倣がしやすいようゆっくりと読む。 ・読みながら、だるまさんの動きを身体で表現して楽しさを伝える。
9：45			・動きすぎて、他児との関わりがけんかに発展しそうなときは、それぞれの気持ちを受け取り、代弁して仲介する。

本の読み聞かせの場面で、どんな姿をしているのか、安定感や自立の程度、持続時間などをとらえましょう。

②子どもに育てたい「ねらい」を定める

「ねらい」は乳幼児が主語です。取り組もうとしているものや乳幼児に育てたいものを、子どもの姿と月や週のねらいに合わせて設定します。

③子どもが自ら蓄積していく経験や体験を「内容」として設定する

この経験をすることで「ねらい」が達成できると考えられる内容を決めましょう。

「導入」→「展開」→「終結」となるように設定できると、一流れの指導計画ができあがります。

④時間・環境構成を考えながら具体的に展開するよう計画する

「環境構成」は、安全で衛生的なことや、子どもの活動を誘発したり発展させていくような配慮が必要です。

「予想される子どもの活動」は、乳幼児の立場で記入します。子どもが自立しているときは「～する」、自立していないときは「～してもらう」と記載します。0歳児は「～してもらう」となることが多くあるかもしれません。また、「こうあってほしい、経験してほしい活動」だと予想される乳児の活動を記載しましょう。もし、してほしくない姿を予想するのなら、経験が達成できるためにどのような配慮がいるのかを「保育者の援助」欄に記入することになります。

（参考例）

時間	環境構成	予想される子どもの活動	保育者の援助
		・おはようの歌を歌う。	・他に興味があり、歌おうとしない子どもがいる場合には、興味がもてるよう、表情等で促す。

「予想される子どもの活動」欄の記述から、子どもたちに「おはようの歌を歌う」ことを経験してほしいと願ったことがわかります。「歌う」という経験で「ねらい」が達成するからです。しかし、実際の子どもたちの姿で、「違うことに興味をもっている子どもがいるかもしれない」と想像できたとすると、その子どもにどのように援助すると「歌う」という経験をしてくれるのかを考える必要があります。そのため、「他に興味があり、（中略）興味がもてるよう、表情等で促す」という援助が浮かび上がります。この援助を実践することで、子どもは「ねらい」が達成できる「活動」をしてくれることになるのです。"歌わない子どもが悪い"のではありません。いろいろな子どもの姿を想像しながら、どうすれば、「あってほしい」姿になるのか、保育者が配慮し援助してい

く営みこそが「保育」なのです。

（失敗例）

時間	環境構成	予想される子どもの活動	保育者の援助
		・おはようの歌を歌わない子どもがいる。	・歌うよう表情で示しながら、歌えるようにする。

　これは「予想される子どもの活動」に、すでに「歌わない子ども」という姿を記載しています。「あってほしい、経験してほしい活動」ではありません。指導案は言い換えると保育の「設計図」です。「ねらい」を達成するために「保育内容」を決め、その手順を設計するものです。「歌わない子ども」を想像したのなら、保育者がどのように配慮すると「あってほしい」活動になるのかを考えることが大切です。

　「保育者の援助」欄は、保育者の立場で記入します。ねらいを達成できる経験ができるために、活動上の停滞や混乱を解決し発展できるようにしたり、乳幼児の活動に、喜びや自信、満足感や達成感をもたせるために、配慮したり援助したりする活動を記入します。

　月別の指導計画案は、「全体的な計画」に基づく年間指導計画を基本として作成します。前月の反省から「子どもの姿」をとらえながら、ねらいを定めていくことが大切です。図表9-3に「1・2歳児の月別指導計画事例」を、図表9-4に「1歳児の部分指導計画事例」を示しますので参考にしてください。

　以上、乳児の指導計画作成事例と展開をみてきました。3歳未満児の指導計画を作成するときには、一人ひとりの子どもの成育歴や心身の発達、活動の実態を把握したうえで、温かな雰囲気を大切にし、子もたちが興味を示した遊びが実現できるよう柔軟な環境設定が求められます。

　また、不安なときや悲しいときなどは、気持ちを受け止め対応する「相互応答的」な関わりが必須となります。「養護」をベースとした「教育」との一体化を意識した展開が望まれます。

演 習 課 題

①0歳児の食事・排泄・着脱・午睡などのさまざまな生活場面を想像して、部分指導案を作成してみましょう。
②1・2歳児の保育内容について、「健康」「人間関係」「環境」「言葉」「表現」別に、具体的な教材等を探してみましょう。
③探した教材をもとに1・2歳児の部分指導案を作成してみましょう。

幼児の指導計画作成事例と展開

このレッスンでは、幼児の指導計画作成について基本的な考え方を学ぶとともに、指導計画作成事例をとおして実際の視点からも学んでいきます。2つのタイプの年間指導計画と、いろいろなタイプの月案・週案・日案の実際をみながら、「子どもの姿」を踏まえて「ねらい」がどのように組み立てられているかを考えてみましょう。

1. 幼児の指導計画作成の基本的な考え方

1 指導計画作成にあたっての基本的な事項

　指導計画の作成にあたり欠かせないのが「子どもの姿」です。短期指導計画の場合は、前の週や前日の子どもの活動の様子から、その活動を継続し、より楽しさや面白さを感じながら進めていけるように「目の前の子どもの姿」をとらえ、子どもの姿の理解のうえに、具体的な「ねらい・内容」を考えていきます。

　年間指導計画の場合は、作成される時期によって2つのタイプがあります。一つは、図表10-1のように例年その園で使用されている年間指導計画をもとに、年度当初（4月初め）にその年のものを作成するタイプです。もう一つは、図表10-2のように1か月ほど子どもの活動の様子や他児との関わりの様子（子どもの実態）をとらえ、4月末や5月初めに「クラス運営案」（学級経営案）として作成するタイプです。

　前者の場合は、クラスの子どもたちに出会っていない段階で作成されることが多いので、その園のそれまでの子どもたちの様子や姿を踏まえて、一般的な発達の過程を見通して予想される子どもの姿、その時期によくみられる子どもの姿を押さえて作成します。また、後者のタイプの年間指導計画は、実際に1か月ほど子どもの活動の様子や他児との関わりの様子（子どもの実態）をとらえたうえで、そのクラスの子どもの実態に合わせて作成します（図表10-3）。

　このように「子どもの姿」の理解は、短期指導計画でも長期指導計画でも必ず必要となります。子どもの一般的な発達の理解とともに、目の前の子どもをどのように理解するのかという子ども理解の視点などが求められます。

　次に「子どもの姿（学級の実態）」以外の構成要素をみてみましょう。

図表10−1では「期（月）」「ねらい」「養護」「指導内容（5領域）」「環境および援助」の項目があり、図表10−2では「段階（＝期（月）に相当）」「重点のねらい」「遊び」「生活」「絵本」「大切にすること」「家庭連携」の項目があります。そのため、「子どもの姿（学級の実態）」に加えて、「期（月）の区切り」「ねらい」「保育の内容（指導内容、遊び、生活）」「環境および援助（大切にすること）」が基本的な構成要素となります。

2 年間指導計画作成における子どもの姿の実際

　ここで、図表10−1と図表10−2の「子どもの姿」の実際をみて考えてみましょう。

①年度初めに作成する年間指導計画

　図表10−1の3歳児のⅠ期とⅤ期の子どもの姿を比べてみると、どのように違いがあるでしょうか。図表10−1の下線部に注目してみましょう。

　3歳児クラスの年度当初の基本的な生活習慣の視点では、「少しずつ保育者と一緒に」から、年度末には「自分から進んで行う」「保育者や友だちの手伝いをしようとする」というように自分で見通しや目的をもって行ったり、他者への興味・関心の育ちが踏まえられています。遊びや他児との関わりの姿として、「興味のある遊具や自分の遊びを見つけ、好きな遊びを一人で楽しむようになる」という姿から、「友だちへの関心が広がり、進んで関わったり、集団での遊びに喜んで参加したりする姿」へと、一人遊びから友だちと関わって遊ぶことの楽しさへと発達する姿が押さえられています。

　このように、年度当初に作成する年間指導計画においては、1年間の子どもの主な発達を見通して作成することが求められます。

②クラス運営案としての年間指導計画

　図表10−2において、5歳児の年間指導計画を「学級の実態」と「学級の目標」からどのように見通しているのか確認してみましょう。

　図表10−2の下線部に注目してみましょう。このタイプの指導計画では、クラス担任としてそのクラスの子どもたちと1か月ほど関わるなかで、子どもの活動の様子や他児とのやりとりの様子などを「学級の実態」としてとらえます。そして、その実態を踏まえて1年間の学級の目標を検討するとともに、年度当初に気になる姿がみられたB児に1年間をかけてどのように育っていってほしいのかということについても見通しています。

図表10-1 3歳児の年間指導計画

期	Ⅰ		Ⅱ		
月	4　　　5		6　　　7　　　8		
子どもの姿	・新しい環境に戸惑い、不安だったり緊張したりする様子がみられる。 ・排泄や食事などの基本的な生活習慣については個人差が大きいが、少しずつ保育者と一緒に身の回りの始末をしようとする姿がみられる。 ・興味のある遊具や自分の遊びを見つけ、好きな遊びを一人で楽しむようになる。		・園生活に慣れ始め、生活のしかたもわかり、安心して過ごすようになる。 ・園生活の流れがわかり、身の回りのことは少しずつ自分でしようとする。 ・好きな遊びをみつけて遊ぶようになり、また、同じ場で遊ぶ友だちと関わりをもつようになる。		
ねらい	・園生活に慣れる。 ・喜んで登園し、保育者に親しむ。		・身の回りの始末を自分でしようとする。 ・保育者や友だちと好きな遊びを楽しむ。		
養護	・健康状態や発達の状態を把握し、健康で安全に過ごせるようにする。 ・一人ひとりの欲求を十分に受け止め、保育者と身の回りの始末をしたり一緒に過ごしたりすることで安定を図り、徐々に新しい環境に慣れるようにする。		・一人ひとりの健康状態を把握し適切な休息をとらせたり、水分補給を行ったりなど、夏を快適に過ごせるようにする。 ・一人ひとりの気持ちをしっかりと受け止めて、信頼関係を深め、安心して自分を出せるようにする。		
指導内容（健康 人間関係 環境 言葉 表現）	・園生活の流れを知る。 ・保育者や友だちと一緒に食事をする。 ・自分の好きな遊びを楽しむ。 ・保育者や友だちに親しむ。 ・保育者と一緒に、身近な生き物や草花を見たりふれたりして親しむ。 ・したいこと、してほしいことを自分なりの方法で保育者に伝えようとする。 ・絵本を見たり、話を聞いたりして楽しむ。 ・保育者と一緒に好きな歌を歌ったり、手遊びを楽しんだりする。		・園生活のしかたがわかり、自分でできることは自分でしようとする。 ・好きな遊びをみつけて、保育者や友だちと一緒に遊ぶ。 ・身近な自然物や生き物に興味をもつ。 ・砂、土、水にふれて遊ぶ。 ・生活や遊びに必要な言葉がわかり、言葉で伝えようとする。 ・保育者や友だちのしていることをまねして遊ぶ。 ・簡単な歌に合わせて手遊びをしたり、リズムに合わせて体を動かしたりする。 ・身近な用具の使い方や始末のしかたを知り、描いたりつくったりして遊ぶ。		
環境および援助	☆新しい生活リズムに慣れるよう、家庭と連携して一人ひとりの子どもの様子を把握する。 ☆一人ひとりの気持ちを受け入れ優しくていねいに関わり、不安や緊張が和らぐようにする。 ○園内の生活で使う場所や使い方などは、わかりやすいようにマークや絵で表示する。また、1日の流れを知り、安心して生活できるように絵カードや活動表を用意する。 ☆基本的な生活習慣については、一人ひとりの様子に合わせて保育者が一緒にしたり見守ったりするなかで、自分でしようとする気持ちがもてるようにする。 ○安心して遊べるように、スペースを区切ったり遊具の数を調整したりする。また、いろいろな遊びに興味をもてるように、遊具を出しておいたり、保育者が楽しそうに遊んだりする。 ☆好きな遊びをみつけられるように一緒に遊んだり、興味をもてるような誘いかけをしたりする。 ☆身近な生き物や草花に親しみ、興味がもてるよう保育者が関わって遊ぶとともに、子どもの発見を大切にし、共感していく。 ☆手遊びやふれ合い遊びを取り入れ、保育者や友だちと歌ったり、ふれ合って遊んだりする楽しさが味わえるようにする。 ☆一人ひとりの姿を具体的に保護者に伝え、信頼関係を築き、子どもも保護者も安心して過ごせるようにする。		☆食欲が落ちたり疲れやすかったりする時期のため、家庭と連携して一人ひとりの健康状態を把握し、健康で安全に過ごせるようにする。 ☆身の回りの始末や片づけなど個別に手助けしながら認めたり励ましたりし、自分でする喜びが味わえるようにする。 ○子どもたちが自ら遊びに取り組めるよう興味や関心に応じた環境を整える。また、好きな遊びを十分に楽しめるよう時間を確保する。 ☆友だちと一緒に遊ぶことを楽しめるように保育者も遊びに加わり、子ども同士の関わりを仲介する。 ☆友だちとのトラブルでは、一人ひとりの気持ちを受け止め、代弁したり仲介したりする。 ☆実際に見たり触れたりすることで生き物や栽培物に親しみ、面白さや驚き、発見などを受け止めて、共感していく。 ○いろいろな夏の遊びが楽しめるように、材料や用具を十分に用意して場を整える。 ☆保育者が進んで砂、土、水の感触を楽しみ、触れて遊ぶ喜びに共感する。 ☆生活や遊びに必要な言葉を伝えるとともに、自分から話そうとする姿を認めたり励ましたりする。 ☆夏季休業中は子どもの様子について職員間で連携を図る。		

（注）○環境構成、☆保育者の援助
出典：大阪府池田市教育委員会資料をもとに作成

（学年の重点）
・保育者や友だちと関わりながら遊ぶ楽しさを感じる。
・園生活の流れや生活のしかたを知り、自分でできることは自分でやってみようとする。

	III		IV		V		
	9	10	11	12	1	2	3
	・不安定になる子どももいるが、少しずつ園生活のリズムを取り戻すようになる。 ・戸外で体を動かすことを楽しみ、いろいろな運動遊びを楽しむようになる。 ・気の合う友だちができ、一緒に遊ぶ姿がみられる。		・友だちを誘って同じ遊びを繰り返し楽しむようになり、友だちとの関わりが増えてくる。 ・理解できる語彙数が増え、保育者や友だちに自分の思いを伝えようとする。		・生活習慣が身につき、身の回りのことを自分から進んで行うとともに、保育者や友だちの手伝いをしようとする姿もみられる。 ・友だちへの関心が広がり、進んで関わったり、集団での遊びに喜んで参加したりする姿がみられる。 ・自分のしたいことや体験したことを、自分なりの言葉で保育者や友だちに伝える姿がみられる。		
	・保育者や友だちと思い切り体を動かして遊ぶことを楽しむ。 ・身近な自然にふれて遊ぶことを楽しむ。		・自分の思いや考えを、いろいろな方法で表現することを楽しむ。 ・園生活や遊びに約束や決まりがあることがわかり、守ろうとする。		・自分の思いを出しながら、のびのびと生活したり好きな遊びを十分に楽しんだりする。 ・進級への期待をもち、園生活を楽しむ。		
	・生活リズムを整え、快適な生活や遊びができるように、一人ひとりの体調に留意していく。 ・異年齢児やいろいろな友だちとふれ合って遊ぶ様子を見守り、不安や戸惑いを取り除き、安心感をもてるようにする。		・気候に応じて衣服の調節などを行い、快適に過ごせるようにする。 ・一人ひとりの自分からしようという気持ちを大切にして、安定して生活や遊びに取り組めるようにする。		・一人ひとりの健康状態を把握し、できるだけ戸外で全身を使って遊び、寒い時期を健康で安全に過ごせるようにする。 ・一人ひとりの思いや欲求を十分に受け止めながら環境を工夫し、生活や遊びが充実できるようにする。		
	・防災の意味を知り、行動しようとする。 ・身の回りの始末を自分でする。 ・保育者や友だちと簡単なルールのある遊びをする。 ・戸外でのびのびと体を動かす。 ・年長児に親しみをもち、一緒に遊ぶ。 ・種を集めたり虫を探したりして、身近な自然に興味をもつ。 ・自分の気持ちを自分なりの言葉で保育者や友だちに伝えようとする。 ・自分なりのイメージをもち、身近な用具を使って見立てて遊ぶ。 ・興味関心をもったこと、疑問に思ったことを聞くなど、やりとりを楽しむ。 ・簡単な絵本や紙芝居の内容がわかり、楽しむ。 ・曲に合わせて歌を歌ったり、簡単な打楽器を鳴らしたりして楽しむ。		・戸外で体を動かして遊ぶことを楽しむ。 ・集団遊びや簡単なルールのある遊びを楽しむ。 ・友だちと遊ぶときの約束事がわかり、守ろうとする。 ・身近な自然物にふれて遊ぶ。 ・年末年始の行事に興味をもつ。 ・遊びのなかで、自分の思いを話したり、友だちの話を聞いたりする。 ・保育者や友だちとごっこ遊びを楽しむ。 ・歌やリズムに合わせて表現することを楽しむ。 ・いろいろな用具を使って、描いたりつくったりして楽しむ。		・身の回りの始末のしかたがわかり、自分で行う。 ・戸外に出て体を十分に動かして遊ぶ。 ・進級することを楽しみにする。 ・友だちと関わって一緒にいろいろな遊びを楽しむ。 ・保育者や友だちと伝承遊びを楽しむ。 ・身近な自然にふれたり、季節の移り変わりを感じたりする。 ・保育者や友だちとの言葉のやりとりを楽しむ。 ・イメージを膨らませ、ごっこ遊びを楽しむ。 ・友だちと一緒に言葉や体で表現することを楽しむ。 ・季節の歌や好きな歌を歌ったり、楽器遊びをしたりして楽しむ。		
	○防災時の避難のしかたがわかるように、話をする機会を設ける。 ☆少しずつ園生活のリズムを取り戻せるよう家庭との連携を図りながら、一人ひとりにていねいに関わる。 ☆一人ひとりのやろうとする意欲やできるようになった姿を十分認めたり、周りに知らせたりしていくことで、自信をもっていろいろなことに取り組んでいけるようにする。 ☆戸外に出て思い切り体を動かして遊べるように、運動遊具を使っての遊びや鬼ごっこ、集団遊びを多く取り入れる。 ○全身を使った遊びが繰り返し楽しめるように、いろいろな運動遊具や用具を準備する。 ☆年長児に世話をしてもらうことや、一緒に過ごす楽しさを受け止め、関わりを楽しめるようにする。 ☆木の実や木の葉を拾い集めたり、それらを使って遊んだりすることを保育者や友だちと一緒に楽しむなかで、身近な自然に興味や関心がもてるようにする。 ☆一人ひとりの思いを受け止めたり、共感したりし、伝わった喜びが味わえるようにする。 ○楽器遊びが楽しめるようにいろいろな打楽器を準備したり、馴染みのある曲やリズムをとりやすい曲を準備したりする。 ☆日中は残暑が厳しく、また、戸外での活動も多くなるため、午後は一人ひとりの体調に合わせて過ごせるようにする。		☆手洗いやうがいの励行など、感染症予防につながる生活習慣について知らせ、一緒に取り組みながら健康に過ごせるようにする。 ☆身の回りのことを自分でやろうとする姿やできたことを十分に認め、自信につなげていく。 ☆保育者も一緒に集団遊びをし、いろいろな友だちと遊ぶことの楽しさが味わえるようにする。 ☆友だちとのトラブルの際一人ひとりの気持ちを受け止めるとともに、相手の気持ちにも気づけるように言葉かけをしていく。 ☆身近な自然物を使って遊ぶなかで、大きさや形の違いに気づいたり、数えることを楽しんだりすることができるようにしていく。 ☆自然の移り変わりや不思議さが感じられる機会をもつとともに、保育者が感動したり子どもの発見に共感したりする。 ☆遊びのなかで言葉のやりとりが楽しめるように、必要な言葉を知らせたり、仲立ちをしたりする。 ○一人ひとりのイメージが遊びのなかで表現できるよう、いろいろな材料や用具を用意していく。 ○表現遊びの楽しさが感じられるよう、子どもなりの表現を認め、共感していく。 ○いろいろな遊びが十分に楽しめるよう、雰囲気づくりをしたり場を整えたりする。 ○日が短くなるため、部屋の採光を工夫して明るくし、楽しい雰囲気で遊べるように配慮する。		○風邪やインフルエンザなどが流行しやすい時期のため、安全で健康に生活できるよう、環境や空調などに留意する。 ☆身の回りのことが自分でできるように励ましたり、できたことは認めたりし、次への意欲や自信につなげていく。また、個人差に配慮しつつ自立に向かっていけるよう、一人ひとりを温かく見守る。 ○体を動かす遊びを多く取り入れ、体が温かくなる心地よさが感じられるようにする。 ○4・5歳児と遊び場を共有し、4・5歳児の優しさや頼もしさにふれ、進級を楽しみにできるようにする。 ○一人ひとりの思いを十分に受け止め、相手に伝えていきながら、友だちと一緒に遊ぶ楽しさを知らせていく。 ○伝承遊びが楽しめるように、必要な遊具を用意したり一緒に遊んだりする。 ○冬の自然事象や春の訪れなどに気づいたり感じたりできるような機会をとらえる。 ☆友だちとの関わりを楽しむ姿を見守りながら互いの話が通じ合うように仲立ちをする。 ○子どものイメージや発想を受け止めて共感し、表現する楽しさが味わえるように環境を整える。 ○異年齢でも一緒に遊べるものやゲーム、パズルなどを用意し、楽しく過ごせるようにする。		

図表 10-2 学級経営案

学級の実態（男児10名、女児14名）
・年中組でしていた遊び（ラキュー、ネックレスやリボンなどを画用紙でつくる）や、年長組になってできる遊び（クーゲルバーン）などを楽しんでいる。
・好きな遊びがみつけられない、または遊んでいても飽きてしまう、友だちに誘われてついて行くなどの理由から、園内を転々としている…A児・B児・C児・D児・E児
・気の合う友だちがいて、自分から友だちを誘って遊んでいる。遊ぶ友だちがいつも決まっている…C児・D児・E児
・友だちより保育者と一緒に遊びたい子どもや、友だちと同じ場で遊んでいても、一緒に遊ぶためには保育者の仲立ちがいる子どももいる…A児・F児・G児・H児
・自分の思いが通らないときは、強い口調で怒り、行動（叩く、ものを強引にとる）に出てしまう…D児・I児
・相手によって、「嫌やな」「困ったな」という思いを、言えたり、言えなかったりする…B児・C児・J児
・自分の思いを表現するのは苦手だが、好きな友だちには自分から笑いかけたり、声をかけたり、関わったりする…K児・L児・M児
・自分の思いを皆の前で言うとき、言葉に出すまでに時間がかかったり、小声になったり、「今度にする」と言って、言わない子どももいる…K児・L児・M児
・身の回りの始末をするときや話を聞くときなど、今何をするときかはわかっているが、興味のあることに気持ちがいき、集中できない。体がとめられない子どももいる…A児・D児・E児・F児・I児・O児・P児
○B児は、はじめてすることや環境の変化に不安を感じやすい。進級当初、好きな遊びが見つけられず、A児のところに行き、「何してるん？」と話しかけ見に行っていた。きちんとしなければという思いが強く、友だちを指摘することも多い。気の合う友だちとクーゲルバーンで遊んでいるとき「こうしたらいいんちゃう？」とアイデアを出したり、「そんなんしたらいいな」とやりとりしながら遊んでいる。C児に対して、「Cくん、あかんで」「やめて。さわらんといて」などの言葉が出ている。

	Ⅰ の 段 階（4〜6月）	Ⅱ の 段 階（7〜9月）
重点のねらい	・保育者や友だちに親しみをもつ。 ・保育者や友だちと一緒に好きな遊びをする。 ・自分に自分の思い（うれしい、悲しい、困っているなど）を態度や言葉で表現し、受け止めてもらえた心地よさを感じる。 ・体を動かすことを楽しむ。 ・運動遊びで自分のがんばりや友だちのがんばっているところに気づく。	・保育者や友だちと一緒に好きな遊びをする。 ・自分の考えたこと思ったことを保育者や友だちに伝える。 ・友だちと関わるなかで友だちの思いに気づく。 ・遊びや生活のなかで、おかしいと感じたことを保育者に話す。 ・飼育物をとおして、虫の食べ物や生態を知る。 ○B児が自分の好きな遊びを見つける。B児が好きな遊び（ラキュー、クーゲルバーンなど）を友だちと一緒にする。
遊び	・活動的な遊び…まねっこ遊び・ふれあい遊び・新聞遊び・表現遊び・かけっこ・ダンス・巧技台など。 ・探究的な遊び…砂場・色水・積み木・カプラ・クーゲルバーン・ラキュー・製作遊び・飼育物・栽培物。 ・ごっこ遊び…ままごと・ジュース屋・弁当屋。	・活動的な遊び…まねっこ遊び・ふれあい遊び（2人組で遊ぶ、なべなべなど）・わらべうた（水車）・表現遊び・プール・水遊び・リレー・簡単なルールのある鬼ごっこ（保育者対子ども、子ども対子ども）・縄跳び。 ・探究的な遊び…砂場・色水・積み木・カプラ・クーゲルバーン・ラキュー・製作遊び・飼育物。 ・ごっこ遊び…ままごと・ジュース屋・アイス屋。
生活	・自分の道具箱や棚などの場所を知り、身の回りの始末を自分でする。 ・朝の会や当番などで友だちの名前を覚え、同じグループの友だちを意識する。 ・当番活動（出席調べ、机を拭くなど）をする。	・水遊びやプール遊びなどで、衣服の着脱や着替えた後の衣服の始末をする。 ・今日遊んだことや、感じたことを皆の前で発表する。 ・当番活動（グループの当番…出席調べ、机を拭くなど、お知らせ当番2名…出席報告）をする。
絵本	『そらまめくんのベッド』『そらいろのたね』『ぜんべいじいさんのいちご』『はらぺこあおむし』『やさいのがっこうピーマンくんゆめをみる』『10ぴきのかえる』	『も〜ぉ〜うしです！』『おれはなにわのライオンや』『じゃんけん』『おこる』『ないた』『むしたちのうんどうかい』『くれよんのくろくん』『メガネをかけたら』
大切にすること	・新入児には、園生活への不安を受けとめ安心できるように関わり、進級児には、新しい環境に対しての不安を受けとめる。 ・体がふれあう遊びや心を開放するような遊びを取り入れ、体も心もほぐしていけるようにする。 ・子どもたちが、自分の思いや考えたことを「言ってよかった」「わかってくれた」と思えるように、保育者が受けとめ、共感していく。 ・子どもたちと信頼関係をつくり、自分の思いが出せるような雰囲気づくりを心がける。保育者も間違ったり、失敗したりする姿をみせていき、失敗してもいいと感じられるようにする。 〈年間を通して〉 ・「すごいね！」「○○ちゃん好き！」ということを保育者が積極的に伝えていき、子どもたちの自己肯定感が育つようにする。	・好きな遊びがみつけられない場合は、その子どもの興味のあるものを探ったり、一緒に遊んだりしてみつけていくようにする。 ・友だちと2人組でする活動を取り入れ、友だちと知り合うきっかけをつくる。 ・友だちに自分の思いや考えを伝えようとしている姿を認め、周りの子どもたちにも伝わるように、橋渡しをしていく。 ・自分が遊んだことや感じたことを話す場をもち、友だちのことを知るきっかけづくりをしていく。 ・子どもたちの姿からおかしいと感じたことは、保育者が声をあげ、子どもたちと一緒に考えていくようにする。 ○B児の遊びを保育者も一緒にするなかで、好きなこと得意なことを一緒にみつけていけるようにする。
家庭連携	・家庭での子どもの様子や健康面などを聞き、子どもの状態を把握する。 ・保護者の思いを受けとめ、ともに子育てを考えていく（家庭訪問）。	・クラスだよりや電話連絡などで子どもたちの様子を伝え、保護者が安心できるようにする。 ・子どもの育ちを話したり、子育ての悩みなどを一緒に考えたりする（個人懇談会）。

出典：あおぞら幼稚園（大阪府）学級経営案をもとに作成

学級の目標
・自分の好きな遊びや得意なことがある。
・「やったー」「うれしい」「嫌や」「わからへん」など、自分の思いを出せる。
・好きな友だちがいて、友だちと一緒に遊ぶと楽しいと思える。
・友だちが困っていたり、嫌なことがあったりしたとき、言葉だけでなく表情や態度から友だちの思いを感じ、声をかけたり、一緒に考えようとしたりする。
・おかしいことに気づき、言える・友だちのよいところに気づきそれを伝え、自分のよいところにも気づく。
・命の大切さを感じる。

中心に据える子ども B児のまわりの子どもの目標
○B児の好きなこと得意なことがあり、自分に自信をもつ。
　自分に自信をもつことで、素直な気持ちを出せる。
　"間違ってはいけない""ちゃんとしないといけない"という思いが、少しずつ"間違うときもある"と笑えたり、言ったりするようになる。

Ⅲ　の　段　階（10〜12月）	Ⅳ　の　段　階（1〜3月）
・友だちと一緒に好きな遊びをする。 ・友だちのよいところに気づく。 ・自分の思いを出し、友だちの思いも聞こうとする。 ・遊びや生活のなかでおかしいと感じたことを、保育者や気の合う友だちに話す。 ○B児が苦手なことがあったとき、「嫌やねん」と保育者や友だちに話す。	・学級の目標と同じ。
・活動的な遊び…表現遊び・リレー・縄跳び・ボール遊び・簡単なルールのある鬼ごっこ（グループ対抗）。 ・探究的な遊び…砂場・積み木・カプラ・クーゲルバーン・ラキュー・製作遊び（自然物・廃材など）・楽器遊び。 ・ごっこ遊び…ままごと・ジュース屋・アイス屋・劇ごっこ。	・活動的な遊び…表現遊び・縄跳び・ボール遊び・簡単なルールのある鬼ごっこ（協力したり助け合ったりできるようなグループ対抗）。 ・探究的な遊び…積み木・カプラ・クーゲルバーン・ラキュー・製作遊び（自然物・廃材など）・こま。 ・ごっこ遊び…ままごと・お店屋さん。
・当番活動（グループの当番…出席調べ、机を拭くなど、お知らせ当番2名もしくは1名…出席報告）をする。 ・「どんなきもち」のペープサートを使い、自分の気持ちや経験したことなどを話す。 ・友だちのよいところみつけをする。・カレーづくりで友だちのことを知る。	・当番活動（グループの当番…出席調べ、机を拭くなど、お知らせ当番1名…出席報告）をする。 ・友だちのよいところみつけをする。 ・私の絵本をつくるなかで、自分や友だちのことを知る。
『はしれ！ウリくん』『ともだちや』『ゴリラのパンやさん』『いただきます』『おこだでませんように』『のろまなローラー』『へえーすごいんだね』	『島ひきおに』『けんかのきもち』『あの子』
・遊び方が乱雑になっていたり飽きたりしている場合は、子どもたちの興味や遊びの刺激になるようなことを探りながら、環境を整える。 ・友だちのよいところみつけをすることで、自分自身のよいところも知ることができるようにする。 ・友だちと思いを出し合うなかで、折り合いのつけ方を経験できるようにする。はじめは保育者も一緒に考えていくが、だんだんと子どもたちだけでも解決できるようにしていく。 ・子どもたちがおかしいと感じたときを逃さないようにする。保育者も声をあげ、ほかの子どもたちが不公平に気づけるようにする。 ・自分たちでルールを考えたり、決めたりする経験ができる遊びを取り入れる。 ○B児が「嫌や」「やりたくない」などの思いを出したときは受け止め、本当の思い（活動自体が嫌なのか、負けるのが嫌なのか、失敗するから嫌なのかなど）を探っていき、共感する。	・友だちのよいところみつけをすることで、自分自身のことを知る機会となるようにする（絵本づくりにつなげる）。 ・自分の思いを出し合うなかで、自分と違う思いがあることを知り、自分の気持ちにどう折り合いをつけていくのかを経験できるようにする。保育者は、子どもたちだけでも解決できるように見守る。 ・友だちが困っているとき、周りの子どもたちにも伝え一緒に考える場をつくるようにする。 ・子どもたちの"おかしいな"と感じたことに共感し、周りの友だちにも伝え、子どもたちと一緒に考えていく。 ○B児が嫌な気持ちを出したとき、保育者が周りの友だちに伝え、周りの友だちが共感してくれたという経験を増やしていく。
・保護者同士が知り合ったり、つながったりできるようにする（学級懇談会）。 ・クラスだよりなどで、子どもの様子を伝えたり、行事で大事にしているところなどを知らせたりする。 ・子どもの育ちを話し、就学に向けて子育ての悩みなどを一緒に考える（個人懇談会）。	・保護者とともに1年間の成長を振り返る。ほかの保護者と話す機会をつくり、子育てについての悩みなどに共感していけるようにする（学級親睦会）。

図表10-3 年間指導計画の種類

年度初めに作成する年間指導計画	一般的な子どもの発達の過程や、その園の前年度までの年間指導計画を押さえて作成する。
クラス運営案としての年間指導計画	1か月ほど子どもの様子を見て、そのクラスの子どもの育ちや経験をもとに、1年間を見通して作成する。

　このように、目の前のクラスの子どもの実態（姿・様子）を踏まえてそのクラスの1年間を見通していく年間指導計画もありますが、この場合においても背後には一般的な発達の過程として5歳児の育ちを押さえておく必要があります。

2. 幼児の指導計画作成事例

　ここでは、いろいろなタイプの短期指導計画をみていきましょう。

1　月案や週案

　図表10-4は、3歳児の10月の指導計画です。「先月の子どもの姿」「ねらい」「内容」「幼児の活動」「環境構成および保育者の援助」を中心として「家庭との連携」「行事」「評価・反省」等の項目があります。図表10-4の下線部に注目してみましょう。「先月の子どもの姿」で運動会で体を動かすことを楽しんだ子どもたちの姿をとらえて、それが10月のねらいにつながっています。また、「草花や虫探しなど身近な自然に触れることを楽しむ」というねらいは、秋の季節を感じてほしいという願いから意図をもって入れたものです。

　図表10-5は、異年齢保育をしている園の週案の一部です。資料は「戸外遊び」の部分ですが、これとは別に「保育室内での遊び」「子どもの姿」があります。図表10-5の下線部に注目してみましょう。9月の保育のテーマのもとで、「探してみよう」「どんな色ができるかな？」「といを使って遊ぼう」と大きく3つの活動が示されています。グランドでの「探してみよう」のねらいは「自然にふれる→気づく・探す→気づいたことを伝え合う」というように、3歳児、4歳児、5歳児で区別しています。これは発達の違いがあるので、同じ活動をしても子どもの興味のもち方や虫や草花への関わり方が違うことを踏まえてのことです。

2　日案

　図表10-6は、「幼児の姿」「ねらい」「内容」「展開（環境構成・予想される幼児の活動・保育者の援助）」「育ってほしい姿」の項目で構成されています。図表10-6の下線部に注目してみましょう。「幼児の姿」には、子どもたちが一緒にルールのある遊びを進めていく姿や、協力し合いながらどんぐりすべり台づくりなどに取り組む姿がとらえられています。そのような姿を踏まえて、ねらいは「季節の変化に気づく」「遊びを一緒に進めることを楽しむ」「一緒に遊ぶことを楽しむ」の３つがあげられています。そして内容は「秋の自然物を使って遊びに必要なものをつくって遊んだり、いろいろな遊びに取り入れたりして工夫することを楽しむ」「忍者ごっこ、色鬼、氷鬼、バナナ鬼などをして、体を動かして遊び、簡単な役割を自分なりに責任をもって行う喜びを楽しむ」と具体的な遊びや活動があげられています。その具体的な展開として、「話し合い」から「片づけ」まで、遊びが１時間確保されています。「好きな遊び」のなかで具体的に「砂遊びをする」「穴を掘ったり、トンネルをつくって遊ぶ」こととともに、「ねらい・内容」が実現できるように環境構成や援助が考えられています。

　また、この指導案の特徴は、「予想される幼児の活動」に「育ってほしい姿」として５領域や幼児期の終わりまでに育ってほしい姿が「※」の記号で示されていますので、それらを意識して保育を進めやすいといえます。

　図表10-7は、「本時のねらい・内容」「展開（時間・主な内容）」とともに、環境構成図のなかに「具体的な遊び」が示され、それぞれの遊びに応じて「子どもの姿・準備物・保育者の援助」が示されています。図表10-7の下線部に注目してみましょう。この指導案の特徴は、いろいろな遊びが同時進行で園庭や保育室内で行われている際に、それぞれの遊びごとに「子どもの姿・準備物・保育者の援助」が示されていることです。ごっこ遊びのようにイメージをふくらませながらやりとりがたくさん生まれるものや、玉転がしのように試したり、工夫したり、やってみるなかで気づきがいろいろ生まれるものなど、遊びによって子どもの姿や援助が違うので、それを意識化しながら保育を進めることができます。

図表10-4　3歳児の指導計画（10月）

	担任	主任	園長

先月の子どもの姿
- 運動会の練習を保育者や友だちと楽しく取り組むことができた。
- 身の周りのことを進んでしようとする姿がみられ、できるようになったことを保育者に伝えている。
- 異年齢児の運動会の練習の様子に興味をもっている。

ねらい
- いろいろな運動遊びを楽しみ、友だちと一緒に体を動かして楽しさを感じる。
- 草花や虫を探しながら、身近な自然にふれることを楽しむ。

内容

（養）	・排泄の処理を自分でできるようにする。 ・保育者や友だちと一緒に体を動かして遊ぶ楽しさを感じさせる。
健	・いろいろな運動遊具を組み合わせて遊ぶ。 ・体調を崩さないようにしながら元気に過ごす。
人	・合図や指示に従って首を一緒に行動する。 ・集団行動の約束を守りいろいろな行事に参加する。
環	・散歩などを通して自然に親しみながら自然にふれる。 ・秋の虫などに興味をもち、探したり捕まえたりする。
言	・ごっこ遊びなどのなかで友だちとの言葉のやりとりを楽しむ。 ・自分の感じたことなどを保育者にしてほしいことを言葉で伝えるようにする。
表	・いろいろな絵本を見たり、聞いたりするなかでイメージを広げる。 ・音に合わせて表現遊びを楽しむ。 歌（いぬのおまわりさん・どんぐりころころ・ゆうやけこやけ・まつぼっくり）・製作〈運動会の絵・壁面〉
食	・箸を正しく持って正しい姿勢で食べる。 ・一定時間内に食べる。

	1～6日	9～13日	15～20日	22～31日
行事	4日（木）体験入園		16日（火）避難訓練（不審者）	29日（月）発達測定 31日（水）誕生会
ねらい	・友だちと会話をしながら遊ぶ楽しさを味わう。 ・異年齢児と運動会ごっこを楽しむ。	・秋の自然に興味をもつ。 ・身のまわりのことを進んでしようとする。	・秋の自然物で遊ぶ。 ・異年齢児や友だちと遊ぶ楽しさを感じる。	・秋の自然物に触って友だちと遊ぶ。 ・体を使って戸外でのびのびと遊ぶ。
幼児の活動	体を動かして遊ぶ 鉄棒・平均棒・ジャンプ・ダンス → 製作 運動会の絵・10月の壁面 →	散歩に出かける 大津神社・熊野神社・寺内公民館 →	外で遊ぶ 築山・ダンス・かけっこ → 楽器遊び・リズム遊び →	
環境構成および保育者の援助	●運動会も運動会ごっこが楽しめるよう、体育用具の一部はいつでも使えるようにしておく。 ●運動会ごっこでは他クラスと一緒にできる時間をもち、あこがれや、優しい気持ちを育てるようにする。 ●運動会の絵が描けるように、画用紙や絵の具を用意しておく。 ▲運動会ごっこでは、ダンスなどの異年齢児競技へのあこがれの気持ちを受け止めて、一緒に踊ったり教えてもらう機会をつくり交流を図る。 ▲運動会の絵が描きにくい子には、友だちのつくったものを見せて発表する時間をつくり、運動会で何が楽しかったかを聞いたりしながら寄り添い、描きやすいようにしていく。	●散歩では、子どもの体力などを考慮し、無理なく歩いて行ける距離を目的地として計画を立てる。 ●散歩に出かけるときは、木の実等を持ち帰れるように、ビニール袋を準備しておく。 ●築山遊びは、けがなく遊べるように事前に約束をつくって子どもと話し合う。 ▲散歩では、自然にふれるなかで、子どもたちの発見や感動に共感するとともに気づいたことを伝えていく。 ▲築山では、思い切り好きな遊びを存分楽しめるように、見守ったり気づくような言葉をかけたりする。	●戸外に出ることが多くなるため、園庭の整備や安全点検を十分にしておく。 ●手洗いうがいが正しく行えるように確認する。 ●製作では、自然物を用意しておき季節感のあるものづくりが出来るようにする。 ▲築山での遊びがさらに発展できるように、異年齢児と遊ぶ機会をつくり、一緒に遊ぶなかで子のまねをしたり、「私もしたい」という気持ちがもてるようにする。	●気温の変化が大きくなるので、衣服の調節をこまめに行う。 ●体を動かして遊べるように戸外遊びの機会を多くつくり、築山・ダンス・かけっこなど思い切り体を動かせるようにする。 ▲友だちの遊びに加わろうとしてもらえるようなときには、理由を聞いたり、遊びのなかで見たりして、どうしたらよいかを一緒に考える。 ▲ルールのある遊びでは、それを守ることの大切さを知らせ、自分で意識してできるように見守り、できていない子どもには状態に合わせて、わかりやすいルールを考える。 ▲外遊びで楽しかったことや困ったことを聞く時間や場を設け満足感をもてるようにしていく。

家庭との連携
- 運動会後の様子や成長した姿を具体的に伝え、子どもたちの育ちに対する理解を深めてもらう。
- 活動が活発になり、疲れやすいので睡眠等十分にとって体調に気をつけてもらうようにする。
- 給食時のマナーや箸の持ち方、排便時に自分で拭くなど、園で取り組んでいることを知らせ、家庭でも取り組んでもらうようにする。

評価・反省

（注）●環境構成、▲保育者の援助

出典：つまこども園（兵庫県）指導計画をもとに作成

図表10-5 幼児クラス週案（3歳児・4歳児・5歳児異年齢保育）

9月の保育のテーマ「すごい！　不思議！　をみつけよう」		9月10〜16日
（場所）（活動）	○探してみよう （グラウンド）	○どんな色ができるかな？ （園庭）	○といを使って遊ぼう （園庭）

（場所）（活動）	○探してみよう （グラウンド）	○どんな色ができるかな？ （園庭）	○といを使って遊ぼう （園庭）
ねらい	〈3歳〉虫や草花を探したり見たりしながら、<u>身近な自然にふれること</u><u>を楽しむ</u>。 〈4歳〉少しずつ季節の移り変わりに気づき、友だちと一緒に<u>虫や草花</u><u>を探そう</u>とする。 〈5歳〉虫や草花をみつけて調べたり、<u>気づいたりしたことを伝え合</u><u>い、季節の変化を感じる</u>。	〈3歳〉色水のつくり方を知り、つくることを楽しんだり色の変化に気づく。 〈4歳〉つくった色水の色や匂いを言葉で表現しようとする。 〈5歳〉道具や材料を選んで色水をつくり、色や匂いの違いを友だちと比べたり気づいたことを伝え合う。	〈3歳〉いろいろなものが転がる面白さや楽しさを感じる。 〈4歳〉みずから球を転がしたり道づくりをしたりすることで、ものが転がるしくみに関心をもつ。 〈5歳〉友だちと協力して、いろいろな球が最後まで転がるように、といやパイプを組み合わせて遊びを進めようとする。
環境構成	□虫を捕まえたり観察したりできるよう、虫取り網や虫かごを用意する。 □捕まえたりみつけたりした虫・草花・木の実の名前や、疑問に思ったことを調べられるように図鑑を持っていく。 □そのつど、正しい用具の使い方を考えられるような言葉かけをしたり伝えたりしていく。 □生き物・草花の扱い方を一緒に考え、命を大切にすることを意識できるようにする。	□すり鉢やすりこぎなどの道具を使いやすいように置いておく。 □色水に使う水と道具を洗う水を分けて用意する。 □材料の見本としてむくげや朝顔など高い所の花はいくつか置いておき、3歳児には園庭の草花は自由に使えることを知らせる。 □つくった色水を飾る場所を用意し、気づいたことや感じたことを発表する場を設ける。	□試行錯誤しながら道づくりができるように、さまざまな種類のといやパイプなどを準備しておく。 □転がり方の変化を楽しめるように、いろいろな大きさや素材の違う球を用意しておく。 □球を大切に扱えるように、片づけるカゴには入れる球の個数を記入したり、子どもたちと数を確認したりする。 □遊びながら高低差をつけられるように、テーブルや台になるようなものを置いておく。
援助・配慮	○「みつけたい」「探してみたい」と活動に意欲がもてるように、子ども自身が考えたり試したりする姿に寄り添ったり、子どもの気づきや驚き・喜びを大切に受け止めていく。 ○「何をしたらいいのか」「どこを探したらいいのか」と戸惑う姿がみられたときには、友だちや異年齢児の姿に気づけるような言葉かけをしたり関わりがもてるよう仲立ちをしたりする。 ○その日の気づきや発見を皆で出し合うことで身近な自然への興味を高めたり、次への意欲・自信へとつなげることができるようにする。	○自分で草花や道具を選んでやってみようとする姿を見守り、子どもの気づきを「こういうところに気づいたね」と言葉にして返す。 ○色の変化に驚いたり不思議に思ったりする姿に寄り添い、「なんでかな？」と感じたことを考えられるように、子どもの思いを聞いたり尋ねたりする。 ○子ども同士で道具の使い方を伝え合えるように見守り、必要に応じて仲立ちをする。 ○色水のつくり方や色の違いに気づけるように必要に応じて周りの子どもの姿を知らせる。	○安全に遊ぶにはどうすればよいか、といやパイプの扱い方について考える機会をもつ。 ○友だちや異年齢の友だち同士で関わりをもてるように、きっかけをつくる。 ○友だち同士で協力や工夫をして道づくりができるように見守ったり、子どもたちが工夫していることを周りの友だちに伝え、ヒントになるような声かけをしたりする。 ○遊びの様子を見て球の数を増減する。 ○今日の遊びについて、子どもたちから面白かったことや工夫したことを伝え合えるようにし、次の遊びへの意欲につなげる。

出典：こばと保育所（兵庫県）幼児クラス週案をもとに作成

図表10-6 5歳児の指導案（日案）

29名（男児16名　女児13名）

幼児の姿	運動会が終わり、過ごしやすくなった気候のなかで、外で遊ぶことに喜びを感じてのびのびと活動している子どもたちの姿がみられるようになっている。それぞれが気の合う友だちと誘い合って、忍者ごっこや色鬼、氷鬼、バナナ鬼などの遊びで簡単なルールを共有しながら、体を動かすことを楽しんでいる。 また、園外保育で発見した秋の木の実などを持ち帰り、図鑑を見たり絵本を見るなどして調べることで秋の自然物についての興味や関心が深まっている。そのような取り組みが、どんぐりすべり台をつくることに発展している。室内では、グループごとに意見を伝え合いながら協力して作業し、どんぐりを転がして遊ぶことなどを楽しんでいる。また、戸外では、築山を使用して、気の合う友だちを一緒に誘いながら、どんぐりすべり台づくりに挑戦している。
ねらい	○自然物を使った遊びを楽しむなかで、季節の変化に気づく。 ○友だちと共通の目的に向かって、互いに考えを出し合い受け入れながら遊びを一緒に進めることを楽しむ。 ○簡単なルールを友だちと共通理解して一緒に遊ぶことを楽しむ。
内容	・秋の自然物を使って遊びに必要なものをつくって遊んだり、いろいろな遊びに取り入れたりして工夫することを楽しむ。 ・忍者ごっこ、色鬼、氷鬼、バナナ鬼などをして、体を動かして遊び、簡単な役割を自分なりに責任をもって行う喜びを楽しむ。

展開

時間	環境構成	予想される幼児の活動	保育者の援助（△担任、▲副担任）
9:30	○クラス全体で話し合いをする時間を設ける。	○今日の外遊びについて話し合いをする（※1、※8）。 ・前回は、どのようなものをつくったか、どのように遊んだのか、振り返る。 ・今日はどのような遊びをしたいのか。	△話し合いをすることで、目的をもって遊べるようにする。 △友だちの思いや考えを知ることができるように、話し合いを進めていく。 △▲個別に対応が必要なN児、S児、M児には、再度どんな遊びをしたいのかを聞き、遊びの目的がもてるようにする。
9:45	○救急セットをウッドデッキに出し、何かあればすぐに対応できるようにしておく。	○水分補給をする。 ○帽子を被る。	△▲十分に水分補給ができるように呼びかける。
	○遊びを展開できるように、十分な遊ぶ時間を設ける。 ○秋の自然物を準備しておく（どんぐり、まつぼっくり、ツバキの実など）。 ○広いスペースを確保しておく。	○好きな遊びをする（※1、※2、※3、※4、※5、※6、※7、※8）。 ・友だちと誘い合って遊ぶ。 ・砂遊びをする。 ・穴を掘ったり、トンネルをつくって遊ぶ。 ・どんぐりすべり台をつくるなどして、どんぐりを転がして遊ぶことを楽しむ。 ・友だちと協力して一緒につくって遊ぶ。 ・秋の自然物を使いながら型抜きをしたり、お団子やケーキなど、イメージをもって見立て遊びをする。 ・玩具の貸し借りをしながら遊ぶ。 ・友だちとルールを話し合い共通理解をして遊ぶ。 ・忍者ごっこ、色鬼、氷鬼、バナナ鬼などをする。 ・体をのびのびと動かして走る。 ・異年齢の友だちと関わって遊ぶ。	△遊びの約束を確認してから進める。 △事前に片づけの時間を伝えておき、子ども自身で時間を意識できるようにする。 △▲全体を見て回りながら、何をつくっているのか、どのような遊びをしているのかを聞き、同じ場所にいる子どもたちのイメージをつなげていけるようにする。 △▲子どもたちの喜びや楽しさを一緒に共感し、遊びの満足感が味わえるようにする。 △▲遊びのなかでトラブルになったときは、お互いの思いを聞きながら、どうすればよいのかを問いかけ、一緒に考えていけるようにする。 △▲N児、S児、M児には、必要であれば声をかけ、遊びが充実できるようにする。

10:45		○片づけをする。	△▲片づけの時間になっていることを呼びかけ、友だちと協力して片づけができるように促す。
		・玩具を決まっている場所に片づける。	△▲進んで片づけをしている子どもの姿を認め、その姿を全体に広めていく。
		・友だちと協力して片づけをする。	△▲片づけ忘れがないか全体に声をかけ確認し、皆で最後まで片づけ、きれいになった気持ちよさを感じていけるようにする。
10:55	○手洗い、水分補給の時間を設ける。	○手洗い、水分補給をする。	△▲次の活動を知らせながらするべきことを意欲的にできるように見守る。
		○帽子を片づける。	
11:00	○今日の遊びの振り返りをする時間を設ける。	○今日の遊びの振り返りをする（※1、※8）。	△一人ひとりの気持ちを受け止めながら、皆で喜びや発見を共有できるように話を進めていき、自信につながるようにする。
		・どのように遊んだのか。	△遊びの振り返りを通して、満足感を味わえるようにする。
		・どのようなものをつくったのか。	△子どもたちの発表のとき、必要に応じて言葉を補足することで、全体にわかりやすいようにする。
		・自分の思いや考えを発表する。	△次回の活動に期待がもてるように、次はどうしていきたいのか子どもたちに問いかけ、どうすればいいのかを子どもたちが考えられるようにする。
		・友だちの話を聞く。	

育ってほしい姿　〈◎5領域の内容〉〈★10の姿〉
◎（※1）言葉…自分のしたいこと、感じたこと、考えたことや楽しかったことなどを自分なりの言葉で表現したり、友だちや保育者の話を聞いたりする。
◎（※2）人間関係…友だちと楽しく活動するなかで、共通の目的を見出し、工夫したり、協力したりして一緒に遊ぶ楽しさを味わう。
◎（※3）環境…自然にふれて、その大きさ、美しさ、不思議さなどに気づき、取り入れて遊ぶ。
★（※4）自立心…自分の力で行うために、考えたり工夫したりしながら諦めずに取り組む。
★（※5）協同性…互いの思いや考えなどを共有し、共通の目的の実現に向けて考えたり工夫したり協力したりして、充実感をもってやりとげようとする。
★（※6）道徳性・規範意識の芽生え…友だちと折り合いをつけながら、決まりをつくったり守ったりするようになる。
★（※7）思考力の芽生え…考えたり、気づいたり、工夫したり、振り返ったりするなどしながら、多様な関わりを楽しむ。友だちのさまざまな考えにふれるなかで、自分と異なる考えがあることに気づき、自ら判断したり考え直したりするなど、新しい考えを生み出す喜びを味わう。
★（※8）言葉による伝え合い…経験したことや考えたことなどを言葉で伝えたり、相手の話を聞いたりして、言葉の伝え合いを楽しむ。

出典：つまこども園（兵庫県）研究保育時の指導案をもとに作成

図表10-7 5歳児の指導案（日案）

本時のねらい	○友だちと共通の目的に向かってお互いに考えを出し合い受け入れ合いながら、一緒に遊びを進めることを楽しむ。 ○遊びのなかで自分のイメージしたことや考えたことをいろいろな方法で工夫したり、試したりして表現する。

13：00
○好きな遊びをする。
・なか幼稚園ハウス・海のホテルごっこ
・お魚ジェットコースター・磁石
・砂場・玉転がし・一輪車
・石鹸で遊ぶ

→

13：50
○片づける。
・手洗い、うがいをする。

→

14：00
○降園準備をする。

→

●海のホテルごっこ
＊夏休みにキャンプを経験した子どもにより、テントづくりが始まった。そこからテントが海のホテルになり、ホテルまでの道づくりなど、自分たちがイメージしたものを協力してつくり上げていく姿がある。
☆段ボール、ガムテープ、身辺材料など
○自分たちでイメージを伝え合い、遊びに必要なものをつくっていく姿を見守っていく。

　海のホテル
　ごっこ

身辺材料

●玉転がし
＊1学期は積み木、カプラを組み合わせてビー玉転がしを楽しんできた。2学期になり、積み木などの既製品にペットボトル、トイレットペーパーの芯を組み合わせ自分たちでコースをつくり、どんぐり、ビー玉を転がして遊ぶ姿がみられた。いまは、木切れをくぎで打ち、より複雑な玉転がしをつくっている。また、転がす玉も自分でつくり、何が一番よく転がるか試す姿がある。
☆かなづち、くぎ、U字磁石、ブルーシート、自分でつくった玉
○遊びを進めていくなかで、お互いのイメージが合わずに葛藤しているときは、お互いの思いを聞き、それぞれの思いを伝えながら、一緒に解決方法を考えていくようにする。
○「こうしたらこうなった！」などの気づきに共感していく。
○かなづちやくぎの使い方や扱い方などを伝え、危険のないように見守っていく。

玉転がし

●お魚ジェットコースター
＊1学期から転がす、流す、滑らせる遊びに興味・関心がある子が多い。ビー玉、流しそうめん、きんかん、手づくり車などさまざまなものを転がしたり滑らせたりし、どの素材がよく転がるか、どの傾斜がよく滑るかなど、試す姿がある。
＊作品展でつくったジェットコースターで新たにコースをつくり遊んでいる。
☆積み木、机、段ボール、ペットボトルなど
○「ここからスタート」「つなげよう」など、自分たちで相談して、遊びを進めていく姿を見守る。お互いの意見がうまくつながらないときは、相手の話を聞いたり、自分の思いを伝えたりできるよう、声をかけていくようにする。
○うまく転がらないことで悩む姿があれば、どこで困っているのか、どうしていこうと思っているのかなど、解決方法を一緒に考えていくようにする。

●一輪車
＊乗れるようになりたいと何度も挑戦している姿がある。友だち同士でコツを伝え合っている。
＊距離を計測している。
☆メジャー、ライン引き
○何度も挑戦している姿を認めていく。

一輪車　　　鉄棒　　　すべり台

（注）＊子どもの姿、☆準備物、○保育者の援助
出典：箕面市立なか幼稚園（大阪府）研究保育時の指導案をもとに作成

本時の内容	・自分のしたい遊びを楽しむなかで、自分の思いを相手に伝えたり、友だちの考えを取り入れたりしながら、協力して遊びを進めていく。 ・いろいろな用具、道具、素材からイメージに合うものを選んだり、工夫してつくったり、試しながら遊んだりする。

14：10
〇振り返りをする。
・どんなことを試したのか、どんな工夫をしたのか、どんなことに気づいたのかなどを伝え合い、学びの共有につなげていく。
・友だちの話を聞くことで、いろいろな遊びに気づき、明日の遊びに期待や興味がもてるようにする。

14：30
〇降園する。

石鹸クリーム

●クリームづくり
＊水や石鹸の量を考えてつくる姿がみられ、「もうちょっと石鹸を入れたらいいよ！」など、年少児に教える姿がみられる。
＊泡をホイップに見立てて、ケーキづくりを楽しむ。「ケーキをつくって、クリスマスパーティー！」と友だちと会話を楽しみながらつくる姿がある。
☆遊びの様子や展開に応じて、色をつける材料（色水遊び）、カップ、粘土などの素材や用具を用意したり、追加したりしながら、イメージが膨らむようにする。
〇友だちの泡との違いに気づき、悩んでいる子には、一緒に考えたり試したりしながら思いの実現に向けて一緒に遊んでいくようにする。
〇数や文字に対して関心をもち始めたときのために、文字や数の表を用意しておき保育者も一緒に書くなど、書くことの楽しさが味わえるようにする（看板、メニュー表）。

ザリガニ・メダカ

カブトムシの幼虫

磁石

砂場

お茶づくり

土山

チビッコ
とりで

●磁石
＊五中の磁石博士から刺激を受けて、「磁石は何にくっつくのか」と幼稚園中を試してみたり、磁石でものを動かしたりしている。
☆机、磁石、身辺材料、画用紙など
〇「ここにくっついた！」「なぜか逃げる！」など、磁石の不思議さに一緒に共感していく。

●お茶づくり
＊「赤色の葉っぱは何茶になるかな？」「イチョウは黄色の色になる？」といろいろな葉っぱでお茶づくりをしている。同じ葉っぱでも色の違いが出ることなどを不思議に思い、試す姿がある。
☆葉っぱ、草、実、色水遊びの材料
〇試したり、工夫したりする気持ちを認めながら、保育者も一緒に遊びに加わり、気づいたことを言葉に出したり、楽しさや、不思議さに共感していくようにする。

●なか幼稚園ハウスごっこ
＊木やポールにロープを張り、ビニールシートで屋根をつくる。「家になった！」「テレビをつくろう！」「星空が見たいね！」とイメージを伝え合い、自分たちで相談しながら家づくりをする姿がある。
＊屋根を支える子、テープを切る子、テープを貼る子と協力し合う姿がみられる。それぞれに関心のあることや得意な作業が発揮されている。
☆ガムテープ、画用紙、マジックなど

登り棒

ジャングルジム

141

3．子どもの姿をとらえることの大切さ

　指導計画の作成にあたっては、「子どもの姿」をとらえ、発達に応じて「ねらい」「内容」を考えていきます。そして、それを実現するためにどのような展開や環境構成・援助が必要なのかを考えていきます。さまざまなタイプの指導計画がありますが、この考え方の道筋はすべて共通しています。

演　習　課　題

①図表10 - 1 の「ねらい」は、 1 年をとおしてどのように変化していくでしょうか。気づいたことを話し合ってみましょう。

②図表10 - 2 の「大切にすること」を読んでみて、気づいたことを話し合ってみましょう。

③いろいろな指導計画を自分たちで調べて、ほかにどんなタイプの指導計画があるかを発表しましょう。

小学校との接続を意識した指導計画と展開

このレッスンでは、小学校との連携の必要性と課題について学ぶとともに、小学校との接続を意識した指導計画や、小学校におけるスタートカリキュラムについてみていきます。2つのタイプの年間指導計画と、いろいろなタイプの月案・週案・日案の実際をみながら、「子どもの姿」を踏まえて「ねらい」がどのように組み立てられているかを考えてみましょう。

1. 小学校との連携の必要性

1　子どもの育ちは連続している

　一人ひとりの子どもの育ちは、生まれた日から大人になるまで途切れることなく連続的につながっています。身体の成長、心の育ち、認知的な育ちや人と関わる力の育ちなど、すべての育ちが連続しています。

　乳幼児期には保育所・幼稚園・認定こども園でのさまざまな遊びや活動をとおして体験・経験が積み重なっていきます。そのような直接的な体験をとおして、心も体も知的な面も人との関わりの面も育っていきます。

　このように育ってきた子どもが小学校に進学すると、通う場所が変わるといった環境の変化があるだけではなく、時間割に沿って展開される授業や、教科書等の教材を用いた教科学習が基本となる教育方法や指導方法の違いに直面し、その結果、「戸惑い」「段差（＝ギャップ）」が生じているというのが実状です。そして、個々の幼児には、それに対しての適応が求められるのですが、なかには**うまく適応できない子どもたち**がいます。

　そのため、個々の子どもの育ちの連続性を保障していくためにも、幼児期と小学校教育との連続性をもたせた「円滑な接続のためのカリキュラム」の編成を行うとともに、保育所・幼稚園・認定こども園と、小学校との交流や連携を図っていくことが求められています。

2　連携の取り組みについて

　すでに10年以上前に文部科学省・厚生労働省から共同で「保育所や幼稚園等と小学校における連携事例集」（2009年3月）が出されました。その資料から抜粋して、どのような連携の取り組みがあるかをみてみま

✚ 補足

うまく適応できない子どもたち

このことを一般的に「小1プロブレム」と呼んだりするが、近年は子ども側の問題・課題ではなく、制度上の問題・課題として取り上げられるようになってきている。

しょう。

---

①「子ども同士の交流活動」

　保育所・幼稚園の幼児と、小学校の児童とで一緒に何らかの行事や活動を楽しむ（経験する）。それによって、幼児自身が小学校に親しみをもったり、小学校生活に対するイメージを形成したりできる。小学校児童にとっては、（年下の子に対する）言葉使いや関わり方を工夫する姿がみられる。

②「教職員の交流」

・第1段階：保育所・幼稚園の職員と小学校教員が会議などを行い、互いの理解を深める。

・第2段階：実際に互いの保育や授業の様子を見学し合い、互いの理解を深める。

・第3段階：相互の保育・教育方法や指導方法の違いを理解する。

　第2・3段階の取り組みを行うと、小学校教員にとっては、保育が「遊びを中心とした多様な活動を経験して創造的な思考や主体的な生活態度などの基礎を培う」ということが、実際の保育場面を見て実感として理解できるようになる。

　子ども同士の交流活動の具体的なものとしては、「幼児が小学校に行って給食交流、半日体験などをする」「お便り交流（学年便り、園便りなどを子どもがもっていく）」「保育所・幼稚園のお散歩コースの一部に、小学校を入れる」「幼児が小学校に招かれて交流する」「小学生が地域の園に行って交流する」「一緒に何か共通の体験をする」などがあります。

　教職員の交流としては、「情報交換」の視点では「小学校で入学前の保護者に配布している説明会資料を保育所・幼稚園側ももらう」「小学校の授業参観日（公開参観日）に、保育所・幼稚園の保育者も参加する」「保育所・幼稚園の参観日（保育参加日）に、小学校教員も参加する」というものがあります。「先生同士の交流（合同研修）」の視点では、「幼児期の保育・教育の取り組みや子どもの育ちや経験を、小中学校の教員が知り、その逆に保育所・幼稚園の保育者が、小中学校の教育の取り組みや子どもの育ちを知る機会をつくる」「小中学校の教員が、実際の保育現場を見る。逆に保育所・幼稚園の保育者が実際の小・中学校の教育現場を見て合同研修をする」というものがあります。

そのようなことを支えるしくみとして「接続期のカリキュラム」が各自治体で編成され始めています。

2.　接続期の位置づけ

■1　これまでの経過の整理

1989年に、「保育所保育指針」や「幼稚園教育要領」「小学校学習指導要領」が改定（訂）されました。それによって、保育所・幼稚園の保育内容は5領域に整理され、「主体的な活動・体験をとおして心情・意欲・態度を育む教育」が重視され、そのために「環境をとおして行うこと」を基本とすることが示されました。

そして、小学校では低学年の理科・社会が廃止され、代わりに体験を基盤とした学習として「生活科」が始まりました。これ以前から幼児期と小学校との接続は意識されていましたが、改めて「生活科」をとおした接続が意識され始めました。

その後、1998年、2008年と「保育所保育指針」「幼稚園教育要領」「小学校学習指導要領」は改定（訂）されていきました。そこでは「生活科による体験を基盤とした学習」（気づきを質的に高める）が強調され、2008年改訂の「小学校学習指導要領解説」の「生活科編」において、「スタートカリキュラム」という言葉が明記され、生活科を中心とした、他教科との合科的な指導や関連性をもたせた指導についての重要性が示されました。さらに、2010年11月には文部科学省と厚生労働省の合同で、**「幼児期の教育と小学校教育の円滑な接続の在り方について（報告）」**という報告書が出され、各自治体が「接続期カリキュラム」づくりに取り組み始める契機となりました。

その後、2015年1月に「スタートカリキュラム　スタートブック」

写真11-1　スタートカリキュラムスタートブック

◆補足
「幼児期の教育と小学校教育の円滑な接続の在り方について（報告）」
すでに、この報告書のなかに「幼児期の終わりまでに育ってほしい姿（10の姿）」の原型となる12の視点が示されている。

（写真11-1）が文部科学省・国立教育政策研究所により作成され、各自治体（教育委員会等）への配布がなされました。これによると、小学校教育は「ゼロからのスタートでないこと」が強調され、「安心〜幼児教育の考え方を取り入れる」「成長〜幼児期の経験を小学校の学習につなぐ」「自立〜スタートカリキュラムを入り口として6年間を見通す」ということについて、具体的に4〜5月の小学校での指導計画の考え方が示されました。

　2017年の「保育所保育指針」「幼稚園教育要領」「小学校学習指導要領」の改定（訂）においては、これらを踏まえて、さらに踏み込んだ「接続期」の考え方が示されています。次項でそのことについて説明します。

■ 2 　創造的な思考や主体的な生活態度などの基礎を培う

　保育所・幼稚園・認定こども園の保育は「小学校以降の生活や学習の基盤の育成につながる」ものであるとして、「保育所保育指針」「幼稚園教育要領」「幼保連携型認定こども園教育・保育要領」には次のように示されています。

「保育所保育指針」第2章4（2）「小学校との連携」ア
　保育所においては、保育所保育が、小学校以降の生活や学習の基盤の育成につながることに配慮し、幼児期にふさわしい生活を通じて、創造的な思考や主体的な生活態度などの基礎を培うようにすること。

「幼稚園教育要領」第1章第3　5「小学校教育との接続に当たっての留意事項」（1）
　幼稚園においては、幼稚園教育が、小学校以降の生活や学習の基盤の育成につながることに配慮し、幼児期にふさわしい生活を通して、創造的な思考や主体的な生活態度などの基礎を培うようにするものとする。

「幼保連携型認定こども園教育・保育要領」第1章第2　1（5）「小学校教育との接続に当たっての留意事項」ア
　幼保連携型認定こども園においては、その教育及び保育が、小学校以降の生活や学習の基盤の育成につながることに配慮し、乳幼児期にふさわしい生活を通して、創造的な思考や主体的な

生活態度などの基礎を培うようにするものとする。

　どの施設形態でも、日々の保育の営みが小学校以降の生活や学習の基盤の育成につながっているのですが、特に「創造的な思考や主体的な生活態度などの基礎を培う」ことが基盤となっていることが示されています。ここでの「創造的な思考」「主体的な生活態度」とはどのようなものでしょうか。「幼稚園教育要領解説」によると、次のように示されています[†1]（下線部は筆者による。以下同様）。

▶出典
†1　「幼稚園教育要領解説」第1章第3節5（1）「小学校以降の生活や学習の基盤の育成」

　　（前略）創造的な思考の基礎として重要なことは、幼児が出会ういろいろな事柄に対して、自分のしたいことが広がっていきながら、たとえうまくできなくても、そのまま諦めてしまうのではなく、更に考え工夫していくことである。うまくできない経験から、「もっとこうしてみよう」といった新たな思いが生まれ、更に工夫し自分の発想を実現できるようにしていく。主体的な態度の基本は、物事に積極的に取り組むことであり、そのことから自分なりに生活をつくっていくことができることである。さらに、自分を向上させていこうとする意欲が生まれることである。

　ここに示されていることは小学校の先取りでも、高度なことでもなく、日々の保育のなかで、子どもたちが意欲的かつ積極的に活動に取り組むなかで、うまくいかないときに諦めるのではなく、「こうやったらどうか」「もっとこうしてみよう」と考えたり、「もっとこうしたら面白くなるのでは？」と工夫したりすることについて述べています。そのような日々の保育の積み重ねが、小学校以降の生活や学習の基盤の育成につながることが示されています。

3　「資質・能力」「幼児期の終わりまでに育ってほしい姿」と接続

　前項で引用した部分に引き続き、「幼保連携型認定こども園教育・保育要領」には次のように示されています[†2]。

▶出典
†2　「幼保連携型認定こども園教育・保育要領」第1章第2　1（5）「小学校教育との接続に当たっての留意事項」イ

◆補足
小学校教育との接続に当たっての留意事項
左記の引用部分については、「保育所保育指針」「幼稚園教育要領」においても同様のことが記されている。

　　幼保連携型認定こども園の教育及び保育において育まれた資質・能力を踏まえ、小学校教育が円滑に行われるよう、小学校の教師との意見交換や合同の研究の機会などを設け、「幼児期

147

> の終わりまでに育ってほしい姿」を共有するなど連携を図り、
> 幼保連携型認定こども園における教育及び保育と小学校教育と
> の円滑な接続を図るよう努めるものとする。

　これまでも小学校の教師との意見交換や合同の研究の機会や保育参観や授業参観などの交流の機会はありましたが、これからは保育所、幼稚園、認定こども園側からは各園の「幼児期の終わりまでに育ってほしい姿」がわかるような資料や事例などをもち寄って、話し合ったりすることがより重要になってきます。それによって、保育所・幼稚園・認定こども園の保育者と小学校教員がともに幼児の成長を共有することができ、互いの保育方法・教育方法の違いだけでなく、幼児期から児童期への発達の流れを理解することにもつながります。このことの具体例として、「幼稚園教育要領解説」には、次のような例が示されています[3]。

▶ 出典
†3　「幼稚園教育要領解説」第 1 章第 3 節 5（2）「小学校教育との接続」

> 　例えば、固くてピカピカの泥団子を作りたいという思いをもった幼児は、これまでの経験から、砂場の砂よりも花壇の土を使う方がよいことや、粒の細かい砂をかけて磨いて仕上げることなどを発見しながら、思考力が芽生えていく。園内の様々な場所で砂の性質等に気付き工夫しながら、多様な関わりを楽しむ幼児の姿が見られるようになる。
> 　このように具体的に見られる「幼児期の終わりまでに育ってほしい姿」を生かして、幼稚園の教師から小学校の教師に幼児の成長や教師の働き掛けの意図を伝えることが、円滑な接続を図る上で大切である。

　このような「泥団子づくり」の例は、多くの園でみられるものですが、そのような普段の活動のなかにも「幼児期の終わりまでに育ってほしい姿」の「思考力の芽生え」が読み取れます。さらに、根気強く、粘り強くそのことに取り組んでいる姿からは「自立心」も育ってきていることが読み取れますし、友だち同士で気づいたことを教え合ったり、「一緒にこんなふうにしていこうよ」と目的を共有したりする姿がみられれば、「言葉による伝え合い」も「協同性」の育ちも読み取れます。

　つまり、小学校教員に園での活動を伝える際には、「こんなことをしています」「どのようなことをしてきたか」だけでなく、「幼児期の終わりまでに育ってほしい姿」を意識して「○○のような遊びを通して□□が育ってきている」ということを伝えることが大切であるといえます。

また、保育者として大切にしていること（働きかけの意図）も合わせて伝えることによって、子どもの育ちを円滑につないでいくことができます。

4 「小学校学習指導要領」の「接続」に関する記述

　2017年3月に小学校の「学習指導要領」も改訂され、2020年4月より施行されています。その第1章「総則」第2「教育課程の編成」のなかに、4「学校段階等間の接続」という項目が新たに示され、下記のように各小学校の教育課程に「学校段階等間の接続」を位置づけて編成することが求められています。

　4　学校段階等間の接続
　教育課程の編成に当たっては、次の事項に配慮しながら、学校段階等間の接続を図るものとする。
（1）幼児期の終わりまでに育ってほしい姿を踏まえた指導を工夫することにより、幼稚園教育要領等に基づく幼児期の教育を通して育まれた資質・能力を踏まえて教育活動を実施し、児童が主体的に自己を発揮しながら学びに向かうことが可能となるようにすること。
　また、低学年における教育全体において、例えば生活科において育成する自立し生活を豊かにしていくための資質・能力が、他教科等の学習においても生かされるようにするなど、教科等間の関連を積極的に図り、幼児期の教育及び中学年以降の教育との円滑な接続が図られるよう工夫すること。特に、小学校入学当初においては、幼児期において自発的な活動としての遊びを通して育まれてきたことが、各教科等における学習に円滑に接続されるよう、生活科を中心に、合科的・関連的な指導や弾力的な時間割の設定など、指導の工夫や指導計画の作成を行うこと。

　ここには、幼児期の終わりまでに育ってほしい姿を踏まえた指導を工夫すること、小学校入学当初に生活科を中心としたスタートカリキュラムを作成し、その際に、児童が主体的に自己を発揮しながら学びに向かえるようにすることや、合科的・関連的な指導や弾力的な時間割の設定を行うことなどが示されており、幼児期の子どもの育ちのバトンを小学校側できちんと受け止め、生かしていくようなスタートカリキュラムの

図表 11-1　生活科のイメージ

(社会、理科の見方や考え方については、社会・地理歴史・公民ワーキンググループ、理科ワーキンググループでそれぞれ検討中)

特別活動　道徳　体育　図画工作　音楽　理科　総合的な学習の時間　社会　算数　国語

理科
自然の事物・現象についての見方・考え方
自然の事物・現象について、質的・量的な関係について、主として量的・関係的に、実体的、時間的・空間的な視点で捉え、問題解決の過程を通して考えること

総合的な学習の時間
探究的な見方・考え方（案）
各教科等の特質に応じた見方・考え方を総合的に活用して、広範な事象を多様な角度から俯瞰して捉え、実社会や実生活の文脈の中で物事を考えたり、自分自身の生き方と関連付けて内省的に考えたりすること

社会
社会的事象の見方・考え方
位置や空間的な広がり、時期や時間の経過、事象や人々の相互関係に着目して捉え、比較・分類したり総合したりして、国民（人々）の生活と関連付けること

生活科
（生活科の特質に応じて育まれる見方・考え方（案））
身近な人々、社会及び自然を自分との関わりで捉え、よりよい生活に向けて思いや願いをもち、意欲や自信をもって学んだり生活を豊かにしたりする

具体的な活動や体験を行うことを通して、生活科の特質に応じて育まれる見方・考え方を生かし、自立し生活を豊かにしていくため、次のように資質・能力を育成する
○活動や体験の過程において、自分自身、身近な人々、社会及び自然の特徴やよさ、関係性に気付くとともに、生活上必要な習慣や技能を身に付ける
○身近な人々、社会及び自然と自分との関わりについて考え表現する力を育成する
○身近な人々、社会及び自然に自ら働きかけ、意欲や自信を持って学んだり生活を豊かにしたりしようとする態度を育てる

[スタートカリキュラム]

幼児期の終わりまでに育ってほしい姿につなぐ

健康な心と体
自立心
協同性
道徳性・規範意識の芽生え
社会生活との関わり
思考力の芽生え
自然との関わり・生命尊重
数量・図形、文字等への関心・感覚
言葉による伝え合い
豊かな感性と表現

幼児期の終わりまでに育ってほしい姿

生活科のイメージ

小学校中学年
教科等の特質に応じた「見方・考え方」や資質・能力を育むとともに、それらを総合・統合していく学び

小学校低学年
生活科を中心としたスタートカリキュラムの中で、合科的・関連的な指導も含め、子供の生活の流れの中で、幼児期の終わりまでに育った姿が発揮できるような工夫を行いながら、短時間学習なども含め柔軟に行うことにより、幼児期に総合的に育まれた「見方・考え方」や資質・能力を、各教科等の特質に応じた学びにつなげ、徐々に各教科等の特質に応じた「見方・考え方」や資質・能力を育んでいく時期

接続
幼児期の終わりまでに育ってほしい姿を手がかりとしながら、幼児の得意なところや更に伸ばしたいところを見極め、それらに応じた関わりをしたり、より自立的・協働的な活動を促したりするなど、意図的・計画的な環境の構成に基づいた総合的な指導の中で、バランスよく「見方・考え方」や資質・能力を育んでいく時期

幼児教育
遊びや生活の中で、幼児期の特性に応じた「見方・考え方」や資質・能力を育む学び

※各教科等の「見方・考え方」を踏まえ、関係性を示したものである。また、「幼児期の終わりまでに育ってほしい姿」は、濃淡で関連の度合いを示しているが、濃い部分は特に意識的につながりを考えていくことが求められるもの。幼児教育において小学校教育を前倒しして行うことを意図したものではない。

小学校教育との関連が分かるよう、小学校教育は、幼児教育を前提に

出典：文部科学省ホームページ「生活科のイメージ（たたき台）」
https://www.mext.go.jp/b_menu/shingi/chukyo3/064/siryo/__icsFiles/afieldfile/2016/11/17/1379012_2.pdf（2021年 3 月29日確認）をもとに作成

作成が求められています。図表11-1に、2017年の改訂に向けての検討段階で文部科学省が作成した「生活科のイメージ」を掲載しています。この図表からも、「接続期」のスタートカリキュラムが重要となっていることがわかります。

3.　接続期カリキュラムの例

　ここで、筆者が編成に関わった**大阪府泉大津市の接続期カリキュラム**を紹介します。

　図表11-2は、2016年3月に作成された接続期カリキュラムです。市のキャラクター"おづみん"に絡めて、「お！　わかるぞ→自信・自己肯定感」「ずっともっと知りたい！→好奇心・追求心・探求心」「みんなと育つ→協調性・社会性・柔軟性」というように「自信」「学び」「人との関わり」の3つの視点でつなぐカリキュラムになっています。「幼児期の終わりまでに育ってほしい姿」をそのまま表記したものではありませんが、「健康な心と体」「自立心」を土台に、「思考力の芽生え」や「協同性」「言葉による伝え合い」の育ちを意識したものになっています。

4.　小学校との接続を意識した　保育の展開の例

　図表11-2の泉大津市の接続期カリキュラムに基づいた年長児の保育の展開の例をみてみましょう（図表11-3）。

　この造形展は、つくったものを展示することが目的ではなく、自分たちでつくり上げたものを使って、ごっこ遊びをすることを目的としたものです。その途中経過である「主な活動とそのねらい」として、「5歳児全体でいくつかのグループに分かれて、友だちと協力して製作する・共通の目的に向かって友だちと協力する・さまざまな素材を使い、工夫してつくろうとする」ことが位置づけられています。

　そのなかで「身近なものに興味をもち、工夫してつくったりする」「感じたり考えたりしたことを自分なりの言葉で話す」「友だちと協力して、工夫したりアイデアを出し合う」ことが幼児期の学びの視点で示されています。この取り組みの過程を「幼児期の終わりまでに育ってほしい姿」の視点でとらえれば、皆で共通の目的をもって進めていくなかで「協同性」を中心に、試行錯誤したり工夫したりしていく「思考力の芽

図表 11-2 泉大津市接続期カリキュラム

	幼児期（年長）
	自信をもって園生活を過ごしながら、学びの芽生えを育む時期
O お！ わかるぞ ↓ 自信 自己肯定感 など 「自信」	**■園生活を進めていく自信** ○自信をもって1日の生活を送る。 ○時間や生活の流れの見通しをもつ。 ○いろいろなことに自信をもって取り組む。 ○自分のいいところ、友だちのいいところを知る。 （吹き出し）こんなこと　できるよ！ （吹き出し）すごいね！
ZU ずっともっと 知りたい！ ↓ 好奇心 追及心 探求心 など 「学び」	**■学びに向かう気持ちや興味の育ち** ○体を動かす楽しさを感じる。 ○自然にふれあい、その美しさや不思議さを感じる。 ○身近なものに興味をもち、工夫してつくったりする。 ○友だちと一緒に自分たちで遊びをつくり出していく。 ○試したり、工夫したり、比べたり、数えたりする。 **■言語力の育ち（自分の言葉で話す力）** ○感じたり考えたりしたことを自分なりの言葉で話す。 ○絵本の読み聞かせからイメージを膨らませる。 ○絵本や、歌、言葉遊びなどで、言葉の美しさや 　面白さなどに気づく。 （吹き出し）知的好奇心を　刺激します。 （吹き出し）面白いね！
MIN みんなと 育つ ↓ 協調性 社会性 柔軟性 など 「人との関わり」	**■他者との関係性の育ち** ○友だちや先生にあいさつをする。 ○友だちと一緒に遊んだり、活動したりする。 ○相手を認め、自分も認めてもらうようにする。 **■協力・協同の育ち（生活や遊びをとおして）** ○友だちと話し合いながら、遊びを進める。 ○友だちと協力して、工夫したりアイデアを出し合う。 **■言語力の育ち（他児と言葉でやりとりする力）** ○友だちの話を聞いて、相手の気持ちや考えをわかろうとする。 ○相手の気持ちや考えを聞いて、自分の思いを伝える。 ○友だちに尋ねたり、答えたりする。 （吹き出し）こんなふうにしたら　もっと面白いんじゃ　ないかな！ （吹き出し）次、何して遊ぶ？

（注）□□□□□ 指導のポイント

出典：泉大津市「スタートカリキュラムリーフレット」をもとに作成

小学1年生（4～5月）	小学1年生3学期（2年生に向けて）
新たな生活に慣れていきながら、学びの基礎を培う時期	自覚的な学びの時期の確立のためにつけたい自信や力

■小学校生活を送る自信
○安心して、1日の生活を送る。

　［幼稚園や保育所に近い活動を取り入れ、安心できるようにします。］

○時間の見通しをもつ（長い針が○○になったら△△）。
○自分の持ち物がわかり、自分で取り組む。
○先生や友だちに認められることで自信をもつ。

　［しっかりほめます・認めます・評価します。］

■主体的に学ぶ意欲や姿勢
○学校探検で学校の様子を知る。
　　見つける、不思議に思う、質問する、話す。

　［子どものつぶやきを大切にします。］

○体験活動を楽しむ
　　やってみたい、調べてみたい、話したい、伝えたい！

　［話したい、伝えたい気持ちは国語科の学習につながります。絵に表したい気持ちは図画工作につながります。］

○友だちと話し合い、問題を解決しながら、自分たちで進めていく。

　［話したことが自信につながります。］

■言語力の育ち（自分の言葉で話す力）
○自分の名前や好きなものなどをみんなに話す。
○みんなの前で自分の気持ちや考え、あったことを話す。
○絵本や物語を聞いたり読んだりして、イメージを膨らませ、それを言葉で伝える。
○絵本や教科書を友だちと一緒に声をそろえて読む。

■他者との関係性の育ち（クラス集団・学級経営の視点）
○友だちや先生とあいさつをする。
○新しい友だちのことを知り、関わりを広げる。
○相手の考えを理解し、自分の思いも理解してもらえるように考えて行動する。

　［机を班の形にして話し合ったら、友だちとの距離がぐっと縮まります。］

■協力・協同の育ち（生活や学習をとおして）
○グループや班で話し合って、お互いを理解する。
○グループや班などのなかで、アイデアや気づき・意見をやりとりする。

■言語力の育ち（言葉でやりとりする力）
○先生や友だちの話や気持ちをしっかり聞く。
○友だちの話や気持ちをしっかりと聞き、理解しようとする。
○人の話を聞いて、さらに知りたいことを考える。
○友だちとお互いに質問したりこたえたりする。

　［言葉でやりとりする機会をたくさんつくります。］

■小学校生活を進めていく自信
○1日の流れを意識して学校生活を送る。
○時間割やチャイム、時計によって、見通しをもって行動する。
○新しいことにも、意欲をもって挑戦する。
○自分の好きなもの・好きなところや、自分のいいところ・得意なことに自信をもつ。

（できた〜！）

■主体的に学ぶ意欲や姿勢の育ち
○目当てをもって、学習を進める。
○振り返りで、その授業での気づきを言える。
○自分たちで問題を見つけて、自分たちで調べ、考えを深め、解決していく力をつける。

　［今後のアクティブラーニングにつながります。］

■言語力の育ち（自分の言葉で話し、表現する力）
○皆の前で、自分の気持ちや考えを発表することができるようにする。
○声の大きさや速さ、姿勢にも注意して発表する。
○言葉のもつリズムや繰り返しの面白さを感じながら本を読む。

■他者との関係性の育ち（クラス集団・学級経営の視点）
○友だちや先生に親しみを込めてあいさつをする。
○クラスのなかで、人との関わりをもち、そのなかで自己を発揮する。
○相手の考えを理解し、自分の思いも理解してもらえるように考えて行動する。

■協力・協同の育ち（生活や学習をとおして）
○班活動、係活動を協力し合いながら進めていく。
○グループや班などのなかで、アイデアや気づき・意見をやりとりしながら、よりよいものをつくり上げる。

■言語力の育ち（言葉でやりとりする力）
○友だちの話や考えを最後までしっかりと聞く。
○発表を聞いてそれを理解し、さらに知りたいことを考える。
○友だちの発表を聞いて、それに対する自分の意見を発表する。

　　「4月（入学式～月末）と、5月」の実質的・具体的なスタートカリキュラム（月案）の策定
　　○ 1～2週目のテーマ・ねらいの設定、3週目・4週目のテーマ・ねらいの設定を考える。
　　○「安心」「成長」「自立」に向けて、子どもの発達を踏まえ、時間割や学習活動を工夫して「一人ひとりが安心感をもち、新しい人間関係を築いていくことをねらいとした学習」「合科的・関連的な指導による生活科を中心とした学習」「教科等を中心とした学習」の視点で組織する。

図表 11-3 泉大津市造形展

造形展 1　【アプローチカリキュラムの事例】幼稚園・認定こども園	
実施時期	5 歳児　11月
主な活動と そのねらい	○ 5 歳児全体でいくつかのグループに分かれて、友だちと協力して製作する。 ・共通の目的に向かって友だちと協力する。 ・さまざまな素材を使い、工夫してつくろうとする。
これまでの経験	・さまざまな素材に親しみ遊ぶ。 ・グループ活動をする。 ・ハサミ、のりなどを使ってつくる。
環境の構成	・さまざまな素材や用品を用意する。 ・グループ分けをする。

活動のなかでの経験

■学びに向かう気持ちや興味の育ち
　○身近なものに興味をもち、工夫してつくったりする。
■言語力の育ち（自分の言葉で話す力）
　○感じたり考えたりしたことを自分なりの言葉で話す。
■協力・協同の育ち（生活や遊びをとおして）
　○友だちと協力して、工夫したりアイデアを出し合う。

（ここどうする？）

↓　幼児期からつながる小学校での学びや育ち

■主体的に学ぶ意欲や姿勢
　○体験活動を楽しむ（やってみたい、調べてみたい、話したい、伝えたい！）。
■言語力の育ち（自分の言葉で話す力）
　○皆の前で自分の気持ちや考え、あったことを話す。
■協力・協同の育ち（生活や学習をとおして）
　○グループや班などのなかで、アイデアや気づき・意見をやりとりする。

（どうしたらいいかな？）

指導のポイント

・いろいろな用品の使い方を知らせ、正しく使えるようにする。
・子どもの発想を受け止め、意欲的に活動できるようにする。
・子ども同士の話の仲介をし、思いをきちんと伝え合えるようにする。

活動時の子どもの姿

・さまざまな素材を使い、試行錯誤しながらつくっていく様子がみられた。
・友だちと話し合ったり協力したりしながら、つくるものや材料を決め、活動を進めていくことができた。
・考えたものを形にしていくことで、できあがりを喜び、達成感を味わうことができた。

出典：図表11-2と同じ

生え」、考えたことや思ったことを伝え合う「言葉による伝え合い」、いろいろな素材を活用しながらつくり上げていく「豊かな感性と表現」などの育ちの姿が含まれていることがわかります。

5.　小学校との連携を意識した指導計画作成で押さえるべき点

1　年間指導計画で押さえるべき点

　年長児（5歳児）の年間指導計画において「幼児期の終わりまでに育ってほしい姿」をどのように意識するかは、各園の考え方によります。しかしながら、多くの園では、秋以降の保育において「協同性」に関わることを、子どもの姿やねらいなどで押さえているという共通点があります。

　夏ごろまでの保育において、一緒に何かをしていくことの楽しさ、ともに遊び合う楽しさを育みながら、秋ごろから共通の目的をもって取り組んでいく楽しさへ、さらに知恵を出し合って共通の目的に向かって取り組むなかで一人ひとりが力を出し合い、協力して活動を進め、最後までやり遂げていく経験をしていけるように育ちの連続性を意識していくことができれば、「協同性」がより明確になっていきます。そして、そのなかに「言葉による伝え合い」や、ものとの関わりのなかで何かをつくり上げていく際に育まれる「思考力の芽生え」と「豊かな感性と表現」を意識していくとよいでしょう。

2　秋以降の月案・週案、行事の計画で押さえるべき点

　月案・週案、行事の計画は、年間指導計画よりも具体的な保育の展開の視点でねらいや内容、子どもの活動や環境構成と援助が書かれます。

　そのため、そもそも「創造的な思考や主体的な生活態度などの基礎を培う」ような保育とはどのような保育なのかを考えて、とらえなおしてみることから始める必要があります。

　秋以降の行事において、多くの園で「造形展」（作品展）や「生活発表会」（劇遊び）、「音楽会」などが実施されていますが、もしこれらの行事がすべて保育者の指示どおり、手順どおりに従うような保育の進め方だとしたら、「創造的な思考」「主体的な生活態度」は育まれるでしょうか。「造形展」でつくるものや材料が決められていて、さらに1から10まで先生の説明どおりにつくっていき、完成形がみな同じものであるなら、どこに創造的な思考が育まれるでしょうか。

　泉大津市の造形展の取り組みの例でみたように、子どもたち自身が知恵やアイデアを出し合い、どうやったらうまくいくか問題を解決しながら進めていくような取り組みのなかで、はじめて創造的な思考が育まれていきます。つまり、「創造的な思考や主体的な生活態度」を意識し、さらに「協同性」を意識して進めたり、「社会生活との関わり」を意識したり、「言葉による伝え合い」を意識したりしながら、月案・週案、行事の計画を考えていくことで、小学校との連携を意識した指導計画になっていきます。

　そしてもう一つ押さえておきたいことは、子どもたちが自分たちの力で成し遂げたという達成感が大切であるということです。「幼児期の終わりまでに育ってほしい姿（10の姿）」の「自立心」は、「自分の力で行うために考えたり、工夫したりしながら、諦めずにやり遂げることで達成感を味わい、自信をもって行動するようになる」と示されており、「協同性」は「互いの思いや考えなどを共有し、共通の目的の実現に向けて、考えたり、工夫したり、協力したりし、充実感をもってやり遂げるようになる」と示されています[4]。このように「やり遂げる」ことを通じて、充実感や達成感を得られ、それが結果的に「自信」につながります。このような自信・自己肯定感を育む視点は、行事に限らず、日常の保育のなかでも押さえておきたいことです。

▶ 出典
†4　「保育所保育指針」第 1 章 4（2）「幼児期の終わりまでに育ってほしい姿」イ、ウ

演 習 課 題

①「幼児期の終わりまでに育ってほしい姿（10の姿)」について調べてみましょう。
②さまざまな自治体の「接続期カリキュラム」「幼小連携カリキュラム」などについて調べてみましょう。
③年長児の 2 月の終わりに「ひな祭りに関連した製作活動」を行うとしたら、「創造的な思考」という視点からどのような保育の展開を考えますか。いろいろな考えを出し合いましょう。

異年齢保育を意識した指導計画と展開

このレッスンでは、異年齢保育を意識した指導計画について、異年齢保育の意義と指導計画作成の基本的な考え方、具体的な指導計画からその作成と展開について学びます。年齢の違う子どもたち一人ひとりの生活や経験、発達過程などを把握しながら、子どもたちがともに育ち合うために必要となる保育の指導計画作成を学びます。

1. 異年齢保育の意義

1 異年齢保育とは

異年齢保育とは、年齢の異なる子どもたちの関わりを中心としてクラス編成し、展開する保育のことをいいます。

クラス編成のしかたは、保育所・幼稚園・認定こども園の理念や方針に基づいて編成されるので考え方はさまざまです。乳児クラスを除き、3・4・5歳児で編成するところもあれば、0歳児だけ除き1歳から5歳までで編成することもあります。また0・1・2歳の異年齢クラスを編成しているところや、0歳から5歳で異年齢保育を実施しているところもあります。これらの編成は、年齢を縦に割ることから、「縦割り保育」とも呼ばれています。

また、入所人数や保育の方針から、0・1歳児、1・2歳児、2・3歳児、3・4歳児、4・5歳児などで編成される場合もあります。これらの編成は2学年の編成であることから「混合クラス」とも呼ばれています。異年齢保育は、1年を通じて編成される場合だけでなく、夏期や冬期など限定した期間に実施する場合や、早朝保育の7〜8時30分、延長保育の18〜19時など、時間帯で毎日実施される場合もあります。

逆に、5歳児のお昼寝がないため、午後の午睡時間に5歳児のみの「横割り保育」を実施しているところもあります。

2 異年齢保育の意義

前述したように異年齢保育は、園の理念や方針、また入所や利用人数などの関係で実施されるので、その意義はさまざまにあります。ここでは、いくつかの例をみていきましょう。

①子ども社会をつくり出す

　戦後から1980年ごろまでは、地域のあちらこちらに路地や公園、空き地などがあり、子ども同士で遊ぶ姿がみられました。年齢の大きな子どもがリーダーとなり、さまざまな年齢の子どもたちが群れを成して遊んでいました。大きい子どもが、小さい子どもを「**ごまめ**」として一緒に遊べるよう工夫したり、けんかの仲裁も大人の力を借りず、子ども同士で解決する方法を導き出していました。また、小さい子どもは大きい子どもの姿を模範として、あこがれの目でもみていました。大人に必要以上の関与をされることもなく、大人の価値観で左右されない独自の世界をつくり出していました。これが「子ども社会」です。

　しかし、現代では、核家族や少子化と合わせて、路地や空き地も消え、子どもたち独自の社会は消えてしまいました。大人のみていないところで起きる事故などは減少したと思われますが、子ども同士で育ち合う時間も消えてしまうことになりました。

　そこで、考えられてきたのが、子どもたちが集まる保育所や幼稚園での異年齢保育です。「子ども社会」に近い環境を実現することで、年齢の違う子どもたちがお互いに刺激を受け合い、お互いに成長・発達することをねらいとしているのです。

②能力主義への問い返し

　同年齢の子どもたちが集まる「横割り保育」では、能力の比べ合いが起こりやすくなります。「Aちゃんは、自分の名前が書けるのに、Bちゃんは書けない」とか、「Cくんは跳び箱を5段跳べるのに、Dくんは3段しか跳べない」など。そのほかにも、折り紙、ブロック、お絵かきなど、さまざまな場面で「できる・できない」を比較しがちになります。また、「もう3歳なのだから、トイレでおしっこできるはず」「5歳なのに人の話が聞けない」など、子どもの発達を年齢に合わせようとすることも起こってしまいます。

　学校に置き換えると、同じ授業を受けているのに、試験でよい点数をとった人ととれなかった人とが「できる・できない」で分けられ、一喜一憂してきた経験が皆さんにもあるのではないでしょうか。同じことが、0歳から始まってしまうのです。「できる子」「できない子」など、固定的なイメージをつけられるのがよいことではないのは当然です。

　また、障害のある子どもが在籍する場合なども、「できる・できない」という感覚を無意識にもっていると、障害を克服し、「できない」ことを「できる」ようにするための保育に終始してしまうことも考えられます。入所の受け入れの可否が障害の程度で決められてしまうことや、健

◆補足
ごまめ
鬼ごっこで捕まったとしても鬼にならない特典つきの位置。

常児とは別の保育が実施され、子ども同士の育ち合う機会が失われることにもつながる危険性をはらんでいます。

　子どもを「できる・できない」という軸でとらえるのではなく、一人ひとりの子どもの発達段階を把握しながら、その子自身の発達のペース、得意分野、苦手分野を見極め、課題となる要因に対処することが大切です。現在のその子のありのままを受け止め、そこから次のねらいを定め、関わることに視点を置くことが大切です。異年齢で保育をすると、年齢ではなく、一人ひとりの育ちがみえやすくなります。

　「保育所保育指針」では、「保育の方法」として、「一人一人の子どもの状況や家庭及び地域社会での生活の実態を把握」し、「子どもの主体としての思いや願いを受け止めること」「子どもの個人差に十分配慮すること」「子ども相互の関係づくりや互いに尊重する心を大切にし、集団における活動を効果あるものにする」ことなどが述べられています[1]。

　また、「3歳以上児の保育に関するねらい及び内容」の「人間関係」でも、友だちと積極的に関わることや、友だちとの関わりを深めることの大切さが書かれています[2]。

　異年齢保育は、多様な人間関係のなかで、一人ひとりの個性と可能性を引き出し育てることや、子どもが主体的に活動することに最も適している保育形態であるともいえます。

　ここで、具体的な異年齢保育の場面をみてみましょう。

▶出典
[1]　「保育所保育指針」
第1章1（3）「保育の方法」
ア、ウ、エ

[2]　「保育所保育指針」
第2章3（2）「ねらい及び内容」イ

---

①保育者が絵本を読むと、子どもたちは保育者の周りに集まってくる。するといつの間にか、5歳児のAちゃんのひざの上には2歳児のBちゃんとCちゃんがすわり、安心した表情で絵本を見ている。Aちゃんも2人の気持ちを受け止め、自分も絵本を楽しみながら一緒に過ごすことができていた。

②園庭で5歳児のDちゃんがフラフープを回していた。それを見て2歳児のEちゃんとFちゃんがまねをしようとするがなかなかできない。するとDちゃんが「こうするねん！」と実演してくれたり言葉で伝えてくれたが、やっぱり2人にはまだ難しくてできなかった。しかし、2人はDちゃんのそばから離れず、「見る」ことで一緒に楽しんでいるようだった。そしてDちゃんもそんな2人の気持ちをくみ取ったかのように、何も言わずにフラフープを回し楽しんでいた。

③音の出るおもちゃづくり（容器にチェーリングを入れる）をしていた2歳児の子どもたち。保育者が「赤ちゃんがお口

に入れたらあかんから、ふた、ギュッとしめてね」と言うと「赤ちゃんが食べたら"おえっ"ってなるの?」と、手をのどにあてながら言うGちゃん。「そう!　だから、ギュッとしめてね」と答えると、Hちゃん、Iちゃんも「ギュギュッ〜」と言いながらふたを閉めていた。

④いすにすわれなかった子は、すわれた子のひざの上にすわってもOKといういす取りゲームの時間。たまたますわれなかった5歳児のJちゃんと、たまたますわれた4歳児のKちゃん。Jちゃんが「おれ、おもたいやろ?　代わろうか?」と言うと、「うん、大丈夫!」とKちゃん。5歳児のJちゃんをしっかりひざの上にのせてくれていた。

⑤「はじめのはじめのだいいっぽ〜」から始まる「だるまさんがころんだ」という遊び。園庭で、一歩踏み出した子どもたちを見ると、3歳児から5歳児まで一緒になって遊んでいた。保育者の姿はなく、子どもたちだけで遊ぶ姿であった。

　5歳児のひざにすわるB児とC児は、「すわっても大丈夫」という関係をA児にもっているようです。そして、A児もそのことは受け入れられることだと感じているので実現している場面です。「受け入れてもらえる」と「受け入れたい」という関係が、この3人の子ども同士のなかには育っています。

　D児は、フラフープに興味をもったE児とF児にやり方を伝えようとしているようですが、必要以上にやり方を押しつけたりしていません。必要以上に押しつけられないからこそ、2人はD児から離れずに「見る」ことを選べています。「見ること」は、大きな学びの場なのです。

　G児は、すでに赤ちゃんとの出会いがあり、赤ちゃんがどのような状態にあるのかの想像がついているようです。だから、自分がすべきことが何なのかを理解できています。H児・I児は、G児の姿から、自分たちはどうすべきかを学んでいます。

　遊びの位置が逆転したJ児とK児。大きい子だから大きい役ではなく、ときどきは逆転もあります。小さい仲間に助けてもらえる役割を担えるJ児は、自尊感情が育っているともいえます。また、大きい仲間を助ける体験は、K児にとっては有用感を育てる貴重な体験となっています。

　さまざまな年齢の子どもたちが集まり、遊ぶ姿はとても自然な姿です。「自分にできること」や「自分の役割」を子ども同士の関わりのなかでみつけ、お互いが大切な存在として必要とし合う関係がつくられていく

ことが、異年齢保育のすばらしさであるといえます。

　また、それを育てるためには、お互いの存在のすばらしさや、違いの面白さなどを子どもたちに伝えていくことが大切です。子ども同士の育ち合う関係を損なわないよう、関わり方に留意しましょう。

2.　異年齢保育の指導計画の基本的な考え方

　異年齢保育の面白さや豊かさは理解できたとしても、指導計画を立てるとなると、どの年齢を基本として考えればよいのかわからないと感じることも多いのではないでしょうか。

　異年齢保育で指導計画を立てる際の基本的な考え方は同年齢の指導計画の立て方と同じで、クラスやグループ、また個人での「子どもの姿」をしっかりと見極めるところから始まります。

①「子どもの姿」をとらえる

　まず、園での生活の状態を大枠でとらえてみましょう。安定感はどうでしょうか。クラス全体がざわついているのか、落ち着いて活動できているのか、まとまりはあるほうでしょうか、それとも、分散しているのでしょうか。また、個別にみると、安定感や自立の程度はどうでしょうか。

　さらに、遊びの取り組み方はどうでしょうか。クラス全体を見渡したうえで、子どもたちがいま興味をもっている遊びは何でしょう。グループごとや個別でみると、どんな遊びにひかれている様子がみえるでしょうか。また、持続時間はどれくらいでしょうか。遊びを次から次に変えているのか、じっくり遊びこめているのかなど、子どもたちの興味・関心にマッチしている遊びや取り組み方をとらえてみましょう。

　また、友だちとの関わりはどんな様子でしょうか。どんな場面で関わっているのでしょうか。それはどんな関わりとなっているのでしょうか。遊び仲間として関わりを深めているのか、それとも生活の場面での関わりが中心となっているのでしょうか。仲間意識がふくらんでいる場面や、自分の思いを伝えることができているのかなどをとらえてみましょう。

　これらの子どもの姿をとらえることができると、ねらいを定めやすくなります。ねらいは、生活の連続性や季節の変化、全体的な計画に沿った年間指導計画や週案を勘案して設定します。

②「ねらい」を定める

　子どもの姿でとらえた子どもたちのなかに何が育とうとしているのかをとらえ、その先で何を育てようとしているのか、また取り組もうとしているものを設定します。

　ねらいをその場その場で設定してしまうと、週や月のねらいとずれてしまうこともありますので、達成したいものや、次の園生活の流れやクラス運営の方向性に即したものを設定していきましょう。

　ねらいが定まったら具体的な保育内容を考えましょう。

③「内容」を設定する

　「内容」は、ねらいに定めたものが、その経験をとおして達成できると考えるものを設定します。子どもたちが直接経験する活動が「内容」となります。子どもたちが主体的に取り組み、無理なく経験することができる内容にすることが大切です。

　年齢や発達の違いを意識しておくことも大切ですが、個別の子どもたちの集団としてとらえたうえで設定しましょう。「この歌は 3 歳児向け」「この絵本は 5 歳児向け」などと考えるのではなく、ねらいの達成を主眼として設定していくことが大切です。

　大枠での指導案ができると、詳細の設計に移ります。時間や環境設定、予想する子どもの姿、そして、保育者の配慮事項を作成していきましょう。その際、のちに示す「部分指導案」のように、子ども同士の関わりにおいて教え合ったり、手助けしたりすることを保育者の配慮事項に記載しておくことで、異年齢保育の特徴を生かしながら子ども同士の関係を深め、クラス運営を豊かにするよう設定することもできます。

　以上、異年齢保育を意識した指導計画の立て方と展開をみてきました。

　子ども同士が主体的に育ち合う関係を築くには、どんな環境を用意すべきか、子どもの姿をよくみながら計画していきましょう。

3.　異年齢保育の指導計画作成と展開

　図表12-1は、3・4・5歳児の月間指導計画事例です。ねらいや幼児の活動、保育者の配慮事項のなかに、異年齢の子ども同士が育ち合うための保育を意識して盛り込んでいます。たとえば、「人間関係」の「ねらい」においては、「好きな遊びをとおして、友だちとの関係を深めようとする」と定めています。ここで「好きな遊び」は、年齢で固定していないことが前提です。「好きな遊び」を、その遊びが好きなもの同

図表12-1 3・4・5歳児縦割りの月間指導計画事例

月間指導計画（6月）		
今月のねらい		・自分の好きな遊びにじっくりと取り組む。 ・遊びや人との出会いのなかで新しい発見をする。 ・自然や命に関心をもち、命の大切さや尊さを感じる。
前月の反省と評価・子どもの姿	健康	・嫌いな食べ物など無理強いは避けてきたが、食べ物は大切だということを伝えた。好きでないものを「減らして」と言えるようになってきた。 ・安心して午睡できるよう、なるべく早い時間からふとんを出し、ゆっくり眠れるよう配慮してきた。 ・お帰りの準備で、お面面や歯ブラシなど鞄にしまうよう伝え、できないところを手伝うようにした。
	人間関係	・お当番活動を楽しんでいる姿がみられた。 ・子どもたち同士で関われるよう、保育者が仲立ちになるよう工夫してきた。
	環境	・保育所にルールがあることを伝え、危険なことなど、皆で考えるようにした。なぜ危険なのかをていねいに伝えるようにした。 ・好きな遊びをみつけられるよう、コーナー遊びを充実させるようにした。 ・種まきは一人ひとりすることができた。興味をもち、プランターをのぞいたり、水やりを楽しむ姿がみられた。 ・虫探しが好きな様子で、みつけてきた虫などに一緒に目を向けて、興味が深まるよう配慮した。
	言葉	・保育者が率先して元気よくあいさつをすることを心がけることで、子どもたちも元気にあいさつをするようになってきた。 ・簡単な歌や手遊びを選ぶことで、言葉への興味がもてるようになってきている。
	表現	・ハサミ・のりを使い、こいのぼり製作を楽しむことができた。 ・季節の歌は、ペープサートや絵本を使うことで、興味をもって歌うようになった。
ねらい	健康	・苦手なものでも少しずつ食べようとする。 ・手洗い、歯磨きの大切さを知り、進んでしようとする。 ・自分の身の回りのことを自分でしようとする。 ・自分の身体に興味をもつ。
	人間関係	・グループのなかでの当番活動に取り組む。 ・好きな遊びをとおして、友だちとの関係を深めようとする。
	環境	・園外、園内のルールを守ろうとする。 ・植物の成長をとおして、命のつながりや生命の尊さに気づく。 ・戸外遊びで、風や大地を感じる。 ・天気などの自然現象に興味をもつ。
	言葉	・自分の思いを素直に伝えることの喜びを知る。 ・いろいろな話に興味をもち、イメージをふくらませて聞く。
	表現	・季節の歌を歌う。 ・いろいろな素材を使って「家族週間」のプレゼントを製作する。
幼児の活動	健康	・苦手なものは減らしてほしいことを伝え、一口食べてみようとする。 ・外から帰ったら手洗いをし、食後に歯磨きをする。 ・コップや靴、衣類など、自分で片づけようとする。 ・片づけがわからないときや困ったときには、教えてもらったり手伝ったりする。 ・内科検診・歯科検診を受け、身体の話を聞く。

幼児の活動	人間関係	・お当番活動として、給食時のスプーンやお箸などを配る。 ・スプーンやお箸など、配ってほしいものを伝え合う。 ・友だちと好きな遊びを楽しむ。
	環境	・危険なところに近寄らない。危ない遊びに気づく。 ・危ないときにはお互いに知らせ合ったりする。 ・水やりをとおして、植物の成長に気づき、感じたこと、思ったことを言葉にしてみる。 ・空に目を向け、雲や雨、雷などに興味をもつ。
	言葉	・自分の思ったことを、保育者や友だちに話をする。 ・お話や絵本を楽しんで聞いたりみたりする。
	表現	・「かえるのうた」「にじ」「かたつむり」の歌を歌う。 ・画用紙、クレヨン、絵具、のり、セロファン紙などを使い製作する。
保育者の配慮事項	健康	・どうしてよいかわからなかったり、困っている様子がみえるときには、保育者が横につき一緒にするよう援助する。 ・絵本や紙芝居、素話など、わかりやすく伝わるように教材を選ぶ。 ・準備をしたり、片づける習慣がつくように、保護者にもお便りを通じて連絡する。
	人間関係	・当番活動を一緒にしながら、やることがわかり、楽しめるよう配慮する。 ・当番を異年齢で担当できるよう配置する。 ・友だちのなかにうまく入れず、困っている子どもがいる場合には、保育者が仲立ちになり一緒に遊べるように配慮する。 ・子どもたちに状況を伝え、自分たちで解決できるよう依頼してみる。
	環境	・危険なことや、危ない遊びは繰り返し伝え、自分で考えられるよう留意する。また、危険だと子どもたち同士で伝え合えるよう言葉かけをする。保育者自身も危険予知できるよう常に気をつけておく。 ・植物の成長をともに見守り、共感しながら一緒に世話をする。 ・子どもの気づきを敏感に感じ取り、興味をもって子どもの話を聞く。
	言葉	・子どもの気持ちを聞き逃さず、素直に言葉にできているときはともに喜ぶ。 ・気持ちが聞き合えるよう、保育者が仲立ちになる。 ・子どもたちのイメージがふくらむように話をする。
	表現	・ピアノやペープサートを使い、楽しく歌えるように工夫する。 ・家族の話を聞きながら、家族から愛されていることをともに喜びながら、製作する。 ・素材がうまく扱えないときには、手助けをしたり、友だちに手伝ってもらったりするよう言葉かけをする。
備考	行事	・家族週間（6/1～6/5） ・歯科検診（6/3、14：30～） ・内科検診（6/10、14：30～） ・お誕生日会（6/26、10：30～）
	注意事項	・子どもの名前を呼び捨てにしてしまうことがあるので保育者間で注意する。
	安全に関する注意事項	・午睡時、子どもが寝静まったころから、カーテンを開けておくことを忘れないようにする（SIDS対策）。 ・安全マットでつまずく事例があったので、子どもたちに注意を呼びかけておく。 ・爪の切り忘れが目立つので、子どもたちも保育者も気をつけておく。保護者にすぐに伝えるようにする。

図表12-2 3・4・5歳児の部分指導計画事例

（ホーム名）おひさまホーム	（年齢）3・4・5歳児　計28名

日時	○○年　5月　12日（○曜日）10：00〜10：30

（子どもの姿）
・園やホームにも慣れ、落ち着いて活動する姿がみられる。
・興味の移り変わりは早いが、集中して遊べるようになってきた。
・仲のよい友だちと関わり、「一緒に遊ぼう」と誘うようになってきている。

（ねらい）
・種まきをとおして、植物に興味をもつ。
・植物や私たちの命に気づく。
・植物の成長を心待ちにする。

（内容）
・「たね」の手遊びをする。
・絵本『そらいろのたね』を見る。
・プランターに、ふうせんかずらの種をまく。

時間	環境構成	予想される子どもの活動	保育者の援助
10:00		・手遊び「たね」を見る。 ・手遊び「たね」をする。	・「見ていてね」と言葉をかけながら、ゆっくりと表情豊かに、子どもたちの顔を見ながら手遊びをする。 ・一緒にすることを伝え、楽しく手遊びをする。 ・うまくできたときは、ともに喜ぶ。
10:03	・見えにくい子どもには席を移動するよう伝える。	・絵本『そらいろのたね』を見る。	・子どもたちの顔を見ながら、表情豊かに楽しみながらゆっくりと読む。 ・絵本に集中できない子どもがいる場合には、言葉や表情で語りかけ、興味がもてるように配慮する。
10:10	・ふうせんかずらの種を用意しておく。	・「たね」の話を聞く。 ・花や実について考えたことを話す。	・ふうせんかずらの種を見せながら、「ふうせんかずら」であることを伝える。 ・どんな花が咲くと思うか、どんな実がなると思うかなどを質問し、興味がもてるようにする。 ・名前を指名し、考えたことを話してもらう。 ・口々に話しそうになるときには、順番に聞くことを伝え、友だちの話を聞くよう促す。
10:15	・プランターを園庭のホーム前に用意しておく（土を入れたのを3ポット）。	・「たね」のまき方を聞く。	・プランターに種をまくことを伝え、まき方を説明する。 ・動作やジェスチャーを使い、わかりやすく伝える。 ・種まきを経験済みの子どもたちには、わからない友だちがいるときには教えてあげてほしいことを伝える。 ・グループの名前を伝え、順番に園庭に出るよう指示する。
10:18		・グループごとに園庭に出る。	・先を競う様子がみられたときには、ゆっくり出るよう伝える。
10:20		・プランターの周りにすわる。 ・種をもらいまく。	・グループの名前を伝え、プランターの周りにすわるよう伝え、誘導する。 ・1人に1粒ずつ種を渡し、順番にまくよう伝える。
10:25	・じょうろを用意しておく。	・じょうろで水をあげるのを見る。 ・じょうろで水をあげる。	・じょうろに水を汲み、水のあげ方を伝える。 ・順番に少しずつ水をあげるよう伝え、見守る。

士で展開するなかで、子ども同士の関係が深まることをねらっています。

　また、「人間関係」の「保育者の配慮事項」では、保育者が仲立ちになることを基本としながらも、「自分たちで解決できるよう依頼してみる」点や、「表現」の「保育者の配慮事項」では、「素材がうまく扱えないときには、手助けをしたり、友だちに手伝ってもらったりするよう言葉かけをする」を配慮事項として記しています。このことは、子ども同士のさまざまな関係のなかに、常に保育者が入っていくのではなく、子ども同士で解決していくための配慮事項であることを示しています。子ども同士が友だち関係を深め、子ども同士で育ち合うための人的環境として、保育者は存在します。

　図表12-2は、同じく3・4・5歳児の部分指導計画事例です。ここでも、「保育者の援助」として「種まきを経験済みの子どもたちには、わからない友だちがいるときには教えてあげてほしいことを伝える」と記されています。つまり、子ども同士の育ち合いが成就するための配慮事項なのです。異年齢保育が積み重ねられていくと、特に配慮しなくても自然と子ども同士が教え合っていく姿にも出会います。子どもは、目の前に友だちがいるだけで、必要なつながり合いを築いていきます。異年齢保育は、その意味で、特別な保育ではなく、本来の子ども同士の姿を展開するための保育ともいえます。

演 習 課 題

①日常の生活場面で、異年齢の子どもたちが関わっている場面を探してみましょう。

②異年齢の子どもたちがどのような関わりをしているのか、観察した場面を報告し合い、どんな環境となっているのか考えてみましょう。

③報告を受けた場面について、子どもたちに何が育っているかを考えてみましょう。

参照
異年齢保育の活動の参考例
「砂場遊び」
「うどん屋さんごっこ」

参考文献···

レッスン 9
佐々木正美　『子どもへのまなざし』　福音館書店　1998年
社会福祉法人聖和共働福祉会　「大阪聖和保育園指導計画（2018年度版）」　2018年
民秋言著者代表　『幼稚園教育要領・保育所保育指針・幼保連携型認定こども園教育・保育要領の成立と変遷』　萌文書林　2017年

レッスン10
厚生労働省　「保育所保育指針」　2017年

レッスン11
厚生労働省　「保育所保育指針」　2017年
内閣府・文部科学省・厚生労働省　「幼保連携型認定こども園教育・保育要領」　2017年
文部科学省　「幼稚園教育要領」　2017年
文部科学省・国立教育政策研究所　「スタートカリキュラム　スタートブック」　2015年

レッスン12
佐々木正美　『あなたは人生に感謝できますか？』　講談社　2012年
社会福祉法人聖和共働福祉会　「大阪聖和保育園指導計画（2018年度版）」　2018年
社会福祉法人聖和共働福祉会大阪聖和保育園　『聖和の"自由保育"とは何か』　聖和100周年保育ビジョン研究所　2019年
鈴木まひろ・久保健太　『育ちあいの場づくり論』　ひとなる書房　2015年
民秋言著者代表　『幼稚園教育要領・保育所保育指針・幼保連携型認定こども園教育・保育要領の成立と変遷』　萌文書林　2017年

おすすめの 1 冊

汐見稔幸・久保健太編著　『保育のグランドデザインを描く──これからの保育の創造にむけて』　ミネルヴァ書房　2016年
　汐見氏と 6 人の現場にいる園長先生との対談。「AI」が人に変わって知能を発揮する時代に、"人"は何をすべきか、どんな人を就学前の保育で育てるべきかを考えさせてくれる 1 冊。

第4章

保育所・幼稚園・認定こども園における保育の評価

近年、よりよい保育実践のために「評価」を行うことの重要性が指摘されています。なぜ保育の評価が重要なのか、どのように評価を行うのか、保育所・幼稚園・認定こども園には、それぞれどのような評価の仕組みがあるのかについて学びましょう。

保育の省察および記録とカンファレンス

このレッスンでは、保育の省察および記録とカンファレンスについて学びます。保育者が子どもの行動や内面の動きを深く見つめ、保育者自身の関わり方などを振り返る方法として、省察および記録が有効です。また、カンファレンスによって他者の思いにふれ、子ども理解が深まり、保育者の専門性が高まります。

1. 保育の省察および記録と保育カンファレンス

参照

要録
→レッスン14

1 保育の記録

　保育の記録には、保育記録（エピソード記述）、保育のメモ、保育日誌、経過記録、個人記録、家庭との連絡帳、**要録**（「保育所児童保育要録」「幼稚園幼児指導要録」「幼保連携型認定こども園園児指導要録」など）、児童票、家庭環境調査票、写真、ビデオなど、さまざまなものがあります。保育の現場では、目的によってさまざまな方法で記録がとられています。主な保育の記録についてみていきます。

①保育のメモ

　保育中に小さなノートなどを身近なところに置いておいたり、ポケットに入れておいたりして、子どものつぶやきや姿を書き留めます。瞬間的な子どもの姿や保育者の関わりを記録でき、保育後に振り返ることができます。振り返ったときにわかりやすいように、簡単に書いておくことが大切です。文字だけでなく環境図などの絵も加えておくと、記憶を呼び戻すのに役立ちます。保育のメモには決められた形式等はなく、保育者自身が書きやすい方法で、自由に書くことができます。また、保育のメモはエピソード記述やほかの保育記録につながるものです。

②保育記録（エピソード記述）

　保育のなかで、「保育者の心が揺さぶられた場面、つまり、保育者が描きたいと思ったもの、あるいは描かずにはいられないと思ったもの」を記録します。「その日の出来事を客観的かつ手短かに綴った（綴ることを義務づけられた）」保育の「経過記録」とは異なります[†1]。

③保育日誌

　日々の保育の事実を記録するものです。園ごとに形式が異なりますが、担当保育者が、天候、出席児数、欠席児数等を含めた保育中の出来事を

▶出典

†1　鯨岡峻・鯨岡和子『保育のためのエピソード記述入門』ミネルヴァ書房、2007年、1頁

記述します。保育日誌を日案に記録する場合もあり、1日の保育の流れに対応させて、保育の実際が記入できます。「A児が○○をしました」というような書き方ではなく、保育の実際から読み取れることや、保育の反省や評価も記述し、明日の保育につながるようにしていくことが大切です。

④保育経過記録

子どもの成長を5領域（健康・人間関係・環境・言葉・表現）や期ごとに記述し、子ども一人ひとりの成長の経過を記録します。市販の形式もあり、自由記述だけではなく、色分けをしてマークできるように書きやすくするための工夫がされたものもあります。日々の保育日誌などの記録をもとに、子どもの成長発達の経過を中心に個別にかつ具体的に記録することにより、1年間の子どもの成長を振り返ることができます。また、保育者自身の保育の振り返りにもつながり、クラス担任が代わる際の引き継ぎにも役立ちます。

⑤個人記録

保育日誌には書ききれない個人的なことを記述します。子ども一人ひとりの姿やつぶやき等を記録します。日々、すべての子どもの記録を残すことは時間を要するので、分量を減らしたり、書きやすい様式を工夫したりすることが必要です。

⑥「保育所児童保育要録」「幼稚園幼児指導要録」「幼保連携型認定こども園園児指導要録」

「園生活を通して子どもが育ってきた過程を振り返り、その姿や発達の状況をとらえ、的確に記録することが必要です。こうした記録を基に、就学先に送付する資料として簡潔にまとめたもの[2]」です。保育所では「保育所児童保育要録」、幼稚園では「幼稚園幼児指導要録」、幼保連携型認定こども園では「幼保連携型認定こども園園児指導要録」を作成します。

⑦家庭との連絡帳

園と家庭との間でやりとりをする記録です。連絡事項だけではなく、子どもの育ちに関わる記録となるように配慮することが必要です。連絡帳は将来的に家庭で保管されるため、子どもが、将来自分の園生活を振り返る記録となります。肯定的な記録となるようにし、保護者からの子育て相談の手段として活用するとともに、子育て支援としても役立てることが重要です。

⑧児童票・家庭環境調査票（家庭状況調査票など）

入園の際に保護者に記入してもらいます。家庭環境や身体状況など、

▶ **出典**
†2　柴崎正行『保育所&幼稚園 これからの要録 理解と記入のために』ひかりのくに、2015年、6頁

子どもの実態を把握するうえで欠かせないものです。家族構成や出生時の体重、首のすわった時期、歩き始めなど、身体に関係する事項を記入してもらいます。さらに、アレルギーなど、園生活において注意しなければならない事柄についても記入が必要です。

⑨写真・ビデオ

写真やビデオにおいては、保育者における文字の記述だけでは伝わりにくい空間の雰囲気や子どもの表情等を詳しく記録することができます。文字による記述に加えて写真やビデオによる記録を残しておくことで、瞬間的な記録が伝わりやすくなります。行事等、大勢の人が集まる場での記録に適しています。

以上のような記録については、プライバシー保護に関する取り扱いに十分な注意が必要です。園内での保管について、職員同士で共通理解し、一人ひとりが責任をもつことが不可欠となります。

2　保育記録（エピソード記述）

ここでは、保育記録（エピソード記述）についてくわしく取り上げていきます。発達心理学者の鯨岡峻は、エピソード記述は義務感では描けないものであり、あくまでも主体的な営みであるとし、保育者が主体的に「描きたいと思う」ことがまず先行すると述べています。エピソード記述においては、保育のなかで、保育者の心に残った場面をありのままに記述することが大切です。はっとしたり、面白いと感じたり、すごいと思ったりした子どもの姿をとらえ、その瞬間を事例的に記述していきます。そして、事例に対して考察を加えていくことにより、自らの保育実践を評価することにつながります。

【保育記録（エピソード記述）の書き方の例】

〈これまでの姿〉

　5歳児のA児とB児は、戸外へ出ると真っ先に砂場へ向かい、毎日、山をつくり続けている。さらに、登園時に園庭の砂場の様子を見て、山が崩れていないかを確認し、所持品の始末をしながら、「つくった山、大丈夫！」と伝え合い、2人で喜んでいた。その様子を同じクラスのC児が興味深く見ていた。

〈エピソード〉

　A児とB児は、戸外へ出ると、走って砂場へ向かった。A児が笑顔で「大きい山をつくろう！」と言うと、B児は「こんな

に大きい山！」と言いながら微笑み、背伸びをしてぐんと手を上に伸ばした。2人は、大きなスコップをもち、昨日つくった山の上に砂を積み重ねていった。砂が崩れるのを防ぐために、そっとスコップの背でトントンと押さえながら、何度も何度も砂を積み重ねていった。C児は、少し離れた所から2人の様子を見ていた。そばにいた保育者は、タイミングを見計らってC児に「手伝ったらもっと大きな山になるかもしれないね」と声をかけた。すると、C児が勢いよく走り出し、「寄せて」とA児とB児の所へ行った。A児とB児は「いいよ」「手伝って！」と言いながら、山をつくり続けた。

　保育者は、その様子をしばらく見守った後、遊びが発展するようにと願いながら、少しずつ近寄り、「わあ！　大きな山ができているね。向こうに見える大きな山と似ているね」と声をかけた。すると、C児が「あっ！」と言って園庭の端に走って行き、しばらくして木ぎれを握って戻ってきた。C児は「木を植えよう」と言ってその木ぎれを山に突き刺し始めた。その様子を見ていたB児が石を集めてきて、山の周りに並べ始め、その場がどんどんと盛り上がってきた。その様子を見ていたA児は「川をつくろう」と言って周囲を掘り始めた。すると、C児は「水を入れてくるわ」と言ってじょうろに水を入れて戻ってきた。C児は、A児が掘った川にそっと水を流し込んだ。その様子をA児とB児は息をのむように見守り、水が入ると、B児が「やったあ！　次はどうする？」とA児とC児に投げかけ、3人で考え始めた。その様子を見守りながら、保育者は、そっとその場を離れた。

〈省察〉

　A児とB児が毎日取り組み、登園時に砂場を確認し、「つくった山、大丈夫！」と言い合う姿から、砂山づくりに夢中となり、継続して楽しむことで、より一層遊びが楽しいものになっていることが読み取れた。スコップの背でトントンと押さえ、どのようにするとうまく山がつくれるのか、どのような力加減が必要なのかということを体験から学んでいる。C児は、A児とB児の様子を興味深く見ており「やってみたい」と思っていたが、寄って行くことに戸惑いを感じていたと思われる。しかし、保育者のタイミングのよい声かけにより行動に移すことができ、勢いよく走り出した姿や「木を植えよう」とい

う積極的な姿が現れたと考えられる。C児の参加がきっかけとなり、どんどんと遊びが発展している様子がうかがえ、保育者は、子ども同士の関わりや遊びをとおしての学びを感じた。意図的に間をとることにより、子ども同士の関係が深まり、遊びが発展するように願ったといえる。

【各項目で記述すること】
〈これまでの姿〉
　エピソードに至るまでの子どもの姿や背景を描きます。
〈エピソード〉
　保育者が描きたいと思う場面を客観的に記録します。つぶやきについてはそのとおり書き表しますが、表情、取り組む姿勢については、生動感が感じられるような記述を心がけます。生動感が感じられる記述というのは、その子どもの様子がよりわかるような記述のことです。また、記録のなかに間主観的に感じたこと、つまり、そこにいる2人以上のものが感じていることや雰囲気を記述することで、その場の様子がより伝わるように心がけます。さらに、保育のなかで子どもに育ってほしいと願っている姿につながるよう心がけた援助には、その願いも書くことで保育者の援助のあり方を意識できるようにします。
〈省察〉
　記録の省察では、子どものつぶやきや取り組む様相から、感じていること、考えていること、つまり子どもの内面を読み取ります。

　「保育実践」「エピソード記述」「省察」という一連の経過により、子どもを深く理解できるようになり、保育者自身の専門的な保育実践の向上につながっていくのです。

2.　保育カンファレンス

　カンファレンスとは、「会議・協議」を意味する言葉で、特定の人々が集まって意見や知識を交換することをいいます。従来、医療や福祉現場などにおいて、事例に対して適切に判断をしたり、対処をしたりする

ために使用されてきました。

　保育カンファレンスは、医療や福祉現場などで行われているカンファレンスとは異なる側面をもちます。それは、他者の思いにふれ、話し合うことによって子ども理解を深め、保育者それぞれの専門性を高めるということが重要である点です。兵庫県教育委員会の作成した手引きによると、「保育カンファレンスは、『カンファレンス』のもつ、特徴の一つ『ある事例について検討していくなかで、適切な判断や対処を求めていく』ものではなく、『話し合いを通じて専門性を高める』というもう一つの特徴を保育現場に導入したものです。つまり、保育カンファレンスの特徴は、話し合いの中で合意形成や方向性を見出すというよりは、自分の保育に対する考え方と向き合い、より深めていくこと。また、場面を共有して語り合うことで、教師間の幼児観を近づけていくことにあります[3]」と述べられています。

　たとえば、エピソード記述における振り返りとしての保育カンファレンスを取り上げてみましょう。

　保育実践というものは、保育者自身が自ら振り返り省察をしただけでは、保育者の専門性が高まるとはいえません。また、保育者として、個人の質が向上しただけでは園全体の高まりにはつながりにくいことがあります。そこで、保育者一人ひとりが描いたエピソードをほかの保育者と共有することが必要となり、保育者同士の語り合いとして、保育カンファレンスが重要となってきます。その場において、まず自ら描いたエピソードがほかの保育者にも思い描けるように伝わっているか、なぜこの場面を取り上げて記述したのかという思いが伝わっているかなどを考える必要があります。そして、保育者同士の語り合いにより、園全体の保育そのもののあり方が深まる結果につながります。

　保育カンファレンスにおいては、以下の点が重要とされます[4]。
　①あえて「正解」を求めようとしない。
　②本音で語り合える雰囲気をつくる。
　③相手を批判したり、論争したりしない。
　④「教える人」「教わる人」という関係を乗り越える。
　保育カンファレンスでは、エピソード記述からテーマを設定し、カンファレンスに参加する保育者全員が同じ場面を共有して話し合い、今後の保育について語り合えるようにすることが大切です。
　その際、重要になってくるのがファシリテーター（進行役）の役割です。兵庫県教育委員会による『指導の手引き』では、以下のように示されています。「参加者の語り合いが円滑に進むよう手助けをするのが、

▶出典
[3]　兵庫県教育委員会『指導の手引き　「幼児理解を極める」をめざして──幼児期の教育の質を高めるためのエピソードの記録・保育カンファレンス』2016年、4頁

▶出典
[4]　[3]と同じ、4-5頁

ファシリテーターの役割といえます。つまり、ファシリテーターは、まとめる司会者ではなく、一人ひとりが無理なく安心して主体的に参加でき、自分の思いを出せるような援助者となることが大切です」「保育カンファレンスのよさは、様々な課題について語り合い、その語りを深めていくことを通して、互いの専門性を高めること、さらにその結果として、保育そのものの在り方を深めることにもつながる点にあります[†5]」。

　エピソード記述など保育の記録をとることは、子どもの実態を知るということと、保育者自身を自己評価する資料になるという2点があります。

▶ 出典

†5　†4と同じ

3. 保育評価の意義

1　保育評価とは

　評価とは「①品物の価格を定めること。また、評定した価格。②善悪・美醜・優劣などの価値を判じ定めること。特に、高く価値を定めること[†6]」を意味します。

　では、保育における評価とはどのようなものでしょうか。保育評価には、自己評価と外部評価があります。自己評価には、保育者の自己評価、組織としての自己評価、外部評価には、幼稚園においての学校関係者評価や**第三者評価**[*]といったものがあります。自己評価は、園内の人が行い、外部評価は園外の人が行います。外部評価では、幼稚園において学校関係者評価と第三者評価が義務づけられ、保育所では第三者評価が**努力義務**[*]とされています。また、認定こども園においては、2006年に文部科学省・厚生労働省において告示された「就学前の子どもに関する教育、保育等の総合的な提供の推進に関する法律」に規定されており、認定こども園は、自己評価、外部評価等を通じて教育及び保育の質の向上に努めなければならないと示されており、自己評価と外部評価が義務づけられています。認定こども園においては、保育所、幼稚園のいずれかに準じる形で評価を実施しています。

▶ 出典

†6　新村出編『広辞苑（第6版）』岩波書店、2008年

用語解説
第三者評価
事業者の提供するサービスの質を当事者（事業者および利用者）以外の公正・中立な第三者機関が、専門的かつ客観的な立場から行う評価。

努力義務
法律上、義務ではないため違反をしても罰則の対象にはならないが、そのように努めなければならないこと。

2　保育評価の役割

　保育評価には、大きく2つの役割が考えられます。

　まず、1つ目は、保育の質を高めるためのものです。文部科学省の資料では、「保育の中で幼児の姿がどのように変容しているかを捉えながら、そのような姿を生み出してきた様々な状況について適切かどうかを

検討して、保育をよりよいものに改善するための手掛かりを求めることが評価」であり、「評価は日々の保育と常に一体であり、ごく日常的なものとして教師に求められる専門性の中に位置付けられている[7]」と述べられています。

　2つ目は、保護者が保育所や幼稚園、認定こども園を選ぶ際の参考になるものです。現在、保育所や幼稚園、認定こども園は保護者自ら選ぶことができます。各園が評価を公表することによって、保護者の判断材料になります。幼稚園においては、学校評価も行われています。これは、その園が組織としてどのように運営されているかというだけではなく、教職員の自己評価や学校関係者評価が含まれています。

　自己評価においては、保育者（保育所保育士、幼稚園教諭、幼保連携型認定こども園保育教諭）が自分の保育を点検し評価するだけではありません。園内研修などを行って相互に自己評価を確認し合い、職員同士が話し合いをすることによって、園全体の保育の質の向上につなげていくことができます。

　保育者というものは、とても専門性の高い職業です。しかし、その反面、「保育のことをよく知らない人たち、あるいは保育を外側から眺めるだけの人たちは、保育の場の営みをきわめて単純に考えて、自分流の勝手な保育のイメージを作り上げ」「子どもたちを預かって楽しく遊ぶことぐらい、誰にだってできる[8]」という誤解を生んでいます。一般的には、日々の保育というものはきわめて繰り返しの多いものであり、マンネリ化してしまうこともあります。保育者は子どもとともに過ごし、遊びをとおしての学びを援助しますが、ただ子どもと一緒に遊んでいるだけではその役割は果たせません。日々、子どもと過ごすなかで、子どもの成長に見通しをもち、手立てを考えて関わることが重要になります。そこで、保育者は常に自己の保育を振り返り、見直していく必要があるのです。

　ドナルド・ショーンは「反省的実践」によって専門性を発揮できると述べ、「行為の中の省察」の一つとして、関わっている状況と対話することによって次の活動がつくられていくとしています。これは「専門家の専門性とは、活動課程における知と省察それ自体にあるとする考え方[9]」です。保育者自身が「反省的実践」を行い、保育の質を向上させる有効な方法として、保育のPDCAサイクルがあります。

▶出典
†7　文部科学省『幼稚園教育指導資料第3集幼児理解と評価（平成22年7月改訂）』ぎょうせい、2010年、9頁

▶出典
†8　†3と同じ、5頁

▶出典
†9　ドナルド・ショーン／佐藤学・秋田喜代美訳『専門家の知恵』ゆみる出版、2001年

4．保育の評価と反省

1　保育のPDCAサイクル

　企業などでは、Plan（計画）→Do（実行）→Check（評価）→Action（行動）という行程が循環することにより、生産性が向上すると考えられています。これはPDCAサイクルと呼ばれます。たとえば、工場における生産を考えてみると、まず、最初に生産に対する計画を立て、計画に基づいて製造をし、計画どおりに製造できたかどうかについてその製品や製造過程に対する評価をし、改良をしていくといった流れとなります。企業におけるPDCAサイクルの場合、計画どおりに遂行するということが重要視されます。このような企業の考え方をもとに、保育にもPDCAサイクルが取り入れられるようになりました（図表13-1）。

　保育者は、保育の計画（Plan）→実践（Do）→評価（Check）→改善（Action）という繰り返しによって保育の質を高めていきます。また、保育者個人として行われるPDCAサイクルだけではなく、保育所、幼稚園、幼保連携型認定こども園において行われるものもあり、いずれにしても、組織的に継続して行われることが大切です。子どもの発達や家庭環境など、実態を把握したうえで指導計画などを作成し、保育実践を行います。そして、その実践に対して評価を行い、改善をして再び計画を立てるといった循環が重要です。しかし、保育の場合は、計画どおりに保育を進めることだけではなく、子どものありのままの姿に即して、柔軟に対応していくことが必要であると考えられます。そのためには、子どもをよく観察し、子どもを深く理解することが大切なのです。つまり、保育におけるPDCAサイクルは、企業におけるPDCAサイクルの考え方とは異なる側面ももち合わせているといえます。

図表13-1 保育のPDCAサイクル

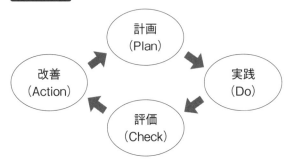

　保育者は、保育計画を立てる際、まず、子どもを深く観察することが重要となります。子どもを観察することにより、子ども理解を深めていくのです。先ほども述べたように、企業においてのPDCAサイクルでは計画が優先しますが、保育においては予想できる子どもの姿を踏まえた仮説としての計画であり、計画の前に子ども理解が必要となります。

2　保育の観察法

　子どもの実態を把握するための観察法の代表的なものとして、自然観察法、組織的観察法、参加観察法の3つがあります[†10]。

▶ 出典

†10　小笠原圭・卜田真一郎編著『保育の計画と方法』同文書院、2013年、202頁

> **自然観察法**：観察者が観察対象の子どもと距離をおいて、子どもに対して影響を与えない原則のもとで、対象者の行動を細部にわたって記録していく方法。子どものいきいきした姿はとらえやすい方法だが、観察の精度と妥当性が観察者のセンスによって左右されやすいという問題がある。
>
> **組織的観察法**：自然観察法が主観に陥りやすいことを克服するために考えられた方法。観察者が観察対象の子どもと距離をおいて、子どもに対して影響を与えない原則のもとで、あらかじめ観察する目的と観察する観点を定めたうえで、予測される行動リストを作り、その行動が起こったらチェックすることを通して情報を収集する。比較的客観的に子どもの行動を理解することはできるが、子どもの心の動きとか、予測不可能なことが起こった時に対処できないという問題がある。
>
> **参加観察法**：観察者自身が観察の対象である子どもの行動に関わりながら行う観察。

　保育者が保育空間のなかで子どもとともに過ごしながら観察をし、評価をすることによって子ども理解を深めることに適している方法は「参加観察法」であるといえます。卜田真一郎は、「保育という営みは人間と人間のリアルな関係の中で行われるものであることであることから考えると、参加観察法、つまり保育者が子どもに関わりながら、その関係の中で生み出された姿を理解することこそが、保育の中での子ども理解の方法だと考えられる[†11]」と述べています。

▶ 出典

†11　†10と同じ、203頁

3　保育における振り返り

　保育において、保育者の質を向上させ、専門性を高めるための方法と

▶出典

†12　津守真　『保育の一日とその周辺』フレーベル館、1989年、76、82頁

人物

倉橋惣三

（1882～1955年）

大正時代から昭和時代にかけての教育者であり、日本の幼児教育の理論的な指導者である。児童中心の保育を提唱し、幼児の自発的生活を尊重して「生活を、生活で、生活へ」と導いていくことが大切であるとした。主な著書としては『育ての心』『幼稚園真諦』などがある。

して、振り返りはとても重要です。津守真は「保育の実践と、実践の後に考える作業と、その両者を合わせたところに保育がある。後者をぬきにしたら保育としては半分しか語らないことになる」「省察するという保育者の精神作業なくして、保育の実践はない†12」と述べ、振り返りを重要視しています。また、**倉橋惣三***も子どもたちが帰ったあとに保育を振り返ることの大切さを述べています。

　2018年施行の「保育所保育指針」「幼稚園教育要領」「幼保連携型認定こども園教育・保育要領」においては、保育における振り返りについて、次のように述べられています。

「保育所保育指針」第1章3（5）「評価を踏まえた計画の改善」イ

　保育の計画に基づく保育、保育の内容の評価及びこれに基づく改善という一連の取組により、保育の質の向上が図られるよう、全職員が共通理解をもって取り組むことに留意すること。

「幼稚園教育要領」第1章第4　2「指導計画の作成上の基本的事項」（2）

　（前略）幼児の実態及び幼児を取り巻く状況の変化などに即して指導の過程についての評価を適切に行い、常に指導計画の改善を図るものとする。

「幼保連携型認定こども園教育・保育要領」第1章第2　2（2）「指導計画の作成上の基本的事項」

　（前略）園児の実態及び園児を取り巻く状況の変化などに即して指導の過程についての評価を適切に行い、常に指導計画の改善を図るものとする。

　上記をみてわかるとおり、いずれにおいても、保育においてPDCAサイクルが重要であるということが示されています。

　また、保育の評価については、子どもと保育者という二者を保育の評価対象とし、幼児理解と教師の指導の改善という両面から行うことが大切です。前者では子どもの成長や発達の実態を把握し、後者では保育環境や方法、援助を改善するとともに保育計画等を改善します。

　評価の側面としては、1つ目の子ども理解につながるエピソード記述後の保育カンファレンスについて述べてきましたが、2つ目の保育の改

善の側面として指導計画についても振り返り、評価をしていく必要があります。指導計画には長期計画として、年間計画や月案があり、短期指導計画としては日案や週案があります。それぞれの指導計画の振り返りにおいて、振り返るタイミングや方法が異なります。

日案では、その日の保育終了後に1日の保育を振り返り、子ども理解と保育改善の両面からの反省を記録し、明日の保育を考えます。週案とも照らし合わせ、保育の流れを再確認し、翌日の日案を作成します。

週案では、週末に1週間の保育を振り返り、子どもの遊びの連続性を重要視し、遊びの変化や子どもの育ちを記録するとともに、子ども同士の関わりやクラス全体のことも記録します。

月案では、月末に1か月の保育を振り返り、子どもの成長だけではなく、行事、家庭や地域との連携等についての評価も記録します。

年間計画では、年度末に1年間の振り返りを行います。園の教育課程や全体的な計画に基づいた保育ができているか、また1年をとおして行ってきた保育内容が子どもの実態に合っていたかなどを踏まえて記録します。

このように評価のタイミングは指導計画の種類によって異なりますが、保育者の専門性の向上やよりよい保育が行われるようにしていく目的はいずれの評価においても共通することです。形式的な振り返りになることのないように配慮し、保育者それぞれの振り返りやすい方法を工夫することも必要になります。それぞれの計画と実践のずれを把握し、保育の改善につながるようにしていくことが大切です。

◢4◣　カリキュラム・マネジメント

これまでに述べてきたように、保育改善のためには、評価が重要であるといえます。2017年改訂の「幼稚園教育要領」と「幼保連携型認定こども園教育・保育要領」に共通して、新たにもち込まれた視点の一つとして、「カリキュラム・マネジメント」があります。カリキュラム・マネジメントの実施について、それぞれの解説書では、以下のように述べられています。

> 「幼稚園教育要領解説」第1章第3節1（3）「カリキュラム・マネジメントの実施」
> 　（前略）園長は、全体的な計画にも留意しながら「幼児期の終わりまでに育ってほしい姿」を踏まえて教育課程を編成すること、教育課程の実施に必要な人的または物的な体制を確保し

て改善を図っていくことなどを通して、各幼稚園の教育課程に
基づき、全教職員の協力体制の下、組織的かつ計画的に教育活
動の質の向上を図るカリキュラム・マネジメントを実施するこ
とが求められる。

「幼保連携型認定こども園教育・保育要領解説」第1章第2節
1（1）③「カリキュラム・マネジメントの実施」
　（前略）園長は「幼児期の終わりまでに育ってほしい姿」を
踏まえて「全体的な計画」を作成すること、「全体的な計画」
の実施に必要な人的又は物的な体制を確保して改善を図ってい
くことなどを通して、各幼保連携型認定こども園の「全体的な
計画」に基づき、全教職員の協力体制の下、組織的かつ計画的
に教育及び保育活動の質の向上を図るカリキュラム・マネジメ
ントを実施することが求められる。

　指導計画においては、「幼児期の終わりまでに育ってほしい姿」を念
頭に置きながら、「アクティブ・ラーニング（主体的・対話的で深い学
び）」につながるとともに、5領域が含まれているかどうかを考えなが
ら作成することが大切です。さらに、地域とのつながりや家庭環境など、
子どもの実態に即した指導計画になるように、工夫をする必要がありま
す。
　そのうえで指導計画をもとに保育実践を行うのですが、ここで重要に
なるのが、振り返りです。先ほども述べましたが、保育者の質を向上さ
せ、専門性を高めるための方法として、振り返りはとても重要です。評
価によって浮き彫りになった課題を次の計画に反映させるといった保育
の改善をしていくことが求められているのです。文部科学省の資料では、
「各幼稚園等では、『カリキュラム・マネジメント』の機能を十分に発揮
して、幼児の実態等を踏まえた最も適切な教育課程を編成し、家庭等の
協力を得ながらこれを実施し、改善・充実を図っていくことが求められ
る」とされており、以下のように3つのポイントが述べられています[13]。

▶出典
†13　文部科学省「幼児
教育部会とりまとめ（案）」
2016年

カリキュラム・マネジメントの3つのポイント
①各領域のねらいを相互に関連させ、「幼児期の終わりまでに
　育ってほしい姿」や小学校の学びを念頭に置きながら、幼児
　の調和の取れた発達を目指し、幼稚園等の教育目標等を踏ま
　えた総合的な視点で、その目標の達成のために必要な具体的

　なねらいや内容を組織すること。

②教育内容の質の向上に向けて、幼児の姿や就学後の状況、家庭や地域の現状等に基づき、教育課程を編成し、実施し、評価して改善を図る一連のPDCAサイクルを確立すること。

③教育内容と、教育活動に必要な人的・物的資源等を、家庭や地域の外部の資源も含めて活用しながら効果的に組み合わせること。

　なお、「保育所保育指針」では、「カリキュラム・マネジメント」という文言は使われていませんが、「保育の計画に基づく保育、保育の内容の評価及びこれに基づく改善という一連の取組により、保育の質の向上が図られるよう、全職員が共通理解をもって取り組むことに留意すること[14]」ということが述べられています。

▶出典
[14]　「保育所保育指針」第1章3（5）「評価を踏まえた計画の改善」イ

演 習 課 題

①実習における保育記録（エピソード記述）を書いてみましょう。

②保育記録（エピソード記述）における振り返りとして保育カンファレンスを行ってみましょう。

③カリキュラム・マネジメントの3つ目のポイント③人的・物的資源等の活用について、具体的に考えてみましょう。

保育所・幼稚園・認定こども園の評価のしくみ

このレッスンでは、保育所・幼稚園・認定こども園の評価について学びます。それぞれの評価の役割と意義を知り、評価の違いについて考えることで、その重要性について学びを深めましょう。そして、要録の記入方法を知り、子どもの育ちの評価について考えていきましょう。

1. 保育士・保育所の自己評価の意義

1 保育評価

　レッスン13で述べてきたように、保育評価には自己評価と外部評価があり、外部評価には、関係者評価と第三者評価があります。これら3つは実施主体によって違いがあります。自己評価とは、「保育士や教職員が自らの実践を振り返り、施設の保育内容等について行う評価」で、「義務づけられて」いるものです。関係者評価とは、「保護者・地域住民・子どもなどそれぞれの施設と関係がある人による評価」で、どの施設においても、少なくとも年に1回は行われます。幼稚園では学校関係者評価と呼ばれます。この評価は「園全体で継続的に保育改善に取り組み、その結果を家庭と地域の共通理解として園の課題を共有し、相互の連携を強化することにより、保育の質の向上を図る」ことを目的としています。第三者評価とは、「その園に直接かかわりをもたない有職者などの専門家が自己評価および関係者評価の結果をふまえ、保育活動やその他の園運営全般について、客観的、専門的観点で[1]」行う評価です。

　そして、これらの評価の役割は大きく分けると、「保育の質を高める」という役割と、「保護者が保育所、幼稚園、認定こども園を選ぶ際の選択材料になる」という役割があります。

　これまでのレッスンで学んできたように、保育者には、保育の計画（Plan）→実践（Do）→評価（Check）→改善（Action）の繰り返し（PDCAサイクル）によって保育の質を高めていくことが求められています。そのなかでも、保育者自身の保育の振り返りは保育者の専門性を高めるために重要な役割を果たします。

　保育の質を高めるための保育の評価は、「子ども理解」から始まります。保育者は子どもに寄り添い、レッスン13で示したような観察法を用

▶ **出典**

†1　戸江茂博編著『保育カリキュラムの基礎理論』あいり出版、2018年、244-245頁

いながら子どもを理解していきますが、こうして理解した子どもの姿に基づいて、保育の計画の妥当性、保育者の関わりは、子どもにとって意味のあるものだったのかを振り返っていきます。こうした振り返りが保育の質を高めるための「評価」の基本となります。

2 自己評価

　自己評価という言葉を聞くと、自らを評価「される」という受動的な営みのようなイメージをもつかもしれませんが、実際には、自らが「評価する」という能動的な営みです。自己評価は、保育者の義務として位置づけられています。ここで、保育所における自己評価として、「保育士等の自己評価」と「保育所の自己評価」について取り上げていきます。

①保育士等の自己評価

　「保育所保育指針」によると、「保育士等は、保育の計画や保育の記録を通して、自らの保育実践を振り返り、自己評価することを通して、その専門性の向上や保育実践の改善に努めなければならない」とされ、「保育士等による自己評価に当たっては、子どもの活動内容やその結果だけでなく、子どもの心の育ちや意欲、取り組む過程などにも十分配慮するよう留意すること」「保育士等は、自己評価における自らの保育実践の振り返りや職員相互の話し合い等を通じて、専門性の向上及び保育の質の向上のための課題を明確にするとともに、保育所全体の保育の内容に関する認識を深めること」と記されています[†2]。保育士は自分自身の保育実践を振り返り、見直しをすることが求められています。さらに、保育を改善することによって保育士一人ひとりの専門性を高める必要があります。保育士の自己評価として、保育士自身の保育を見直し改善していくことは、幼稚園や認定こども園における自己評価と同様といえます。

②保育所の自己評価

　保育所における自己評価では、保育士一人ひとりの自己評価だけではなく、組織としての保育所の自己評価も求められています。

　保育所は園全体の運営や保育内容等を組織として見直していく必要があります。保育士の個人としての自己評価を保育士間で公表し合ったり、見直す点を共有し合ったりする必要性を保育士一人ひとりが理解できるように、組織的に啓発をしていくことが重要です。保育士相互の学び合いが保育士一人ひとりの保育の質を高め、さらに園全体の向上につながっていきます。また、自己評価をもとにした保育士間での話し合いや組織的な見直しは、保育士による主観的な自己評価を客観的な評価へと

▶出典
†2　「保育所保育指針」
第1章3（4）ア「保育士
等の自己評価」

変化させる方法としても重要なことです。

　「保育所保育指針」によると、「保育所は、保育の質の向上を図るため、保育の計画の展開や保育士等の自己評価を踏まえ、当該保育所の保育の内容等について、自ら評価を行い、その結果を公表するよう努めなければならない」とされ、「保育所が自己評価を行うに当たっては、地域の実情や保育所の実態に即して、適切に評価の観点や項目等を設定し、全職員による共通理解をもって取り組むよう留意すること」「設備運営基準第36条の趣旨を踏まえ、保育の内容等の評価に関し、保護者及び地域住民等の意見を聴くことが望ましいこと」という留意事項が明記されています[3]。

　上記のとおり、「保育所保育指針」には、自己評価の重要性が記され、保育士一人ひとりが行う「保育士等の自己評価」と保育所全体で取り組む「保育所の自己評価」という 2 つの自己評価が明記されています。保育所は、自己評価の内容を公表し、保護者が保育内容等を知ったり、園を選択するための材料となったりする情報を提供する必要があります。

　そのことにより、現在、園を利用している保護者にとっては、園の保育方針や保育内容を深く知り、保育サービスに対して安心感をもつことができるという利点があります。また、まだ園を利用していない保護者にとっては、園から発信される情報によって、各園の保育の質を理解し、園を選択する材料を得ることができるという利点があります。以前の保育所は、保護者が自治体に申し込み、利用する園を自治体が決定するといった「措置」がとられていましたが、現在においては、利用者である保護者が利用する園を直接選択できるようになっています。どのような園を保護者が選ぶのかによって子どもの育ちも大きく変わる可能性があるということから考えれば、保育士および保育所の自己評価によって保育の質を向上させ、情報公開によって保護者に正しく理解されることが子どもの最善の利益の保障につながるといえます。

　「保育所における自己評価ガイドライン」では、自己評価を具体的に展開していくための方法として、「保育士等の個々の実践の振り返りを最大限に生かす方法」「日誌やビデオ等の記録をもとに多様な視点から振り返る方法」「既存の評価項目等を利用して振り返る方法」が示されるとともに、「この 3 つの方法のいずれかに限定するのではなく、これらの方法を組み合わせるなどして創意工夫を図るとともに、保育士等が主体的に参画して自己評価を実施し、学び合っていくことが大切です」と述べられています[4]。

　先に述べたように、保育所では保育士一人ひとりが自分自身の保育を

▶ 出典
[3] 「保育所保育指針」第 1 章 3（4）イ「保育所の自己評価」

▶ 出典
[4] 厚生労働省「保育所における自己評価ガイドライン」2009年

振り返り改善していくとともに、保育所全体の取り組みとして、運営や保育内容等について評価し、改善していく必要があります。

第三者評価を受けることも、保育所としての課題を明らかにし、保育の質を向上させるためには重要になります。第三者評価を受け、それを公表することは2000年改正の「社会福祉法」で努力義務となり、保育所が第三者評価を受けることは努力義務となっています[5]。

▶出典
†5　「社会福祉法」第78条

> （福祉サービスの質の向上のための措置等）
>   社会福祉事業の経営者は、自らその提供する福祉サービスの質の評価を行うことその他の措置を講ずることにより、常に福祉サービスを受ける者の立場に立つて良質かつ適切な福祉サービスを提供するよう努めなければならない。
> 2　国は、社会福祉事業の経営者が行う福祉サービスの質の向上のための措置を援助するために、福祉サービスの質の公正かつ適切な評価の実施に資するための措置を講ずるよう努めなければならない。

2.　幼稚園・認定こども園の評価制度

幼稚園の評価には「自己評価」「学校関係者評価」「第三者評価」があり、これらを「学校評価」といいます。

2002年4月に施行された「幼稚園設置基準」において、各幼稚園は、自己評価の実施とその結果の公表に努めること、また、保護者等に対する情報提供について、積極的に行うことが規定されました。さらに、2007年6月に「学校教育法」、同年10月に「学校教育法施行規則」の改正により、新たに自己評価・学校関係者評価の実施・公表、評価結果の設置者への報告に関する規定が設けられました。この法律の改正後、2008年に文部科学省において「幼稚園における学校評価ガイドライン」が作成され、2011年に改訂されました。

このガイドラインによると、学校評価の目的は、次の3点であるとされています[6]。

▶出典
†6　文部科学省「幼稚園における学校評価ガイドライン（平成23年改訂）」2011年

> ・各学校が、自らの教育活動その他の学校運営について、目指すべき目標を設定し、その達成状況や達成に向けた取組の適

切さ等について評価することにより、学校として組織的・継
続的な改善を図ること。
・各学校が、自己評価及び保護者など学校関係者等による評価
の実施とその結果の公表・説明により、適切に説明責任を
果たすとともに、保護者、地域住民等から理解と参画を得て、
学校・家庭・地域の連携協力による学校づくりを進めること。
・各学校の設置者等が、学校評価の結果に応じて、学校に対す
る支援や条件整備等の改善措置を講じることにより、一定水
準の教育の質を保証し、その向上を図ること。

①幼稚園の自己評価

　幼稚園の「自己評価」は、「各幼稚園の教職員が行う評価」と定義づ
けをされています。「幼稚園における学校評価ガイドライン」によると、
「自己評価は、園長のリーダーシップの下で、当該学校の全教職員が参
加し、設定した目標や具体的計画に照らして、その達成状況や達成に向
けた取組の適切さ等について評価を行うものである」とされています。
自己評価は園内で行われるものですが、幼稚園の教職員一人ひとりが自
らの保育を評価し、自己評価の重要性を認識することによって、その意
義が高まります。また、「自己評価を行う上で、保護者や地域住民を対
象とするアンケートによる評価や、保護者等との懇談会を通じて、保護
者の幼稚園教育に関する理解や意見、要望を把握することが重要であ
る」とされています。保護者や地域の多様ニーズにこたえられるように
意見や要望を受け止め、幼稚園教育の質の向上に努める必要があります。
　幼稚園の自己評価にあたっては、アンケートなどの手段で保護者の
意見を集めるとともに、「園児の送迎や園の行事の際などの保護者とコ
ミュニケーションの機会を積極的に利用し、保護者の要望や意見を収集
する努力も大切である」とされています[7]。保護者の生の声を受け止
め、積極的な改善の機会となるように生かしていくことが大切です。

▶ **出典**
†7　†6と同じ

②認定こども園の自己評価

　認定こども園では、「関係者評価」と「第三者評価」は、努力義務と
されていますが、「自己評価」については義務とされています。自己評
価について兵庫県の例を示すと、「認定こども園自己点検・自己評価の
手引」が「認定こども園の適正運営・再発防止のための指針」（2017
年）に基づき、認定こども園の適正な運営や、質の向上を図るため、こ
れを活用した各園での自己点検を効果的・効率的に推進することを目的
に作成されました。そのなかで、「幼保連携型認定こども園は、就学前

の子どもに関する教育、保育等の総合的な提供の推進に関する法律第23条及び同施行規則第23条により、**自己評価**及びその結果の公表に係る義務が規定されています[8]」と記されています。

「認定こども園の適正運営・再発防止のための指針」
（運営の状況に関する評価等）
第23条　幼保連携型認定こども園の設置者は、主務省令で定めるところにより当該幼保連携型認定こども園における教育及び保育並びに子育て支援事業の状況その他の運営の状況について評価を行い、その結果に基づき幼保連携型認定こども園の運営の改善を図るため必要な措置を講ずるよう努めなければならない。

　保育所・幼稚園・認定こども園における評価の重要性は、2018（平成30）年の3法令の改訂・改定においても増しています。保育者の自己評価、園の自己評価、第三者評価、それぞれの役割と意義をよく認識し、評価の機会を保育の質の向上につなげることが重要です。

3.　要録の役割

1　「保育所児童保育要録」「幼稚園幼児指導要録」「幼保連携型認定こども園園児指導要録」とは

　就学前教育から小学校教育へつなぐものとして「要録」があります。2008年3月の「保育所保育指針」「幼稚園教育要領」「幼保連携型認定こども園教育・保育要領」の改定（訂）により、保育所や幼稚園等と小学校との接続がより重要視されるようになりました。保育所では「保育所児童保育要録」、幼稚園では「幼稚園幼児指導要録」、認定こども園では「認定こども園こども要録」、幼保連携型認定こども園では「幼保連携型認定こども園園児指導要録」を小学校へ送付し、子どもたちの育ちを伝えます。それぞれに様式の違いはありますが、子どもたちの育ちを伝える資料という視点では大きく変わらないものであるといえます。いずれの要録も、子どもの育ちの評価の一つと考えることができます。

2　小学校との連携

　「保育所保育指針」には、以下のように記されています[9]。

補足
自己評価と学校関係者評価の違い
こうした自己評価は、「保護者、地域住民等の学校関係者などにより構成された評価委員会等が、自己評価の結果について評価することを基本として行う評価」と定義づけられている「学校関係者評価」とは異なる。

出典
†8　兵庫県「認定こども園自己点検・自己評価の手引」2018年、1-2頁

出典
†9　「保育所保育指針」第2章4（2）「小学校との連携」

　ア　保育所においては、保育所保育が、小学校以降の生活や学習の基盤の育成につながることに配慮し、幼児期にふさわしい生活を通じて、創造的な思考や主体的な生活態度などの基礎を培うようにすること。

　イ　保育所保育において育まれた資質・能力を踏まえ、小学校教育が円滑に行われるよう、小学校教師との意見交換や合同の研究の機会などを設け、第1章の4の（2）に示す「幼児期の終わりまでに育って欲しい姿」を共有するなど連携を図り、保育所保育と小学校教育との円滑な接続を図るよう努めること。

　ウ　子どもに関する情報共有に関して、保育所に入所している子どもの就学に際し、市町村の支援の下に、子どもの育ちを支えるための資料が保育所から小学校へ送付されるようにすること。

　また、「幼稚園教育要領」および「幼保連携型認定こども園教育・保育要領」には、「評価の妥当性や信頼性が高められるよう創意工夫を行い、組織的かつ計画的な取組を推進するとともに、次年度又は小学校等にその内容が適切に引き継がれるようにすること」と記されています[†10]。

　そして、「幼稚園教育要領解説」には、「学校教育法施行規則第24条第2項において、幼稚園の園長は、幼児の指導要録の抄本又は写しを作成し、これを小学校等の校長に送付しなければならないこととなっている。このような関係法令も踏まえ、幼稚園において記載した指導要録を適切に送付するほか、それ以外のものも含め小学校等との情報の共有化を工夫する必要がある」と記されています[†11]。さらに、「幼稚園幼児指導要録」の小学校への送付は以下のとおり「学校教育法施行規則」第24条で義務づけられています。

　校長は、その学校に在学する児童等の指導要録（学校教育法施行令第31条に規定する児童等の学習及び健康の状況を記録した書類の原本をいう。以下同じ。）を作成しなければならない。

2　校長は、児童等が進学した場合においては、その作成に係る当該児童等の指導要録の抄本又は写しを作成し、これを進

▶ 出典
†10　「幼稚園教育要領」第1章第4 4「幼児理解に基づいた評価の実施」（2）、「幼保連携型認定こども園教育・保育要領」第1章第2 2「指導計画の作成と園児の理解に基づいた評価」（4）イ

†11　「幼稚園教育要領解説」第1章第4節4「幼児理解に基づいた評価の実施」（2）

学先の校長に送付しなければならない。

3 校長は、児童等が転学した場合においては、その作成に係る当該児童等の指導要録の写しを作成し、その写し（転学してきた児童等については転学により送付を受けた指導要録（就学前の子どもに関する教育、保育等の総合的な提供の推進に関する法律施行令（平成26年政令第203号）第8条に規定する園児の学習及び健康の状況を記録した書類の原本を含む。）の写しを含む。）及び前項の抄本又は写しを転学先の校長，保育所の長又は認定こども園の長に送付しなければならない。

　要録を作成する際、1年間の子どもの育ちを評価するということに対して、身構えてしまう保育者も多いと思います。それは、評価というと、成績をつけるというイメージがあるからかもしれません。しかし、本来、要録というものは、「できる」「できない」を記するものではなく、子ども一人ひとりの園生活を振り返り、生活や遊びのなかでの育ちの過程をとらえ、発達状況を的確に記録するものです。そして、保育者一人ひとりが子どもの育ちを小学校にも引き継ぎ、園での関わりが就学後の継続した関わりにつながるようにするための記録であるという認識をもつことが重要です。

　要録を書くうえで、日々の保育日誌や個人記録等、さまざまな記録はとても役立ちます。子どものありのままの姿を深く観察することで記録が深いものとなり、子どもの育ちだけではなく保育者の配慮や援助を意識して記録を書くことで、より一層役立ちます。また、要録の作成は、送付責任者の園長（所長）とクラス担任だけで行うものであると思われがちですが、ミーティング等の機会をとおして、「子どもの育ち」について全職員で考えることも重要です。要録は、卒園する際に小学校へ写しを提出するためのものですが、進級する際の引き継ぎ資料にもなり、担任間の連携にも役立ちます。要録を記入することにより、1年間の育ちを具体的に把握し、保育者自身の保育を振り返ることにもつながります。

　それでは、ここでそれぞれの要録についてくわしく考えていくことにします。先に述べたように、要録には「保育所児童保育要録」「幼稚園幼児指導要録」「認定こども園こども要録」「幼保連携型認定こども園園児指導要録」がありますが、ここでは「保育所」「幼稚園」「幼保連携型認定こども園」の要録について記します。

①保育所児童保育要録

　保育所児童保育要録は、保育所生活のなかで培われてきた子どもの育ちを簡潔にまとめ小学校生活につなげることによって、連続して見守っていくための資料です。これは、保育所生活での遊びや生活が小学校生活につながり影響すると考えられることから、子どもの育ちのよい面をていねいにとらえ、小学校へ報告することが大切になります。保育所児童保育要録は、「入所に関する記録」および「保育に関する記録」で構成されており、市町村ごとに厚生労働省の様式にしたがって作成します。以下に、厚生労働省の様式をみていきます。

　「入所に関する記録」には、「児童の氏名」「性別」「生年月日及び現住所」「保護者（親権者）氏名及び現住所」「入所年月日・卒所年月日」「就学先」「保育所名及び所在地」「施設長氏名」「担当保育士氏名」を記入します。

　「保育に関する記録」には、保育所保育の特性が養護と教育を一体的に行うことであることから「保育所における保育全体を通じて、養護に関するねらい及び内容を踏まえた保育が展開されることを念頭に置き」記載することとされています。

　「保育の過程と子どもの育ちに関する事項」においては、最終年度における保育の過程および子どもの育ちについて、年度当初に全体的な計画に基づき長期の見通しとして設定した「最終年度の重点」と 1 年間を振り返って、子どもの指導について特に重視してきた「個人の重点」を記入します。

　「保育の展開と子どもの育ち」については、「保育所保育指針」第 2 章「保育の内容」に示された各領域のねらいを視点として、「子どもの発達の実情から向上が著しいと思われるもの」を明らかにし、「保育所の生活を通して全体的、総合的に捉え」最終年度の 1 年間の保育における指導の過程および子どもの発達の姿について記入します。「その際、他の子どもとの比較や一定の基準に対する達成度についての評定によって捉えるものではないことに留意すること」が大切です。

　「就学後の指導に必要と考えられる配慮事項等について」は、特に小学校における子どもの指導に生かされるような内容を記入することが必要です。このときに、「保育所保育指針」第 1 章「総則」に示された「幼児期の終わりまでに育ってほしい姿」を活用して、「子どもに育まれている資質・能力を捉え、指導の過程と育ちつつある姿をわかりやすく記入する」ことが必要です。そのために、「幼児期の終わりまでに育ってほしい姿」の趣旨や内容を保育士自身が十分に理解することが必要で

あり、「これらが到達すべき目標でないことに留意し、項目別に子ども
の育ちつつある姿を記入するのではなく、全体的かつ総合的に捉えて記
入すること」を踏まえて記入することとされています。

「子どもの健康の状況等、就学後の指導において配慮が必要なことと
して、特記すべき事項ある場合」は「特に配慮すべき事項」に記入し
ます。さらに、「最終年度に至るまでの育ちに関する事項」については、
「子どもの入所時から最終年度に至るまでの育ちに関し、最終年度にお
ける保育の過程と子どもの育ちの姿を理解する上で、特に重要と考えら
れることを記入すること」とされています[12]。

図表14-1、14-2に要録の様式を記します。

②幼稚園幼児指導要録

幼稚園幼児指導要録は、「学籍に関する記録」と「指導に関する記録」
で構成されており、市町村ごとに文部科学省の様式にしたがって作成し
ます。以下に、文部科学省の様式をみていきます。

「学籍に関する記録」は、園に在籍したことを証明するものであり、
外部に対する証明の原簿となります。入園時および転園時など異動が生

▶出典
†12 厚生労働省「保育
所保育指針の適用に際して
の留意事項について（別添
1）」2018年

図表14-1 保育所児童保育要録（入所に関する記録）

児童	ふりがな 氏名		性別	
		年　月　日生		
	現住所			
保護者	ふりがな 氏名			
	現住所			
入所	年　月　日	卒所	年　月　日	
就学先				
保育所名 及び所在地				
施設長 氏名				
担当保育士 氏名				

出典：厚生労働省ホームページ（要録の参考例 https://www.mhlw.go.jp/file/06-Seisakujouhou-11900000-Koyoukintoujidoukateikyoku/0000202912.pdf 2021年3月29日確認））

191

図表14-2 保育所児童保育要録（保育に関する記録）

本資料は、就学に際して保育所と小学校（義務教育学校の前期課程及び特別支援学校の小学部を含む。）が子どもに関する情報を共有し、子どもの育ちを支えるための資料である。

ふりがな 氏名		保育の過程と子どもの育ちに関する事項	最終年度に至るまでの育ちに関する事項
生年月日	年　　　月　　　日	（最終年度の重点）	
性別		（個人の重点）	
ね　ら　い（発達を捉える視点）			
健康	明るく伸び伸びと行動し、充実感を味わう。	（保育の展開と子どもの育ち）	
	自分の体を十分に動かし、進んで運動しようとする。		
	健康、安全な生活に必要な習慣や態度を身に付け、見通しをもって行動する。		
人間関係	保育所の生活を楽しみ、自分の力で行動することの充実感を味わう。		
	身近な人と親しみ、関わりを深め、工夫したり、協力したりして一緒に活動する楽しさを味わい、愛情や信頼感をもつ。		
	社会生活における望ましい習慣や態度を身に付ける。		幼児期の終わりまでに育ってほしい姿
環境	身近な環境に親しみ、自然と触れ合う中で様々な事象に興味や関心をもつ。		※各項目の内容等については、別紙に示す「幼児期の終わりまでに育ってほしい姿について」を参照すること。
	身近な環境に自分から関わり、発見を楽しんだり、考えたりし、それを生活に取り入れようとする。		健康な心と体
	身近な事象を見たり、考えたり、扱ったりする中で、物の性質や数量、文字などに対する感覚を豊かにする。		自立心
言葉	自分の気持ちを言葉で表現する楽しさを味わう。		協同性
	人の言葉や話などをよく聞き、自分の経験したことや考えたことを話し、伝え合う喜びを味わう。		道徳性・規範意識の芽生え
	日常生活に必要な言葉が分かるようになるとともに、絵本や物語などに親しみ、言葉に対する感覚を豊かにし、保育士等や友達と心を通わせる。		社会生活との関わり
			思考力の芽生え
表現	いろいろなものの美しさなどに対する豊かな感性をもつ。		自然との関わり・生命尊重
			数量や図形、標識や文字などへの関心・感覚
	感じたことや考えたことを自分なりに表現して楽しむ。	（特に配慮すべき事項）	言葉による伝え合い
	生活の中でイメージを豊かにし、様々な表現を楽しむ。		豊かな感性と表現

　保育所における保育は、養護及び教育を一体的に行うことをその特性とするものであり、保育所における保育全体を通じて、養護に関するねらい及び内容を踏まえた保育が展開されることを念頭に置き、次の各事項を記入すること。
○保育の過程と子どもの育ちに関する事項
＊最終年度の重点：年度当初に、全体的な計画に基づき長期の見通しとして設定したものを記入すること。
＊個人の重点：1年間を振り返って、子どもの指導について特に重視してきた点を記入すること。
＊保育の展開と子どもの育ち：最終年度の1年間の保育における指導の過程と子どもの発達の姿（保育所保育指針第2章「保育の内容」に示された各領域のねらいを視点として、子どもの発達の実情から向上が著しいと思われるもの）を、保育所の生活を通して全体的、総合的に捉えて記入すること。その際、他の子どもとの比較や一定の基準に対する達成度についての評定によって捉えるものではないことに留意すること。あわせて、就学後の指導に必要と考えられる配慮事項等について記入すること。別紙を参照し、「幼児期の終わりまでに育ってほしい姿」を活用して子どもに育まれている資質・能力を捉え、指導の過程と育ちつつある姿をわかりやすく記入するように留意すること。
＊特に配慮すべき事項：子どもの健康の状況等、就学後の指導において配慮が必要なこととして、特記すべき事項がある場合に記入すること。
○最終年度に至るまでの育ちに関する事項
　子どもの入所時から最終年度に至るまでの育ちに関し、最終年度における保育の過程と子どもの育ちの姿を理解する上で、特に重要と考えられることを記入すること。
出典：図表14-1と同じ

じた際に記入します。具体的な記入内容は、「幼児の氏名」「性別」「生年月日及び現住所」「保護者の氏名及び現住所」「学籍の記録（入園年月日、転入園年月日、転・退園年月日、修了年月日）」「入園前の状況（保育所等での集団生活の有無等）」「進学先等（進学した小学校等や転園した幼稚園、保育所等の名称及び所在地等）、園名及び所在地」「各年度の入園（転入園）・進級時の幼児の年齢」「園長及び学級担任者の氏名」です。

「指導に関する記録」は、幼児が入園してから卒園するまでどのように生活したのかという「園生活における幼児の育ち」や、教師がどのように関わってきたのかという「指導の過程とその結果」を記録します。具体的な記入内容は、指導の重点等として「学年の重点：年度当初に、教育課程に基づき長期の見通しとして設定したもの」「個人の重点：1年間を振り返って、当該幼児の指導について特に重視してきた点」「指導上参考となる事項」の3点になります。

指導上参考となる事項については、「1年間の指導の過程と幼児の発達の姿」について、「『幼稚園教育要領』第2章『ねらい及び内容』に示された各領域のねらいを視点として、当該幼児の発達の実情から向上が著しいと思われるもの」を記入します。「その際、他の幼児との比較や一定の基準に対する達成度についての評定によって捉えるものではないことに留意すること」「幼稚園生活を通して全体的、総合的に捉えた幼児の発達の姿」を踏まえて記入するように記され、「次の年度の指導に必要と考えられる配慮事項等について記入すること」とされています。さらに、「最終学年の指導に関する記録」は、「最終年度の記入に当たっては、特に小学校等における児童の指導に生かされるよう、『幼稚園教育要領』第1章総則に示された『幼児期の終わりまでに育ってほしい姿』を活用して幼児に育まれている資質・能力を捉え、指導の過程と育ちつつある姿を分かりやすく記入するように留意すること。また、『幼児期の終わりまでに育ってほしい姿』が到達すべき目標ではないことに留意し、項目別に幼児の育ちつつある姿を記入するのではなく、全体的、総合的に捉えて記入すること」とされています。また、「幼児の健康の状況等指導上特に留意する必要がある場合等について記入すること」とされています[13]。

図表14-3～14-5に要録の様式を記します。

③幼保連携型認定こども園園児指導要録

2015年度から幼保連携型認定こども園では、「幼保連携型認定こども園園児指導要録」が作成されています。幼保連携型認定こども園園児指

▶ 出典
†13　文部科学省「幼稚園及び特別支援学校幼稚部における指導要録の改善について（通知）」2018年

図表 14-3 幼稚園幼児指導要録（学籍に関する記録）

区分＼年度	年度	年度	年度	年度
学　級				
整理番号				

幼　児	ふりがな 氏　名		性　別	
		年　　　月　　　日生		
	現住所			
保護者	ふりがな 氏　名			
	現住所			

入　園	年　月　日	入園前の状況	
転入園	年　月　日		
転・退園	年　月　日	進学先等	
修　了	年　月　日		

幼稚園名及び所在地				
年度及び入園（転入園）・進級時の幼児の年齢	年度 歳　か月	年度 歳　か月	年度 歳　か月	年度 歳　か月
園長 氏名　　　印				
学級担任者 氏名　　　印				

出典：文部科学省「幼稚園及び特別支援学校幼稚部における指導要録の改善について（通知）」2018年

図表14-4 幼稚園幼児指導要録（指導に関する記録）

ふりがな					年度	年度	年度
氏名				指導の重点等	（学年の重点）	（学年の重点）	（学年の重点）
	年　　　月　　　日生						
性別					（個人の重点）	（個人の重点）	（個人の重点）
ねらい（発達を捉える視点）							
健康	明るく伸び伸びと行動し、充実感を味わう。			指導上参考となる事項			
	自分の体を十分に動かし、進んで運動しようとする。						
	健康、安全な生活に必要な習慣や態度を身に付け、見通しをもって行動する。						
人間関係	幼稚園生活を楽しみ、自分の力で行動することの充実感を味わう。						
	身近な人と親しみ、関わりを深め、工夫したり、協力したりして一緒に活動する楽しさを味わい、愛情や信頼感をもつ。						
	社会生活における望ましい習慣や態度を身に付ける。						
環境	身近な環境に親しみ、自然と触れ合う中で様々な事象に興味や関心をもつ。						
	身近な環境に自分から関わり、発見を楽しんだり、考えたりし、それを生活に取り入れようとする。						
	身近な事象を見たり、考えたり、扱ったりする中で、物の性質や数量、文字などに対する感覚を豊かにする。						
言葉	自分の気持ちを言葉で表現する楽しさを味わう。						
	人の言葉や話などをよく聞き、自分の経験したことや考えたことを話し、伝え合う喜びを味わう。						
	日常生活に必要な言葉が分かるようになるとともに、絵本や物語などに親しみ、言葉に対する感覚を豊かにし、先生や友達と心を通わせる。						
表現	いろいろなものの美しさなどに対する豊かな感性をもつ。						
	感じたことや考えたことを自分なりに表現して楽しむ。						
	生活の中でイメージを豊かにし、様々な表現を楽しむ。						
出欠状況		年度	年度	年度	備考		
	教育日数						
	出席日数						

学年の重点：年度当初に、教育課程に基づき長期の見通しとして設定したものを記入
個人の重点：1年間を振り返って、当該幼児の指導について特に重視してきた点を記入
指導上参考となる事項：
（1）次の事項について記入すること。
　　①1年間の指導の過程と幼児の発達の姿について以下の事項を踏まえ記入すること。
　　・幼稚園教育要領第2章「ねらい及び内容」に示された各領域のねらいを視点として、当該幼児の発達の実情から向上が著しいと思われるもの。その際、他の幼児との比較や一定の基準に対する達成度についての評定によって捉えるものではないことに留意すること。
　　・幼稚園生活を通して全体的、総合的に捉えた幼児の発達の姿。
　　②次の年度の指導に必要と考えられる配慮事項等について記入すること。
（2）幼児の健康の状況等指導上特に留意する必要がある場合等について記入すること。
備考：教育課程に係る教育時間の終了後等に行う教育活動を行っている場合には、必要に応じて当該教育活動を通した幼児の発達の姿を記入すること。
出典：図表14-3と同じ

図表14-5 幼稚園幼児指導要録（最終学年の指導に関する記録）

ふりがな				年度		幼児期の終わりまでに育ってほしい姿

左側フォーム：

ふりがな			年度
氏名		指導の重点等	（学年の重点）
	年　月　日生		（個人の重点）
性別			

	ねらい（発達を捉える視点）		
健康	明るく伸び伸びと行動し、充実感を味わう。	指導上参考となる事項	
	自分の体を十分に動かし、進んで運動しようとする。		
	健康、安全な生活に必要な習慣や態度を身に付け、見通しをもって行動する。		
人間関係	幼稚園生活を楽しみ、自分の力で行動することの充実感を味わう。		
	身近な人と親しみ、関わりを深め、工夫したり、協力したりして一緒に活動する楽しさを味わい、愛情や信頼感をもつ。		
	社会生活における望ましい習慣や態度を身に付ける。		
環境	身近な環境に親しみ、自然と触れ合う中で様々な事象に興味や関心をもつ。		
	身近な環境に自分から関わり、発見を楽しんだり、考えたりし、それを生活に取り入れようとする。		
	身近な事象を見たり、考えたり、扱ったりする中で、物の性質や数量、文字などに対する感覚を豊かにする。		
言葉	自分の気持ちを言葉で表現する楽しさを味わう。		
	人の言葉や話などをよく聞き、自分の経験したことや考えたことを話し、伝え合う喜びを味わう。		
	日常生活に必要な言葉が分かるようになるとともに、絵本や物語などに親しみ、言葉に対する感覚を豊かにし、先生や友達と心を通わせる。		
表現	いろいろなものの美しさなどに対する豊かな感性をもつ。		
	感じたことや考えたことを自分なりに表現して楽しむ。		
	生活の中でイメージを豊かにし、様々な表現を楽しむ。		

出欠状況		年度	備考
	教育日数		
	出席日数		

右側：

幼児期の終わりまでに育ってほしい姿

「幼児期の終わりまでに育ってほしい姿」は、幼稚園教育要領第2章に示すねらい及び内容に基づいて、各幼稚園で、幼児期にふさわしい遊びや生活を積み重ねることにより、幼稚園教育において育みたい資質・能力が育まれている幼児の具体的な姿であり、特に5歳児後半に見られるようになる姿である。「幼児期の終わりまでに育ってほしい姿」は、とりわけ幼児の自発的な活動としての遊びを通して、一人一人の発達の特性に応じて、これらの姿が育っていくものであり、全ての幼児に同じように見られるものではないことに留意すること。

健康な心と体	幼稚園生活の中で、充実感をもって自分のやりたいことに向かって心と体を十分に働かせ、見通しをもって行動し、自ら健康で安全な生活をつくり出すようになる。
自立心	身近な環境に主体的に関わり様々な活動を楽しむ中で、しなければならないことを自覚し、自分の力で行うために考えたり、工夫したりしながら、諦めずにやり遂げることで達成感を味わい、自信をもって行動するようになる。
協同性	友達と関わる中で、互いの思いや考えなどを共有し、共通の目的の実現に向けて、考えたり、工夫したり、協力したりし、充実感をもってやり遂げるようになる。
道徳性・規範意識の芽生え	友達と様々な体験を重ねる中で、してよいことや悪いことが分かり、自分の行動を振り返ったり、友達の気持ちに共感したりし、相手の立場に立って行動するようになる。また、きまりを守る必要性が分かり、自分の気持ちを調整し、友達と折り合いを付けながら、きまりをつくったり、守ったりするようになる。
社会生活との関わり	家族を大切にしようとする気持ちをもつとともに、地域の身近な人と触れ合う中で、人との様々な関わり方に気付き、相手の気持ちを考えて関わり、自分が役に立つ喜びを感じ、地域に親しみをもつようになる。また、幼稚園内外の様々な環境に関わる中で、遊びや生活に必要な情報を取り入れ、情報に基づき判断したり、情報を伝え合ったり、活用したりするなど、情報を役立てながら活動するようになるとともに、公共の施設を大切に利用するなどして、社会とのつながりなどを意識するようになる。
思考力の芽生え	身近な事象に積極的に関わる中で、物の性質や仕組みなどを感じ取ったり、気付いたりし、考えたり、予想したり、工夫したりするなど、多様な関わりを楽しむようになる。また、友達の様々な考えに触れる中で、自分と異なる考えがあることに気付き、自ら判断したり、考え直したりするなど、新しい考えを生み出す喜びを味わいながら、自分の考えをよりよいものにするようになる。
自然との関わり・生命尊重	自然に触れて感動する体験を通して、自然の変化などを感じ取り、好奇心や探究心をもって考え言葉などで表現しながら、身近な事象への関心が高まるとともに、自然への愛情や畏敬の念をもつようになる。また、身近な動植物に心を動かされる中で、生命の不思議さや尊さに気付き、身近な動植物への接し方を考え、命あるものとしていたわり、大切にする気持ちをもって関わるようになる。
数量や図形、標識や文字などへの関心・感覚	遊びや生活の中で、数量や図形、標識や文字などに親しむ体験を重ねたり、標識や文字の役割に気付いたりし、自らの必要感に基づきこれらを活用し、興味や関心、感覚をもつようになる。
言葉による伝え合い	先生や友達と心を通わせる中で、絵本や物語などに親しみながら、豊かな言葉や表現を身に付け、経験したことや考えたことなどを言葉で伝えたり、相手の話を注意して聞いたりし、言葉による伝え合いを楽しむようになる。
豊かな感性と表現	心を動かす出来事などに触れ感性を働かせる中で、様々な素材の特徴や表現の仕方などに気付き、感じたことや考えたことを自分で表現したり、友達同士で表現する過程を楽しんだりし、表現する喜びを味わい、意欲をもつようになる。

学年の重点：年度当初に、教育課程に基づき長期の見通しとして設定したものを記入
個人の重点：1年間を振り返って、当該幼児の指導について特に重視してきた点を記入
指導上参考となる事項：
（1）次の事項について記入すること。
　①1年間の指導の過程と幼児の発達の姿について以下の事項を踏まえ記入すること。
　・幼稚園教育要領第2章「ねらい及び内容」に示された各領域のねらいを視点として、当該幼児の発達の実情から向上が著しいと思われるもの。その際、他の幼児との比較や一定の基準に対する達成度についての評定によって捉えるものではないことに留意すること。
　・幼稚園生活を通して全体的、総合的に捉えた幼児の発達の姿。
　②その年度の指導に必要と考えられる配慮事項等について記入すること。
　③最終年度の記入に当たっては、特に小学校等における児童の指導に生かされるよう、幼稚園教育要領第1章総則に示された「幼児期の終わりまでに育ってほしい姿」を活用して幼児に育まれている資質・能力を捉え、指導の過程と育ちつつある姿を分かりやすく記入するように留意すること。また、「幼児期の終わりまでに育ってほしい姿」が到達すべき目標ではないことに留意し、項目別に幼児の育ちつつある姿を記入するのではなく、全体的、総合的に捉えて記入すること。
（2）幼児の健康の状況等指導上特に留意する必要がある場合等について記入すること。
備考：教育課程に係る教育時間の終了後等に行う教育活動を行っている場合には、必要に応じて当該教育活動を通した幼児の発達の姿を記入すること。
出典：図表14-3と同じ

図表14-6 幼保連携型認定こども園園児指導要録（学籍等に関する記録）

区分 ＼ 年度	年度	年度	年度	年度
学　　級				
整理番号				

園　児	ふりがな 氏　名						性　別	
		年　　　月　　　日生						
	現住所							
保護者	ふりがな 氏　名							
	現住所							

入　　園	年　　月　　日	入園前の 状況	
転入園	年　　月　　日		
転・退園	年　　月　　日	進学・ 就学先等	
修　　了	年　　月　　日		

園名及び所在地				
年度及び入園（転入園）・進級時等の園児の年齢	年度 歳　　か月	年度 歳　　か月	年度 歳　　か月	年度 歳　　か月
園長 氏名　　　　印				
担当者 氏名　　　　印				
年度及び入園（転入園）・進級時等の園児の年齢	年度 歳　　か月	年度 歳　　か月	年度 歳　　か月	年度 歳　　か月
園長 氏名　　　　印				
学級担任者 氏名　　　　印				

出典：内閣府ホームページ（要録の参考例 https://www8.cao.go.jp/shoushi/kodomoen/pdf/h300330/youroku_youshiki.pdf 2021年3月29日確認）

図表 14-7 幼保連携型認定こども園園児指導要録（指導等に関する記録）

ふりがな			性別		指導の重点等	年度	年度	年度
氏名						(学年の重点)	(学年の重点)	(学年の重点)
	年	月	日生			(個人の重点)	(個人の重点)	(個人の重点)

	ねらい（発達を捉える視点）	指導上参考となる事項		
健康	明るく伸び伸びと行動し、充実感を味わう。			
	自分の体を十分に動かし、進んで運動しようとする。			
	健康、安全な生活に必要な習慣や態度を身に付け、見通しをもって行動する。			
人間関係	幼保連携型認定こども園の生活を楽しみ、自分の力で行動することの充実感を味わう。			
	身近な人と親しみ、関わりを深め、工夫したり、協力したりして一緒に活動する楽しさを味わい、愛情や信頼感をもつ。			
	社会生活における望ましい習慣や態度を身に付ける。			
環境	身近な環境に親しみ、自然と触れ合う中で様々な事象に興味や関心をもつ。			
	身近な環境に自分から関わり、発見を楽しんだり、考えたりし、それを生活に取り入れようとする。			
	身近な事象を見たり、考えたり、扱ったりする中で、物の性質や数量、文字などに対する感覚を豊かにする。			
言葉	自分の気持ちを言葉で表現する楽しさを味わう。			
	人の言葉や話などをよく聞き、自分の経験したことや考えたことを話し、伝え合う喜びを味わう。			
	日常生活に必要な言葉が分かるようになるとともに、絵本や物語などに親しみ、言葉に対する感覚を豊かにし、保育教諭等や友達と心を通わせる。			
表現	いろいろなものの美しさなどに対する豊かな感性をもつ。			
	感じたことや考えたことを自分なりに表現して楽しむ。			
	生活の中でイメージを豊かにし、様々な表現を楽しむ。	(特に配慮すべき事項)	(特に配慮すべき事項)	(特に配慮すべき事項)

出欠状況		年度	年度	年度
	教育日数			
	出席日数			

【満 3 歳未満の園児に関する記録】

	年度	年度	年度	年度
園児の育ちに関する事項				

学年の重点：年度当初に、教育課程に基づき長期の見通しとして設定したものを記入
個人の重点：1 年間を振り返って、当該園児の指導について特に重視してきた点を記入
指導上参考となる事項：
  （1）次の事項について記入
    ①1 年間の指導の過程と園児の発達の姿について以下の事項を踏まえ記入すること。
    ・幼保連携型認定こども園教育・保育要領に示された養護に関する事項を踏まえ、第 2 章第 3 の「ねらい及び内容」に示された各領域のねらいを視点として、当該園児の発達の実情から向上が著しいと思われるもの。
     その際、他の園児との比較や一定の基準に対する達成度についての評定によって捉えるものではないことに留意すること。
    ・園生活を通して全体的、総合的に捉えた園児の発達の姿。
    ②次の年度の指導に必要と考えられる配慮事項等について記入すること。
  （2）「特に配慮すべき事項」には、園児の健康の状況等、指導上特記すべき事項がある場合に記入
園児の育ちに関する事項：当該園児の、次の年度の指導に特に必要と考えられる育ちに関する事項や配慮事項、健康の状況等の留意事項等について記入
出典：図表14-6 と同じ

図表14-8 幼保連携型認定こども園園児指導要録（最終学年の指導に関する記録）

ふりがな 氏名			年度
	年　　月　　日生	指導の重点等	（学年の重点）
性別			（個人の重点）

ねらい（発達を捉える視点）		指導上参考となる事項
健康	明るく伸び伸びと行動し、充実感を味わう。	
	自分の体を十分に動かし、進んで運動しようとする。	
	健康、安全な生活に必要な習慣や態度を身に付け、見通しをもって行動する。	
人間関係	幼保連携型認定こども園の生活を楽しみ、自分の力で行動することの充実感を味わう。	
	身近な人と親しみ、関わりを深め、工夫したり、協力したりして一緒に活動する楽しさを味わい、愛情や信頼感をもつ。	
	社会生活における望ましい習慣や態度を身に付ける。	
環境	身近な環境に親しみ、自然と触れ合う中で様々な事象に興味や関心をもつ。	
	身近な環境に自分から関わり、発見を楽しんだり、考えたりし、それを生活に取り入れようとする。	
	身近な事象を見たり、考えたり、扱ったりする中で、物の性質や数量、文字などに対する感覚を豊かにする。	
言葉	自分の気持ちを言葉で表現する楽しさを味わう。	
	人の言葉や話などをよく聞き、自分の経験したことや考えたことを話し、伝え合う喜びを味わう。	
	日常生活に必要な言葉が分かるようになるとともに、絵本や物語などに親しみ、言葉に対する感覚を豊かにし、保育教諭等や友達と心を通わせる。	
表現	いろいろなものの美しさなどに対する豊かな感性をもつ。	
	感じたことや考えたことを自分なりに表現して楽しむ。	
	生活の中でイメージを豊かにし、様々な表現を楽しむ。	（特に配慮すべき事項）

出欠状況		年度
	教育日数	
	出席日数	

幼児期の終わりまでに育ってほしい姿

「幼児期の終わりまでに育ってほしい姿」は、幼保連携型認定こども園教育・保育要領第2章に示すねらい及び内容に基づいて、各園で、幼児期にふさわしい遊びや生活を積み重ねることにより、幼保連携型認定こども園の教育及び保育において育みたい資質・能力が育まれている園児の具体的な姿であり、特に5歳児後半に見られるようになる姿である。「幼児期の終わりまでに育ってほしい姿」は、とりわけ園児の自発的な活動としての遊びを通して、一人一人の発達の特性に応じて、これらの姿が育っていくものであり、全ての園児に同じように見られるものではないことに留意すること。

健康な心と体	幼保連携型認定こども園における生活の中で、充実感をもって自分のやりたいことに向かって心と体を十分に働かせ、見通しをもって行動し、自ら健康で安全な生活をつくり出すようになる。
自立心	身近な環境に主体的に関わり様々な活動を楽しむ中で、しなければならないことを自覚し、自分の力で行うために考えたり、工夫したりしながら、諦めずにやり遂げることで達成感を味わい、自信をもって行動するようになる。
協同性	友達と関わる中で、互いの思いや考えなどを共有し、共通の目的の実現に向けて、考えたり、工夫したり、協力したりし、充実感をもってやり遂げるようになる。
道徳性・規範意識の芽生え	友達と様々な体験を重ねる中で、してよいことや悪いことが分かり、自分の行動を振り返ったり、友達の気持ちに共感したりし、相手の立場に立って行動するようになる。また、きまりを守る必要性が分かり、自分の気持ちを調整し、友達と折り合いを付けながら、きまりをつくったり、守ったりするようになる。
社会生活との関わり	家族を大切にしようとする気持ちをもつとともに、地域の身近な人と触れ合う中で、人との様々な関わり方に気付き、相手の気持ちを考えて関わり、自分が役に立つ喜びを感じ、地域に親しみをもつようになる。また、幼保連携型認定こども園内外の様々な環境に関わる中で、遊びや生活に必要な情報を取り入れ、情報に基づき判断したり、情報を伝え合ったり、活用したりするなど、情報を役立てながら活動するようになるとともに、公共の施設を大切に利用するなどして、社会とのつながりなどを意識するようになる。
思考力の芽生え	身近な事象に積極的に関わる中で、物の性質や仕組みなどを感じ取ったり、気付いたり、考えたり、予想したり、工夫したりするなど、多様な関わりを楽しむようになる。また、友達の様々な考えに触れる中で、自分と異なる考えがあることに気付き、自ら判断したり、考え直したりするなど、新しい考えを生み出す喜びを味わいながら、自分の考えをよりよいものにするようになる。
自然との関わり・生命尊重	自然に触れて感動する体験を通して、自然の変化などを感じ取り、好奇心や探究心をもって考え言葉などで表現しながら、身近な事象への関心が高まるとともに、自然への愛情や畏敬の念をもつようになる。また、身近な動植物に心を動かされる中で、生命の不思議さや尊さに気付き、身近な動植物への接し方を考え、命あるものとしていたわり、大切にする気持ちをもって関わるようになる。
数量や図形、標識や文字などへの関心・感覚	遊びや生活の中で、数量や図形、標識や文字などに親しむ体験を重ねたり、標識や文字の役割に気付いたりし、自らの必要感に基づきこれらを活用し、興味や関心、感覚をもつようになる。
言葉による伝え合い	保育教諭等や友達と心を通わせる中で、絵本や物語などに親しみながら、豊かな言葉や表現を身に付け、経験したことや考えたことなどを言葉で伝えたり、相手の話を注意して聞いたりし、言葉による伝え合いを楽しむようになる。
豊かな感性と表現	心を動かす出来事などに触れ感性を働かせる中で、様々な素材の特徴や表現の仕方などに気付き、感じたことや考えたことを自分で表現したり、友達同士で表現する過程を楽しんだりし、表現する喜びを味わい、意欲をもつようになる。

学年の重点：年度当初に、教育課程に基づき長期の見通しとして設定したものを記入
個人の重点：1年間を振り返って、当該園児の指導について特に重視してきた点を記入
指導上参考となる事項：
（1）次の事項について記入
　　①1年間の指導の過程と園児の発達の姿について以下の事項を踏まえ記入すること。
　　・幼保連携型認定こども園教育・保育要領に示された養護に関する事項を踏まえ、第2章第3の「ねらい及び内容」に示された各領域のねらいを視点として、当該園児の発達の実情から向上が著しいと思われるもの。
　　　その際、他の園児との比較や一定の基準に対する達成度についての評定によって捉えるものではないことに留意すること。
　　・園生活を通して全体的、総合的に捉えた園児の発達の姿。
　　②次の年度の指導に必要と考えられる配慮事項等について記入すること。
　　③最終年度の記入に当たっては、特に小学校等における児童の指導に生かされるよう、幼保連携型認定こども園教育・保育要領第1章総則に示された「幼児期の終わりまでに育ってほしい姿」を活用して園児に育まれている資質・能力を捉え、指導の過程と育ちつつある姿を分かりやすく記入するように留意すること。その際、「幼児期の終わりまでに育ってほしい姿」が到達すべき目標ではないことに留意し、項目別に園児の育ちつつある姿を記入するのではなく、全体的、総合的に捉えて記入すること。
（2）「特に配慮すべき事項」には、園児の健康の状況等、指導上特記すべき事項がある場合に記入すること。

出典：図表14-6と同じ

導要録は、「学籍等に関する記録」と「指導等に関する記録」で構成されており、市町村ごとに文部科学省の様式にしたがって作成します。以下に、内閣府・文部科学省・厚生労働省の様式をみていきます。

　「学籍等に関する記録」の記入については、先に記した「幼稚園幼児指導要録」とほぼ同様であり、満3歳以上の園児については、学級担任者の氏名を記入し、それぞれに押印します。さらに、学級名、整理番号も記入します。

　「指導等に関する記録」の記入についても、満3歳以上の園児の記録は、「幼稚園幼児指導要録」とほぼ同様でありますが、指導上参考になる事項については「幼保連携型認定こども園教育・保育要領に示された養護に関する事項を踏まえ、第2章第3の『ねらい及び内容』に示された各領域のねらいを視点として、当該園児の発達の実情から向上が著しいと思われるもの」を記入することとされています。また、満3歳未満の園児に関する記録は、園児の育ちに関する事項について、「次の年度の指導に特に必要と考えられる育ちに関する事項や配慮事項、健康の状況等の留意事項等について記入」とされています[14]。

　図表14-6～14-8に要録の様式を記します。

▶出典

†14　内閣府・文部科学省・厚生労働省「幼保連携型認定こども園園児指導要録に記載する事項（別紙）」2018年

演 習 課 題

①保育者自身の保育の振り返りが重要な理由は何でしょうか。PDCAサイクルをもとに考えてみましょう。

②2年保育（4歳児入園）児について、保育所児童保育要録の「保育に関する記録」を書いてみましょう。

③保育所、幼稚園、認定こども園の評価について、違いをまとめましょう。

保育の計画と評価の意味の再確認

いよいよ最後のレッスンになります。ここでは、レッスン14までで学んだ内容を概観したうえで、「保育の計画と評価」の意味を再確認していきましょう。計画をつくるという営みは「豊かな生活をとおして、豊かな育ちを保障する」ためのものです。そのために保育者はどのような「目線」をもつことが必要なのでしょうか。学びの集大成として考えてみましょう。

1. 「計画の大切さはわかるけれど…」

1 レッスン14までで学んできたこと

レッスン 1 〜14では、「保育の計画と評価」について、以下のことを学んできました。

まず、保育の計画と評価についての基本的な考え方を学びました。保育の計画と評価の基本的な考え方や意義を学んだうえで（レッスン 1、2）、全体的な計画・長期指導計画・短期指導計画といった保育の計画の種類についても学びました（レッスン 3）。さらに、保育実践の根拠となるガイドライン「保育所保育指針」「幼稚園教育要領」「幼保連携型認定こども園教育・保育要領」について整理するとともに、指針・要領において保育の計画と評価がどのように位置づけられているのかについて学びました（レッスン 4）。

次に、保育の計画の作成の手続きについて学びました。保育の計画を考える際の基本として「子ども理解」→「ねらい」→「内容」→「指導・援助」の 4 つの段階があることを確認したうえで（レッスン 5）、園の保育を方向づける全体的な計画（レッスン 6）、年間指導計画や月の指導計画などの長期指導計画（レッスン 7）、週案や日案などの短期指導計画（レッスン 8）の作成原理について学びました。このなかで、どのような計画であっても「子ども理解」が出発点であること、子どもの活動をとらえるための一貫した枠組みを「子ども理解→ねらい→内容→指導・援助」の各段階においてもつことの重要性を学んできました。

こうした原則を踏まえて、より具体的な指導計画の作成と展開として、乳児保育における保育の計画と展開（レッスン 9）、幼児の保育における保育の計画と展開（レッスン10）、近年注目されている小学校との接続を意識した計画（レッスン11）、異年齢保育を意識した指導計画と展

開（レッスン12）について学んできました。

　最後に、よりよい実践につなげるための保育の評価について学びました（レッスン13、14）。

　こうした一連の学習をとおして、保育の計画と評価の意義と方法について理解ができたことと思います。

２　計画を立てることへの「苦手意識」

　しかし、皆さんのなかには、保育の計画を立てることに対して、「難しい」「苦手」だと感じている人もいるのではないでしょうか。「計画を立てる自信がないので、保育者になるかどうか迷っている」「指導計画を書くことが苦手なので、担任をもちたくない」という声を聞くこともあります。実習やボランティアの場では、子どもへの適切な関わりが十分にできているのですが、指導計画や評価などの書類が負担になって保育者という夢をあきらめてしまうことは本当に残念なことです。この苦手意識をなんとか克服することはできないでしょうか。そのためには、保育の計画と評価についてのとらえ方を「揺さぶって」みる必要がありそうです。以下で、いくつかのポイントから「揺さぶって」みましょう。

　そもそも、保育の計画を立てることや評価をすることへの苦手意識の正体は何なのでしょうか。いくつかの可能性が考えられますが、たとえば、次のようなことがあげられると思います。

①指導計画のそれぞれの欄に何を書いたらよいのかがわからない。

②文章を書くのが苦手で、保育者の指導・援助などのイメージはあるのだが、言語化が難しく適切な表現が浮かばない。

③遊びや表現活動などの「活動内容」についてのアイデアが浮かばない、広がらない。

④「ねらい」を考えることが難しい。この活動で「何が育つのか」「何を育てたいのか」が考えづらい。

⑤保育者の指導・援助として、何が適切なのかがわからない。

⑥そもそも何のために保育の計画を書くのかがピンとこない。

　①や②については、文章表現力の問題だと考えられがちですが（確かにそのような側面はあるのですが）、実は、保育の方法をめぐる本質的な課題と結びついた重要な課題なのです。そもそも保育者の子どもへの関わりは、保育者の表情、醸し出す雰囲気、姿勢や身のこなしなど、どちらかといえば「言葉」以外の手段を用いたもの、保育者の身体性によったものに重点が置かれています。だからこそ、そうした行動を言語化して記入することには難しさがありますし、言葉で表しきれない内

容があるのです。そのため、「適切な」といったあいまいな言語があふれかえった指導案になってしまい、指導計画をみても具体的な保育者の行動がみえてこないということが起こってくるのです。また、「適切な」保育の方法は、子どもやそのときの状況によって大きく変わります。何が「適切な」関わりなのかという問いに対する答えは一つではありません。だからこそ、⑤のような悩みが出てきますし、結果的に、「その場その場で臨機応変に判断すればよいのだから、計画なんて必要ないのでは」と考えるようになり、⑥のような疑問が生じてくるのです。

　③や④については、保育者自身の活動へのイメージの広がりと深まりに関係しています。さまざまな活動についてのアイデアをもち、その活動の内実を深く理解し、そこから子どもの発達にとってどのような意味があるのかを読み取る力が保育者には求められています。しかし、「保育」という営みの特性から考えれば、難しくて当然だといえます。小学校や中学校での授業の場合、「学習指導要領」に基づいて作成された「教科書」があり、そこには、子どもたちにどのような力をつけさせたいのかという「ねらい」と、そのために指導すべき「内容」が明確に示されています。しかし保育の場合、教科書どころか、具体的な活動の内容（どの時期にどのような遊びを展開するのか）のガイドラインがなく、「各園」「各クラス」において、一から「ねらい」と「内容」をつくり出していくという、かなり高度な判断が求められているのです。

　このように考えれば、指導計画の作成に苦手意識をもつことは、ある意味当然といえるのかもしれません。現に、現職の保育者でも、指導計画の作成に対して苦手意識をもつ人は少なくありません。

2.　「計画をつくるという営み」の原点に戻る

1　豊かな生活をとおして、豊かな育ちを保障する

　では、こうした苦手意識を乗り越え、少しでも意味のある計画の作成につなげるにはどうしたらよいのでしょうか。そのためには、「保育の計画をつくるという営み」の原点に立ち戻る必要がありそうです。

　そもそも、何のために保育者は計画を立てるのでしょうか。「計画の作成が義務づけられていて、作成しないと園長に怒られたり、監査の際に指導されたりするから」では（当然のことですが）ありません。保育という営みは、豊かな生活をとおして、豊かな育ちを保障するものであり、計画を立てることによって、生活と育ちの見通しを立てることがで

きるから、計画は必要なのです。

　では、「豊かな生活をとおして、豊かな育ちを保障する」とはどういうことなのでしょうか。少し考えてみましょう。まず確認しておきたいことは、「豊かな生活が実現しているからこそ、豊かな育ちが保障される」ことが基本原理であるということです。生活の主体者である子ども自身が、自分自身の生活を豊かに過ごした結果として、豊かな発達が実現するということは当然のことなのですが、しばしば看過されがちです。

　園での食事の場面を考えてみましょう。保育者が「静かに食べなさい！」「早く食べなさい！」「こぼさないで食べなさい！」と子どもたちに食事のマナーを厳しく指導し、子どもたちは硬い表情で食事をし、クラスのなかには緊張感があふれているという場面に出くわすことがあります。確かに、食事のマナーを身につけることは重要です。しかし、人は「食事のマナーを学ぶために食事をする」のではありません。「楽しく」「おいしく」食事をすることが最も重要なことであり、食事のマナーは、その前提のうえで、ともに食事をしている人たちが「より楽しく」「よりおいしく」食べるために身につけるとよいことなのです。食事のマナーを身につけることが最優先事項ではないのです。

　これは、遊びや表現活動の場面でも同様です。発達に必要な経験をすることを目的として、意識しながら遊んだり表現活動に取り組んだりする子どもはおそらくいません。しかし、保育の現場においてはしばしばこの当たり前の前提が忘れられてしまい、生活の主体である子どもの思いを無視した保育が横行してしまうことがあります。

　2017年改定（訂）の指針・要領で「幼児期の終わりまでに育ってほしい10の姿」が示されたことは、これまでも学んできたことです。この10の姿は、「豊かな生活の結果として」もたらされるものであることを意識する必要があります。けっして「10の姿の実現のために、子どもたちに活動させる」のではないことを、保育者は肝に銘じておく必要があります。

２　豊かな生活とは

　「豊かな生活」とはどのような生活なのでしょうか。園生活のなかで子どもたちは、さまざまな遊び・表現活動・生活活動に取り組んでいます。こうしたさまざまな活動が「豊かになる」とは、どのような状態を指しているのでしょうか。

　「豊かさ」を考えるために、あなた自身の生活に置き換えて考えてみてください。日々の学生生活が「豊か」であると感じるのはどのような

状態でしょうか。

　クラブ活動（ここでは吹奏楽部を取り上げますが、ご自身が経験したクラブ等に置き換えながら考えてみてください）を例に考えてみましょう。吹奏楽をしている喜びを感じ、豊かな時間を過ごすことができたと感じる機会はどのような状態でしょうか。たとえば、定期演奏会・地域からの依頼演奏・コンクールなどの本番で、演奏を聞いてもらう喜び、よい演奏・よい音楽ができた喜びを得られたときに、吹奏楽をやっていてよかった、豊かな時間が過ごせた、と感じるのではないでしょうか。また、日々の合奏のなかで「縦の線」がきっちりと合ったという喜び（これは、生理的な心地よさがあります）、生き生きとしたリズムが表現できたとき、いままでうまく演奏できなかったフレーズが吹けるようになったとき、音程がきっちりあって豊かな和音が鳴り響いたときなど、演奏するなかでの小さな喜びの積み重ねも吹奏楽の喜びを感じる時間です（読んでいて実感のわかない人は、周囲の吹奏楽経験者に聞いてみましょう）。こうした「楽器を演奏する喜び」「音楽をする喜び」を感じられるからこそ、クラブ活動の経験が「豊かな時間であった」と感じることにつながり、日々の学生生活が豊かになっていきます。

　こうした豊かさに出会うためには、それを支えるための技術の向上が求められます。音楽をする喜びをより深いもの、豊かなものにするために地道に基礎練習を重ね、個人練習やパート練習を重ねるのです。そして、その積み上げをとおして、粘り強く物事に取り組む姿勢が高まったり、時間の合理的な使い方が身についたり、仲間と協力する力が高まったりするのです。

　重要なのは、こうしたさまざまな力の育ちは、活動そのものの「喜び」に導かれて実現するものであるということです。「喜び」「楽しさ」「面白さ」「感動」「わくわくする気持ち」「ドキドキする気持ち」などが、活動の豊かさの核心なのです。

３　子どもの目線と保育者の目線

　保育における「豊かな生活」も同様です。喜び・面白さ・楽しさ・驚き・わくわくした気持ち・ドキドキする気持ちなどの「心動かされる体験」にあふれた生活、頭と心を十分に働かせながら展開する生活が「豊かな生活」だと考えられます。そして、保育者の役割は、子どもとともに「豊かな生活」をつくり出すことにあるといえます。そのためにも保育者は、子どもの目線に立って、子どもの豊かな生活の土台となる心動かされる体験は何かを想定する必要があります。

　しかし、残念ながらこうした前提を欠いた保育実践に陥ってしまっている場合があることも事実です。先ほど、吹奏楽部の活動を例にあげましたが、保育においても器楽合奏や鼓笛隊などの取り組みが行われています。しかし、ただ「上手に演奏する」ことだけを求められ、厳しいトレーニングが繰り返され、その先にあるはずの「音楽をする喜び」は無視されているような実践が行われている場合もあります。これではかえって音楽が嫌いな子どもを生み出しているようなものです。器楽合奏や鼓笛隊の活動に取り組むべきではないといっているのではありません。その活動が子どもにとって喜びを欠いたものになっているのであれば、保育の進め方を見直す必要があります。そのためにも、園の生活を「子どもの目線」からとらえることを大切にする必要があります。

　絵本『はじめてのおつかい』（福音館書店、1977年）をみてみましょう。ここには、子どもの目線からみた「世のなか」や、子どもにとっての「心動かされる体験」が描かれています。大人にとってはなんということのない「買い物」ですが、子どもにとっては本当に豊かな、心動かされる体験です。子どもの傍らにいる保育者は、みぃちゃんのドキドキ感に共感できる存在、子どもの目線を忘れない存在であってほしいのです。同時に保育者は、一人でおつかいに行くという経験が、子どもの発達にもたらすものを読み取るという「保育者の目線」をもつ存在である必要があります。この目線をもつことが、「子どもを育むという保育者の専門性」であるといえます。

4　保育者自身が「わくわく」しているか

　こうした前提から「保育の計画と評価」について考えてみれば、「子どもの目線」と「保育者の目線」をもって、豊かな生活を想定し、それを実現するなかで「発達に必要な経験」が保障されるようにすることが計画を立てるという営みであり、その豊かさを振り返るのが評価という営みであるといえるのかもしれません。

　保育の計画を立てるという行為が、面白さ・楽しさ・喜び・わくわく感・ドキドキ感にあふれた生活を子どもとともに、いかに創造するかを考えることであるとすれば、計画を立てる保育者自身が「わくわく」していることはとても重要です。

　本来、保育の計画を立てるという行為は、子どもたちとどんな生活を送ろうかと「わくわく」しながら行われるものなのではないでしょうか。保育者のひとりよがりになってはならないことは当然のことですが、「子どもたちとともに生活をつくっていく」という姿勢を大切にしなが

ら、子どもたちとどんな面白さ・楽しさに出会っていこうか、どんな驚きや感動に出会っていこうか、そうしたことを「わくわくしながら」つくっていけるのは、保育の仕事の醍醐味の一つです。そして、そのような生活をとおして子どもたちに「何が育つか」を想定していくことで、子どもたちが「育っていく」喜びを見通すことができるのではないでしょうか。そのためにも、豊かな生活を見通すなかで、子どもたちにどのような育ちが実現するかを読み取る目を磨くことが求められています。

▌5▐ 活動の展開を豊かにイメージする

　「子どもとともに豊かな生活をつくり出す」ためには、保育者は、活動の展開をできる限り豊富にイメージする必要があります。たとえば、「遠足で動物園に行く」という行事をきっかけに、どのような生活を展開することができるのかを、いかに豊富にイメージするかが問われています。しかし、現実にはこうした活動のイメージの豊富化が苦手な人が多いように思われます。そのため、「遠足の前に動物園の絵本を読み」「遠足から帰ってきたら遠足の絵を描く」という程度の活動しか想定できず、せっかくの共通体験が広がっていかない場合も多くみられます。また、想定されている活動が限定的であるため、結果的に保育者からの一方的な「やらせ」になってしまい、「子どもとともに生活をつくる」ことになっていない場合もあります。保育者が多様な活動を想定できていればいるほど、子どもたちから生み出される多様なアイデアを生かす方法もみえてきます。

　活動の展開を多様に想定するために、ウェブ形式で活動のアイデアを書き出してみることは、豊かな生活の展開のための方法として有効です。図表15－1、15－2は、ある園の作品展に際して整理された**トピック・ウェブ***です。「園庭に新しい桜の木がやってきた」ことをきっかけに子どもたちの発想を生かしながら、子どもと保育者が一緒になって活動を展開しています。そして、「桜の木」をきっかけとして、「龍」や「表情」の表現へと子どもの興味と活動は広がっていきます。子どもの興味・関心に寄り添いながら、子どもと保育者がともにアイデアを出し合い、活動が豊かに展開されている様子がうかがえます。

　マインドマップ*という思考の技法がありますが、上記で紹介したウェブと基本的には同じような発想でつくられたものです。こうしたイメージの豊富化を行う際には、「より柔軟に想定すること」と、「新たなつながりをつくること」を意識しておく必要があります。実際には保育で取り上げることが難しいようなアイデアでも、とりあえずあげてみる

❋ 用語解説

トピック・ウェブ

子どもが興味をもつトピックについてより深く追求することを目的とした、プロジェクト・アプローチの保育において、トピックに関連したアイデアと概念、関連するサブトピックを図表で表した地図のようなもの。トピック・ウェブを作成することにより、プロジェクトの広がりや深まりを予測することができる。

マインドマップ

トニー・ブザンが提唱した思考・発想法の一つで、頭のなかで起こっていることをウェブ形式でみえるようにした思考法・発想法。

図表 15-1 トピック・ウェブ①

〈年長 B グループ〉

担任
柿原 咲月

いよいよ最後の造形展！桜組のみんなとの造形遊びに、心から楽しませて
いただきました。活動中のみんなの集中した表情を見ているのも大好きですし、
今年は特に（完成したらどんなお話を聞かせてくれるんだろう？）という
わくわくも大きかったです。それぞれの作品に、みんなが過ごしてきた
大切な毎日の中での経験や印象深い出来事、初めてできるようになった
ことなどが素直に表現されていて、子ども達の魅力を再確認させられます。
皆様ぜひじゅっくり、桜組のお部屋を楽しんで下さいね。

▷プロジェクトのきっかけ1　きゅうり

1学期、年長組のみんなで育てたきゅうり。収穫して食べた際、切り落と
したヘタを「もったいない」と言われ捨てずにとっておくと日に日にしわくちゃ
に…。そんな経験から遊びに繋がりました。

〈活動①9月〉
バイ菌をマーカーで描きました

「しわくちゃ」はバイ菌のせいだ、と言
う子が沢山いました。自分たちでも
バイ菌を描いてみて、それがどんな
バイ菌なのか…面白いお話も沢山
聞かせてくれました。

〈活動②10月〉
紙をしわくちゃにして遊びました

日頃よく使う画用紙でも、しわくちゃ
にすると柔らかくなったり、結ぶこと
までできることに気が付きました。
そんな感触の変化を楽しみなが
ら遊びました。

▷プロジェクトのきっかけ2　運動会

初めてのことや、年長組だけが
行う競技にも挑戦した今年度
の運動会。中でもリレーや、身体
表現の「Asi Dedo Do」は 大の
お気に入りでした。

〈活動③
10月〉
様々な素材を使って
色んなポーズの足を作りました

「Asi Dedo Do」の意味をみんなに聞いて
みると、「足でポーズする」という意見が出
て、実際にどんなポーズが作れるのか
試してみたあと、見立て遊びをしました。

出典：元木の実幼稚園教諭、柿原咲月先生提供

〈活動④　　身近な英語を見つけ、
(10月)　　意味を想像してみました

「As, Ded, Do」をきっかけに、身近にある英語を見つけたり、意味を考えたりすることが好きになりました。英語を見つけた場所や、字体、色、などから想像して意味を考えてみた子もいるようです。

〈活動⑤　　トロフィーを、マーカーと
11月)　　絵の具で描きました

リレーでもらったトロフィーの他にはどんなトロフィーがあるのかな？もらって嬉しいトロフィーは？と考え、描きました。土台から順に積み上げるようにして描き進めることがとても楽しかった様子です。

▷ プロジェクトのきっかけ ③ ▷ 新しくやってきた桜の木

昨年10月の大きな台風によって、幼稚園の大きな桜の木が折れてしまいました。そして11月、まだまだ小さな桜の木が新しく植えられ、「桜」組のみんなは愛着をもって その成長を見守ってきました。

〈活動⑥ 1月)
看板を作りました

冬休み明け、久し振りに桜の様子を見に行くと、根元にきのこが生えていました。「水がとられちゃう！」、「栄養がきのこに入っちゃう。」と桜の木を思いやりながらも、「でもきのこを抜くのも可哀想…」そんな心優しいみんなと考えた結果、看板を立てて桜の木を守ることになりました。

〈活動⑦ 12月)
龍を絵の具で描きました

12月、これからやってくる厳しい寒さの中で、桜の木が成長できないのではないかと心配していたみんな。会話の中で、「太陽を桜の木に近付けたい」という発言があり、空を飛べる龍へと興味が広がっていきました。

〈活動⑧　「目」だけの絵を
(2月)　　鉛筆で描きました

水墨画の龍の絵を見て、その目力に驚いたみんな。「目だけで何考えてるか分かるなあ。」と、担任やお友達と「おめめクイズ（目だけを見てその人がどんな気持ちなのか当てるクイズ)」をしたりして遊び始めました。

〈活動⑨　　様々な素材を使って
1～2月)　　お面を作りました

おめめクイズや福笑いで遊び、「表情」や「気持ち」に注目していた中、遠足で民族学博物館に行きました。世界各国のお面を見つけては、「うわ、めっちゃ怒ってる！」、「こっちは牙がすごいな！」と嬉しそう。自分たちでも面白くて不思議なお面を作りました。

その他の作品も、どれも思いの込もったものばかりです。ぜひお部屋に見に来て下さいね。これまで沢山の素材集めにご協力下さったり、活動を理解し、応援して下さった保護者の皆様、本当にありがとうございました。

図表15-2　トピック・ウェブ②

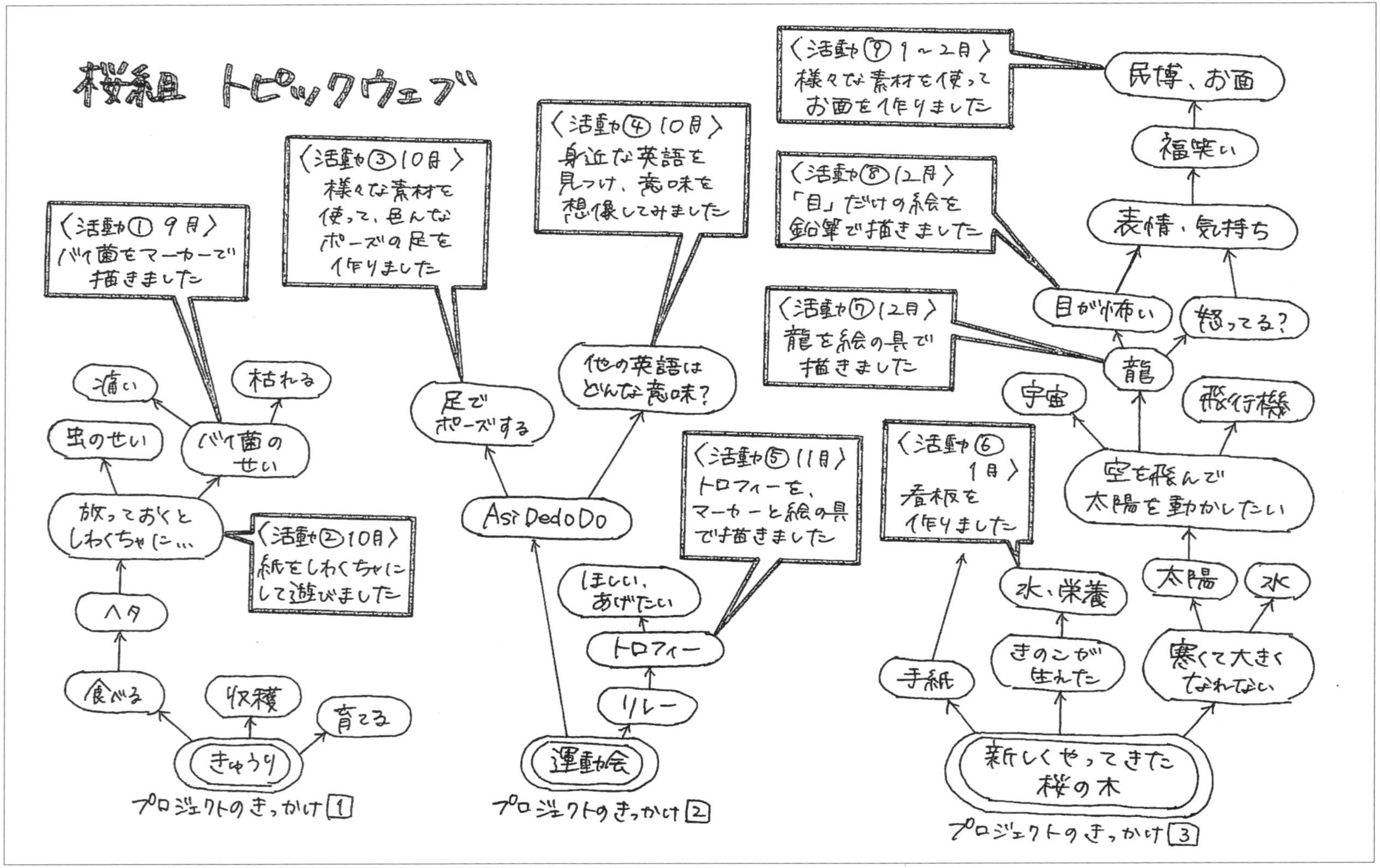

桜組　トピックウェブ

民族、お面
福笑い
表情、気持ち
怒ってる？
飛んでる様
目がこわい
龍
空を飛んで太陽を遠ざかしたい
宇宙
太陽
水
寒くて大きくなれない
水、栄養
きのこが生えた
葉が出てきた桜の木
手紙

〈活動⑨ 1〜2月〉
様々な素材を使ってお面を作りました

〈活動⑧ 12月〉
「目」だけの絵を鉛筆で描きました

〈活動⑦ 12月〉
龍を絵の具で描きました

〈活動⑥ 1月〉
看板を作りました

〈活動⑤ 11月〉
トロフィーを、マーカーと絵の具で描きました

〈活動④ 10月〉
身近な英語を見つけ、意味を想像してみました

〈活動③ 10月〉
様々な素材を使って、色んなポーズの足を作りました

〈活動② 10月〉
紙を細くちぎって遊びました

〈活動① 9月〉
バイ菌をマーカーで描きました

他の英語はどんな意味？
Asi Dedo Do
トロフィー
リレー
運動会
ほしい、あげたい
足でポーズする
バイ菌のせい
枯れる
痛い
虫のせい
放っておくとしたくちゃに…
ヘ月
食べる
収穫
きゅうり
育てる

プロジェクトのきっかけ①
プロジェクトのきっかけ②
プロジェクトのきっかけ③

出典：図表15-1と同じ

といった柔軟な発想をもったり、違うジャンルの活動同士を結びつけたりして活動のアイデアを広げることで、より豊かに活動の広がりを想定してみましょう。

6 ▶ 保育者の関わりを想定することまでが保育の計画の役割

保育の計画は、保育者の関わりを想定することまでがその役割になります。子どもとともに豊かな生活を展開する際に、保育者として自分がどうその場に関わるのかを考えてみましょう。活動と発達を豊かにするための保育者の関わりが想定できれば、保育の計画が果たすべき役割は遂行されたといってよいかもしれません。そう考えれば、やや極端な、誤解を招く言い方ですが、「紙に書かれた計画は不要」なのかもしれないのです。要は「保育者自身の頭のなかで豊かな生活と豊かな育ちがイメージされ、それを実現するための保育者の関わりが想定されている」ことこそが大事なのであり、それが「紙に書くことによって整理される」場合もあれば、「保育者の頭のなかで整理されている」場合もあってよいのかもしれません。「書くこと」によって、保育者の関わりがより具体的にイメージでき、整理ができるという点で「紙に計画を書く」ことはきわめて重要であることはいうまでもありませんが、「書くこと」自体が目的化した計画では意味がないのです。

保育者の関わりは、何らかの意図をもって行われています。活動の面白さや喜びを深める、活動に必要なさまざまな知識や技能を身につけられるようにする、仲間との関わりを深める、子ども自身が受け止められているという安心感をもつなど、その意図は多岐にわたっています。しかし保育者の関わりは、自然な言動や立ち居振る舞いとして行われているため、しばしば無意識のうちに（その意図を意識することなく）行われており、自分の関わりにどのような意味があるのかを看過してしまうことにつながっています。子どもの生活と発達が豊かになり、保育者の関わりがより確かなものになるためにも、保育者自身が自分の関わりの意図を意識化することが求められます。そして、保育者自身が自己の関わりの振り返り（意識することで振り返りも可能になる）を行うことによって、保育の質が向上していくのです。

7 ▶ まず評価すべきは「豊かな生活」だったかどうか

このように考えると、「評価」についても、今日・今週・今月の生活は「豊かな生活だったか」を問い直すことからスタートするのではないでしょうか。そして、なぜ生活が豊かになったのか、あるいは、豊かな

211

生活になりきれなかったのかを振り返ることで、保育のあり方が見直されていきます。そのうえで、「では、この生活をとおして一人ひとりの子どもがどのように豊かになったのか」を確認することが、一人ひとりの子どもについての評価になると考えられます。

3.「保育の計画と評価」を学ぶこととは

　2017年の改定（訂）から施行された新しい「保育所保育指針」や「幼稚園教育要領」において、「カリキュラム・マネジメント」「3つの資質・能力」「幼児期の終わりまでに育ってほしい10の姿」といった新しいキーワードが示されるなかで、これまで以上に一人ひとりの子どもに何を育てたいのかを見通し、何が育っているのかを確認することが求められています。子どもの育ちを見通すことの重要性を十分に踏まえながら、だからこそ子どもとともに豊かな生活をつくり出すという保育の原点を大切にする必要があります。

　皆さんが、「豊かな生活をとおして、豊かな発達を実現する」ことの意味を改めて確認し、喜び・面白さ・わくわく・ドキドキにあふれた生活を子どもとともにつくり出せる保育者へと育っていかれることを願っています。

演 習 課 題

①実習やインターンシップなどで出会った豊かな生活の事例を思い出し、話し合ってみましょう。
②「動物園に遠足に行く」という活動をきっかけとしてどのような活動の広がりが考えられるかについて、図表15-1で示したようなトピック・ウェブを書いてみましょう。
③「子どもの目線」から描かれた絵本を探し、話し合いを通じて共有してみましょう。

参考文献・・・

レッスン13

鯨岡峻・鯨岡和子　『保育のためのエピソード記述入門』　ミネルヴァ書房　2007年

レッスン14

厚生労働省　「保育所における自己評価ガイドライン」　2009年

厚生労働省　「保育所保育指針」　2017年

厚生労働省　「保育所保育指針の適用に際しての留意事項について（別添1）」　2018年

戸江茂博編著　『保育カリキュラムの基礎理論』　あいり出版　2018年

内閣府・文部科学省・厚生労働省　「幼保連携型認定こども園教育・保育要領」　2017年

内閣府・文部科学省・厚生労働省　「幼保連携型認定こども園園児指導要録に記載する事項（別紙）」　2018年

兵庫県　「認定こども園自己点検・自己評価の手引」　2018年

文部科学省　「幼稚園における学校評価ガイドライン（平成23年改訂)」　2011年

文部科学省　「幼稚園教育要領」　2017年

文部科学省　「幼稚園教育要領解説」　2017年

文部科学省　「幼稚園及び特別支援学校幼稚部における指導要録の改善について（通知）」　2018年

レッスン15

角尾和子編著　『プロジェクト型保育の実践研究——協同的学びを実現するために』　北大路書房　2008年

L.カッツ・S.チャード／小田豊監修、奥野正義訳　『子どもの心といきいきとかかわりあう——プロジェクト・アプローチ』　光生館　2004年

T.ブザン・B.ブザン／神田昌典訳　『ザ・マインドマップ——脳の力を強化する思考技術』　ダイヤモンド社　2005年

おすすめの1冊

安達譲・安達かえで・岡健・平林祥　『子どもに至る——保育者主導保育からのビフォー＆アフターと同僚性』　ひとなる書房　2016年

「せんりひじり幼稚園」における子どもの思い（主体性）を大切にした「子どもから出発する保育」への転換の経緯と、園内研修の取り組みを紹介した1冊。保育実践において「子ども理解」が果たす役割とは何か、子どもから学び続ける保育者とは、保育者の同僚性が果たす役割とは何かを本書をとおして考えよう。

さくいん

監修者

名須川知子（なすかわ ともこ）　桃山学院教育大学 教授

大方美香（おおがた みか）　大阪総合保育大学 学長

執筆者紹介（執筆順、＊は編著者）

卜田真一郎＊（しめだ　しんいちろう）
担当：はじめに、レッスン1、レッスン2、レッスン
5〜8、レッスン15
常磐会短期大学 教授
主著：『保育の計画と方法（第5版）』（編著）同文書院
　　　　2018年
　　　『幼稚園教育実習』（共著）建帛社　2010年

高根栄美（たかね　えみ）
担当：レッスン3、レッスン4
大阪総合保育大学 准教授
主著：『幼稚園教育実習』（共著）建帛社　2010年

森本宮仁子（もりもと　くにこ）
担当：レッスン9、レッスン12
大阪聖和保育園 事務局長
主著：『子ども家庭支援論』（共著）光生館　2019年
　　　『家庭支援論』（共著）光生館　2011年

瀧川 光治（たきがわ　こうじ）
担当：レッスン10、レッスン11
大阪総合保育大学 教授
主著：『保育原理』（共著）ミネルヴァ書房　2019年
　　　『保育の考え方と実践──その基本を学ぶ』（編
　　　著）久美出版　2005年

岩﨑　成美（いわさき　なるみ）
担当：レッスン13、レッスン14
市川町立いちかわ東こども園 園長
主著：『保育カリキュラムの基礎理論』（共著）あいり
　　　出版　2018年

編集協力：株式会社桂樹社グループ
装画：後藤美月
本文デザイン：中田聡美

MINERVA はじめて学ぶ保育④

保育の計画と評価

2021 年 7 月 20 日　初版第 1 刷発行　　　　　　　　〈検印省略〉

定価はカバーに
表示しています

監 修 者　名須川　知　子
　　　　　大　方　美　香

編 著 者　卜　田　真一郎

発 行 者　杉　田　啓　三

印 刷 者　坂　本　喜　杏

発行所　株式会社　ミネルヴァ書房

607-8494　京都市山科区日ノ岡堤谷町 1
電話代表 (075) 581 - 5191
振替口座 01020 - 0 - 8076

ISBN978-4-623-07965-0

Printed in Japan

名須川知子/大方美香 監修

MINERVAはじめて学ぶ保育

全12巻／B5判／美装カバー

（定価のないものは続刊）